0

구도심 & 원도심

도시재생론

이영행 · 이태광

박영사

머리말

　2차 세계대전 이후 선진국들은 낙후된 도시를 살리기 위해서 1950년대 이후 도시의 재건과 도시의 재개발, 도시의 재건축 등 도시정비 사업으로 도시들을 되돌려 놓거나 도시의 기능적 회복을 위하여 새로운 건축 등에 의해 물리적인 정비와 수선으로 침체된 도시의 경제를 활성화시키는 형태로 기존 시가지의 확대 및 경제, 문화까지를 회복시키는 데 있어서 한계를 보여 왔다.

　한국 역시 도시기반시설의 노후화와 기능쇠퇴 및 도심공동화 등의 문제를 해결하기 위해 1990년대 이후 재개발과 재건축 위주의 도시정비 사업으로 추진해 왔으나, 한국 역시 물리적 정비를 벗어나지 못하면서 도시의 기능을 회복하고, 도시경제를 활성화 시키는 데 한계를 보여 왔다. 선진국에 이어 한국 역시 도시의 기능을 회복시키는 데 한계를 보임에 따라 새로운 대안과 대처로 부상한 것이 '도시재생'이다.

　한국에서 도시재생에 관심을 가지기 시작한 것은 1990년대부터이지만, 2013년에 「도시재생 활성화 및 지원에 관한 특별법」(이하 「도시재생법」으로 표기함)이 입법화되면서부터 본격화되었으며 2017년엔 문재인 정부가 '도시재생 뉴딜사업'으로 추진하였고 유형은 다양화하게 '우리동네살리기(소규모 주거)', '주거정비지원형(주거)', '일반근린형(준주거)', '중심시가지형(상업)', '도시경제기반형(산업)' 등 5개 사업유형으로 나누어졌다.

　문재인 정부 뉴딜사업의 도시재생 목적과 추구하는 방향은 물리적 정비에서 탈피하여 낙후된 도시에 새로운 형태의 기능을 도입하여 새롭게 추가적인 창출을 통해 도시를 경제적·사회적·물리적으로 부흥시키는 것이라는 측면인 것이 강조되었다. 그러나 이 역시 한계가 있으며 문제점 역시 도출되고 있다.

현재 한국의 도시재생은 해결해야 할 과제가 많고, 발전을 위한 법적·제도적 보완이 필요한 실정이다. 특히, 한정된 공적 재정투입의 한계를 극복해야 하고, 도시재생의 활성화를 위해서는 '도시재생' 과정에서 민간의 적극적 참여로 재정과 신기술의 아이템 등이 필수적이지만 현실에서는 정부가 아닌 민간으로 볼 때 지역주민과 민간업체의 참여가 미비하여 도시재생의 목적과 방향에 못 미치고 있다.

즉 한국 도시재생에서는 정부 외 민간참여가 미흡한 것이 현실이다. 한국 도시재생에서 민간참여가 미흡한 이유를 일본의 도시재생에서 찾아볼 수 있다. 일본의 「도시재생특별조치법」(이하 「도시재생특별법」으로 표기함)처럼 주민의 참여와 민간업체 참여에 관해서 구체적이고, 상세한 법적 규정에서 볼 수 있다.

본 연구는 한국보다 도시재생법이 19년 앞서 입법화되었고, 도시재생의 과정에서 민간참여를 적극 활용하고 있는 일본의 도시재생법을 비교·분석하여 한국 도시재생의 활성화 방안과 발전방안을 제시하고자 한다. 이를 통해 한국의 도시재생이 시행착오를 최소화하면서 빠른 시일 내에 정착되어 더욱 발전하기를 바란다.

구체적으로 볼 때

첫째, 한국의 「도시재생법」에는 민간참여의 관련된 내용이 미흡하고, 구체적이지 않기 때문에 한국의 「도시재생법」에 민간참여에 관한 내용을 충분히 담고, 구체화 및 상세히 하여 민간참여를 통한 도시재생을 활성화시켜야 한다.

둘째, 한국은 경제적 파급효과와 더불어 일자리까지 창출이 되는 큰 도시경제기반형 또는 중심시가지형 도시재생사업을 더욱 확대해야 한다.

현재 한국의 경우 경제적 파급효과와 지역경제 활성화에 필요한 도시경제 기반형 또는 중심시가지형보다는 주거환경개선사업으로 일반근린형, 우리 동네살리기, 주거지지원형의 비중에 치우쳐 있다. 따라서 도시의 경쟁력을 키우고, 지역경제 활성화 및 일자리창출을 위해서는 도시의 핵심 경제기반형 또는 중심시가지형을 확대해야 한다는 것이다.

셋째, 주민이 적극 참여하는 커뮤니티의 도시재생이 필요하다. 특히 농어촌의 피폐화로 활력을 잃어가는 작금에 지역별 특별성으로 존재하는 시스템의 도시재생이 필요하다. 물론 중심시가지재생과 경제기반형의 도시재생사업 활성화에 있어서 도시재생은 민간자금과 아이템, 기술력이 들어온다고 하면 농어촌의 경우 사업성에서 떨어지기 때문에 민간자금이 들어오는 경우 수는 적을 것이다. 그래서 우선 중앙정부와 지방정부, 각 부처들의 자금이 필요할 것이다. 금융은 물론 지역주민의 교육과 정보제공, 알선, 규제완화 등으로 진행하고 향후엔 지역적 특성이 반영이 될 수 있도록 해야 하는데 현재 한국은 충분한 교육과 지원이 없는 현실에서 계획만 받아서 평가하여 정부의 선택을 기다리는 형태이기 때문에 한계가 있다. 예를 들어 전문적인 여러 민간의 업체 컨설팅과 주민에게서 진정 주민의 커뮤니티가 있고 지속가능한 아이템이 부합된다면 효율적이고, 능률적으로 성공적인 도시재생이 될 것이다. 마찬가지로 농어촌의 경우도 민간업체의 컨설팅과 아이템의 지원이 민간차원에서 부족하다.

이상에서 제시한 3가지의 도시재생으로 '농어촌의 도시재생', '중소도시의 경제기반형도시재생', '대도시의 융합콤팩트(중심형)도시재생'으로 이루어지면서 민간자금과 업체의 기술력, 아이템, 주민의 참여자가 주체가 된다면 현재 한국에서 진행하는 도시재생의 일반근린형, 우리동네살리기, 주거지지원형은 더욱 자동으로 변환이 될 것이며 환경과 함께 경제라는 두 마리 토끼를 잡을 수 있을 것이다.

도시재생의 근본이 사회적, 문화적, 경제적 변화를 요구하여 보다 삶을 풍요롭게 하는 것이다. 그러나 현재 한국의 도시재생은 사회적인 면과 문화적인 면이 형식에 불과하다는 결론이자 결과이다. 경제적 측면에 대하여 부족한 상태라고 볼 수 있다.

현재 한국은 민간자금과 기술력이 없다고 보면 될 것이고 현재 진행되고 있는 도시재생의 구조를 현실에서 보면 정부에서 각 지자체에 선발 방식과 요건에 대하여 매년 제시하고 그 기준에 맞추어서 지자체에서는 주민에게 일정교육으로 진행하기 때문에 교육자체가 미비하고 그것을 바탕으로 의견을 수렴하여 계획을 작성하여 중앙에 제출하면 중앙에서 지역별 평가기준으로 한다. 다시 말해 어느 정도의 기준에 따라서 평가하고 도시재생사업 선정지역을 결정하여 중앙정부와 지자체 그리고 각 부처의 도움으로 진행되고 있는 것이 대부분이다.

이때에 각 부처에 도움을 청해야 하는데 각 부처에서 불승인되거나 또는 자금이 부족한 경우와 지자체에 자금이 없는 경우엔 축소하여 계획서를 작성하는 것이다. 그 이후 지역별 지방정부에서 예를 들어 15개의 지자체가 도시재생에 대한 계획성을 제출하면 그중 중앙에서 선택되어 확정되면 지역의 도시재생을 진행한다. 즉 허가를 위한 평가이다. 그러나 민간업체와 주민의 의견이 지역별 계획서가 여러 가지 만들어지고 민간업체와 주민 지방정부가 도시재생을 한다면 자금과 기술력에서 많은 효과와 함께 정부의 한정된 자금으로 한계에 도달하지 않을 것이다. 즉 평가해서 인정을 위한 시스템이 필요한 것이지 허가를 해주기 위한 평가제도가 계속해서 되면 안 될 것이다.

특히, 현재 한국의 경제적 상황과 도시의 상황을 감안한다면 사회와 문화의 중심도 중요하지만 경제성과 일자리 창출에 효과가 있는 도시재생사업이 요구되는 시점이다. 빠른 시일 내 추진해야 할 듯하다.

저자 씀

목 차

I 도시재생의 의의와 추진현황

Ⅱ 한국과 일본의 도시재생법 비교분석

Ⅲ 한국과 일본의 도시재생사업(경제)적 비교

Ⅳ 민간 도시재생 활성화 방안의 실증분석

V 실증분석 연구

VI 결론 및 시사점

I

도시재생의 의의와
추진현황

A. 도시재생의 의의

A-1. 도시재생의 등장과 개념

A-1-a. 도시재생의 등장

　　도시재생은 도시화가 빨리 진행된 미국, 영국, 독일, 프랑스 등 선진국에서 등장하였다. 이들 선진국들은 1950년대부터 일본과 한국의 경우는 도시의 집중화와 반대되는 현상으로 대도시의 무분별한 교외화 현상과 동반된 도심 쇠퇴현상으로 원거리 통근과 수송비 증가로 에너지 낭비, 교통 혼잡, 공해문제가 발생하였다. 뿐만 아니라 도심 투자 감소와 경제여건의 악화로 상업기능의 쇠퇴, 기반시설의 노후화, 도심공동화 현상이 나타났다. 그 결과 사회적 일탈과 범죄 및 실업률 증가 같은 사회적 문제, 경제적 문제를 불러왔다. 또한 1950년대 도시재건, 1970~1980년대 도시재개발 등 도시정비사업은 물리적 환경정비 위주로 진행되었다. 그 결과 지역의 침체된 경제를 활성화시키고, 기성시가지를 회복시키는 것에 그쳐서 도시의 기능과 창조, 재생산, 경제화, 활성화, 창조, 가치, 문화 등의 한계를 보였다. 즉, 기존의 도시정비사업들이 물리적 환경에서 개선효과가 지속되지 못하였고, 슬럼화가 거듭되는 과정을 겪게 되어, 그 방안으로 '도시재생'이라는 개념이 등장하게 된 것이다. 그리고 일본의 경우 1990년대 환경문제가 국제적 이슈로 등장하면서 녹지 훼손이 심한 도시교외 신개발에 대한 비판적 가치관이 확산되자 도시재생의 필요성이 더욱 강조되었다(도시재생사업단 2006).

A-1-b. 도시재생의 개념

　　각 나라마다 도시재생에 대한 개념이 조금씩 다르게 정의되고 있다. 도시재생은 도시커뮤니티를 유지하고, 활성화하는 과정적 활동이기 때문에 이해관계자 간의 합의형성과 의사결정 시스템을 중요시한다. 또한 젠트리피케이션의 발생에 대하여 방지하기 위함으로 기존 거주자들이 지속적으로 생활여건을 확보할 수 있는 물리적 측면과 함께 사회·문화 기능의 회복을 위한 사회적 측면, 그리고 도시경제 회복을 위한 경제적 측면을 함께 고려하는 통합적 정비개념이다. 선진국들은 도시재생사업이 실천적 사업과 연계되어 있는데, 미국의 경우 시민들의 커뮤니티로 중심시가지 활성화 사업이 연계되었다. 일본은 마을 만들기 운동과 연계되었고, 영국은 근린지역 재생운동과 연계되었으며. 영국의 토니 블레어 정부의 정책과 일본의 고이즈미 내각에서는 도시재생에 있어서 교육, 복지, 사회, 문화에 대한 개선으로 도시경제 회복을 활용하여 경쟁력을 확보한다는 측면에서 도시부흥(urban renaissance)이라는 개념으로 하였다.

　　즉, 도시재생은 정비 사업이라는 과정을 통해 도시의 산업·경제, 사회·문화, 물리·환경을 부흥시킨다는 강조된 의미의 개념이다. 이전에도 미국이나 영국 등에서는 기성시가지가 낙후, 쇠퇴하여 이를 재생하기 위하여 문화, 사회, 복지적 측면으로 지원 가능한 프로그램을 개발하기 위해서 다양한 정책들로 시도되었지만, 근본적으로 물리적 환경정비가 낙후지역이 문제가 되어 경제적인 재생과 연계되지 못하여 지속적인 재생이 결여되는 문제로 나타났다. 현재 한국의 도시재생과 비슷한 양상을 보이고 있는 과정이었다고 보인다.

출처 : 국토교통부, 도시재생 종합정보체계 홈페이지

선진국의 도시재생 개념과는 달리 한국의 「도시재생법」 제2조 1항에서 도시재생이란 인구의 감소, 산업구조의 변화, 도시의 무분별한 확장, 주거환경의 노후화 등으로 쇠퇴하는 도시를 지역역량의 강화, 새로운 기능의 도입·창출 및 지역자원의 활용을 통하여 경제적·사회적·물리적·환경적으로 활성화시키는 것이라 정의하고 있다(도시재생법: 제2조(정의) 1항). 한국의 도시재생은 아직 초보단계로서 기존시가지 재활성화 및 도시 공간구조의 기능재편을 통한 신도시와 구도시 간의 균형발전을 꾀하여야 한다. 또한 낙후된 기존시가지 재생을 통한 도시경쟁력을 높여야 하고, 미래사회의 삶의 질을 높이기 위한 지속가능한 도시의 발전모델을 구축하고, 도시의 경쟁력을 높여야 하는 개념이 필요하다. 이상에서 살펴보았듯이 한국의 도시재생은 인구의 감소, 산업구조의 변화, 도시의 무분별한 확장, 주거환경의 노후화 등으로 쇠퇴하는 도시를 지역역량의 강화, 새로운 기능의 도입·창출 및 지역자원의 활용을 통하여 경제적·사회적·물리적·환경적으로 활성화시키는 것을 개념화하고 있다. 그러나 한국의 도시재생은 선진국처럼 사회, 교육, 복지, 문화서비스의 개선과 도시경제 회복을 활용하여 경쟁력을 확보할 수 있는 도시부흥을 개념화하여야 한다. 즉, 중요한 쟁점으로 한국의 도시재생은 정비 사업이라는 과정을 통해 도시의 산업·경제, 사회·문화, 물리·환경을 부흥시키는 개념으로 변화되어야 한다.

A-2. 한국 도시재생의 범위와 목표 및 방향

A-2-a. 도시재생의 범위(공간적, 내용적 범위)

　한국에서 도시재생의 범위는 지방중소도시와 대도시 내의 경제·사회적, 물리·환경적, 생활·문화적으로 쇠퇴화가 진행되는 곳을 대상으로 한다. 여기서는 공간적 범위와 내용적 범위로 구분하여 살펴보기로 한다. 먼저, 공간적 범위로는 자치단체의 도시 및 주거환경정비기본계획에 나타난 정비예정구역이 포함된다. 뿐만 아니라 미래에 도시 쇠퇴현상이 심화될 것으로 예상되는 지역 내의 중심시가지와 기성시가지도 포함된다. 또한 내용적 범위로는 물리·환경적으로 쇠퇴화가 진행되고 있는 지역이 대상이다. 또한 생활·문화적으로 지역주민 등 다양한 참여를 통해 지역 고유의 특성을 유도할 수 있는 범위가 포함된다. 그리고 경제적으로 지역산업과 경제 등 도시부흥을 유도할 수 있는 범위가 포함된다. 도시재생은 쇠퇴한 도시를 경제·사회적, 생활·문화적, 물리·환경적으로 개선하여 저하된 도시기능을 회복하는 것과 더불어 경쟁력 있는 주거환경으로 재창조하는 과정이다. 쇠퇴지역은 도시가 성장하면서 대도시가 되어가는 과정에서 나타나는 것으로 경제적인 쇠퇴를 겪는 도시에서 뚜렷이 나타난다. 도시 내에도 오래된 기성시가지에서 쇠퇴 또는 정체현상이 더한층 두드러지게 나타난다. 도시재생은 이러한 도시쇠퇴를 극복하기 위한 대안으로 대도시 침체의 원인이 되는 인구와 산업의 분산정책에 의해 건설된 신도시 및 확장도시의 문제를 해결하기 위한 것이다. 따라서 도시재생은 도시 내의 쇠퇴현상이 발생하는 기성시가지를 대상으로 하기 때문에 국가 또는 지역별 다른 개념으로 각각이 다르게 성장하여 재생 역시 개념과 적용되는 공간적 형태는 다르다. 한편, 일본은 1965년도 이후 교외의 쇼핑센터 등장, 1980년대 업무기능 및 행정기능의 교외화로 도심부뿐만 아니라 주변 시가지의 인구감소 현상이 심화되었다. 이에 따라 생활환경의 악화와 지역사회의 붕괴 등의 문제가 나타나기 시작하였고, 이 문제를 해결하기 위해 1998년도에 「중심시가지활성화법」을 만들어 중심시가지의 부흥을 시도하였다. 여기서 '중심시가지'라고 하는 것은 소매상인과 도시기능이 집적된 지역으로 공동화가 발생하거나 발생 가능성 있는 지역을 말한다. 뿐만 아니라 시가지의 정비개선사업의 활성화를 일체적으로 추진하는 것이 도시 발전에 기여할 수 있는 지역 등으로 도시지역 내의 상업과 업무 등의 기능이 집적된 핵심공간을 말한다. 「중심시가지 활성화법」에 의해 정비가 시행되는 공간범위를 보면 도쿄의 경우 세타가야구와 같이 일반주거지역이 밀집되어 있는 자치단체의 중심지역이 해당되며, 지방도시는 아오모리, 센다이시와 같이 지방도시의 중심이 되는 역세권을 중심으로 진행되고 있다(도시재생사업단, 사전기획연구보고서 2006). 도시재생정책은 1998년 이후 현재까지 크게 두 번에 걸쳐 정책적인 변화를 겪게 되었다.

첫 번째 더욱 민간 참여가 요구되며 인정과 평가제도로 지역 활성 본부를 창설하여 지방재생과 국가의 지원을 통일화시키고, 두 번째 변화는 입지적정화의 법제화로 마을, 사람, 일자리 만들기 종합전략으로 도시쇠퇴의 환경적 부합과 지속적인 도시재생의 법제화 제도로 변화되어 왔다. 한국의 도시쇠퇴 문제는 서울보다는 수도권에서 더 심화되고 있으며, 수도권보다는 지방도시가 더 심화되고 있다. 지역에 따라 쇠퇴현상이 발생하는 공간영역에 차이가 있으며, 또한 대도시와 지방의 중소도시 도시쇠퇴 현상은 서로 다르게 나타나고 있다. 즉, 대도시는 일반적인 도시성장과정에서 발생하는 도시경제구조의 변화와 물리적인 환경의 노후화에 따른 기능저하로 나타난다. 그러나 지방의 중소도시는 주변 신개발과 행정기능의 이전에 따른 영향이 크게 나타나고, 도심부의 쇠퇴현상이 지방도시 전체적인 쇠퇴로 이어지는 경향을 보인다(도시재생사업단, 사전기획연구보고서 2006). 이처럼 지역에 따라 쇠퇴현상이 발생하는 공간영역에 차이가 있기 때문에 한국의 도시재생에 관하여 첫째, 공간적 범위는 수도권 도시와 지방 도시로 구분하고, 또한 대도시와 중소도시로 구분하고, 그리고 도심부와 주변지역 등을 포함하여 공간의 위계별로 영역을 구분하여 물리적·경제적·환경적·문화적·역사적으로 쇠퇴현상이 진행되고 있는 지역을 대상으로 해야 한다.

둘째, 도시재생에 있어서 내용적 범위는 각 국가별 또는 각 도시별 성장과정에 따라 다양하다. 영국은 1980년대 중앙정부에서 수립한 도시재생 정책들이 전체 지역을 위한 비전이 결여된 채 특정지역 프로젝트에 국한되어 종합적 정책이 요구되었다. 또한 미국은 1990년대 이전까지 중심부 쇠퇴의 문제는 내부도시의 문제로 취급하였고, 교외지역 확대문제는 무분별한 도시 확산의 문제로 구분하여 취급하였다. 이후 'Smart Growth' 개념을 통해 중심부와 교외부를 하나의 문제로 인식하게 되었다. 일본의 경우 도시재개발사업이 점적 개발로 진행되었기 때문에 중심시가지에서 면적 효과를 얻을 수 있는 도시재생정책이 필요하게 되었다(도시재생사업단, 사전기획연구보고서 2006). 한국에 있어 기존 도시정비사업은 물리적 환경의 개선방안에 초점을 두고 이루어져 왔다. 이러한 물리적 재생에 국한되어 진행된 도시정비사업에 관한 문제는 1980년대 중반부터 비판되어 왔다. 결론적으로 물리적 환경 개선만으로 이루어진 도시정비는 한계에 봉착했기 때문에 주민들의 삶의 질 향상에 실질적으로 기여할 수 있는 총체적인 도시재생이 요구되고 있다. 경제적·사회적·문화적·환경적·역사적 측면의 총체적이고, 효율적이고, 지속가능한 도시재생이 될 수 있도록 제도적인 면과 정책적인 면의 개선이 모색되어야 한다.

A-2-b. 도시재생의 목표 및 방향

한국 도시재생의 비전은 국민들이 행복한 경쟁력 갖춘 도시를 재창조하는 것이다. 또한 한국 도시재생의 목표는 첫째, 쇠퇴지역 주민 삶의 질 향상이다. 국민들은 위한 생활복지를 구현하고, 쾌적하고 안전한 정주환경을 조성하는 것이다. 둘째, 도시 경쟁력 강화이다. 쇠퇴지역 재생을 통한 도시경쟁력을 강화하여 일자리 창출과 도시경제 활성화이다. 셋째, 도시의 정체성 회복이다. 지역의 정체성을 강화하는 문화가치의 향상과 경관 회복이다. 넷째, 주민 참여형 도시계획의 정착이다. 주민들의 역량강화와 공동체 활성화를 통한 국민이 행복한 경쟁력 있는 도시를 재창조하는 데 있다. 선진국의 도시재생이 실천적 사업과 연계되어 있듯이 한국의 도시재생도 그 방향으로 추진되어야 할 것이다. 먼저, 도시공간구조의 기능재편과 기성시가지의 재활성화 등을 통한 신·구 도시 간 균형발전을 도모해야 한다. 또 삶의 질에 있어서 미래사회 향상을 위하여 쇠퇴와 낙후된 기성의 시가지 재생을 통하여 도시경쟁력에 있어서 제고와 지속가능한 도시발전 모델을 확립하여 도시경쟁력을 높여야 한다. 그리고 기존 도시정비사업의 한계를 극복하기 위해 물리적·환경적, 산업적·경제적, 사회적·문화적 측면의 종합적인 도시재생을 지향해야 한다(도시재생사업단, 사전기획연구보고서 2006).

A-3. 도시재생의 필요성

한국에서 도시계획은 산업화와 도시화를 추진하기 위한 '경제개발 5개년 계획'이 수립된 1962년부터 시작되었다. 1970년대에는 산업기반의 중심이 국토정책의 기본방향이 되었다. 그리고 1980년대에는 서울을 중심으로 대도시의 인구 급증으로 주택난이 심화되자 산업기반의 조성과 더불어 대규모 주택단지 건설계획을 추진하였다. 이처럼 한국은 1960년대 이후 급속한 산업화와 도시화로 지난 50여 년 동안 도시개발의 흐름이 도시성장에 중점을 둔 신도시개발과 택지개발 등의 주거공급정책 위주로 추진되었다. 이러한 도시개발 정책은 도시화와 산업화의 기반을 바탕으로 도시기능을 개선하여 생활의 편익을 높였다는 점에서는 긍정적으로 평가받고 있다. 그러나 수도권으로의 인구집중을 가속화시켜 도시문제를 야기하였으며, 대도시권 교외지역의 난개발을 초래하였다. 또한 서울과 대도시의 노후 쇠퇴지역은 수익성을 얻을 수 있는 고층과 고밀 위주의 아파트 또는 주상복합 개발로 이어졌다. 이에 따라 토지부족문제, 주택문제, 교통문제, 환경문제, 인프라 부담 등을 야기시켜 도시생활의 질이 저하되었고, 기존의 도시가 갖고 있던 문화와 역사적 정체성을 잃게 만들었다. 또한 도시의 주요 기능들이 신시가지, 택지개발지구, 신도시 등으로 이동함으로써 구 도시는 교육, 편의시설, 복지, 문화 등의 기능이 부족해졌다. 이에 따라 정주인구가 감소하고 복지, 생활, 환경, 경제 측면에서 도시기능이 약화되면서 도시쇠퇴가 진행되었다.

한국은 그동안의 급격한 산업화와 도시화로 도시의 양적 성장에 치중해 왔다. 그러나 소득수준의 향상과 삶의 질 향상에 따라 쇠퇴지역에 대하여 도시의 질적 성장을 위한 도시재생의 필요성이 부각되었다. 이는 그 동안의 쇠퇴한 도시를 물리적 측면에서의 개발에서 벗어나 사회적, 경제적, 환경적, 문화적 측면에서 재생하고 지속가능한 발전을 도모하기 위함이다.

21세기 정보기술의 발전으로 자본과 인적자원의 이동이 국제화되면서 국가경쟁력은 도시경쟁력에 의해 좌우되고 있다. 정보화와 세계화가 급속화 되는 21세기에는 도시 간 경쟁력이 심화될수록 기존 도시의 토지와 공간을 효율적으로 활용하여 도시가치를 높이고, 삶의 질과 웰빙에 대한 수요에 부응하는 도시로 만들어 가기 위해 도시재생을 추진해야 한다. 도시에 대한 삶의 질이 높아질수록 창조적 인재 및 정보, 첨단지식산업 집적, 관광객 유입 등으로 도시의 국제적 위상과 역량이 강화되어 경쟁력을 확보할 수 있다. 따라서 도시와 국가의 경쟁력 제고, 삶의 질 향상을 위해 도시재생 전략을 수립하고, 정책과 제도의 정비, 계획과 설계기법 개발, 건설기술의 융복합적 개발이 필요하다(도시재생사업단, 사전기획연구보고서, 2006).

과거 산업화시대의 물리적 공간구조에서 도시재생을 통한 최첨단의 인텔리젠트 공간구조로 바뀌면서 도시자체가 경쟁력을 갖는 시대가 될 것이다. 인공지능과 4차 산업혁명시대에는 혁신적 도시재생을 통해서 창조적 인재와 정보가 모여들고, 첨단지식산업이 집적되고, 외부 관광객이 유입되는 도시로 탈바꿈할 것이다.

A-4. 한국 도시재생 계획수립 체계 및 지원조직

A-4-a. 도시재생 계획수립 체계

효율적 도시재생을 위해서는 종합적인 계획수립을 바탕으로 쇠퇴도시에 대한 중장기적 비전을 제시해야 하고, 행정부처 간에 분산되어 있는 재생사업을 통합하고 조정해야 한다. 한국의 도시재생은 국가도시재생 기본방침으로 도시재생에서 전략계획과 활성화계획 등으로 순서로 진행되어야 하고 지원과 다양한 법령이 요구된다.

첫째로 우선 정책적으로 계획성, 효율성으로 경제력을 바탕으로 두면서 국가적인 도시재생의 기본적 방침을 추진하기 위해서는 도시재생의 목표와 함께 중점시책에 대한 지원방향 등을 제시하고 국가 차원적 도시재생이 전략이다. 국가단위의 도시재생 보통 기본계획으로 5년 단위와 10년 단위로 수립과 정비를 하고 짧게는 1년 단위와 3년 단위로 진행되고, 범위와 단위에 따른 국토부장관이 입안하고, 국무회의 의결을 거쳐, 대통령이 승인하는 절차이다. 둘째, 도시재생 전략계획은 도시재생 추진방향을 명확히 정하면서 역량을 중점적이고 핵심적으로 투입할 도시재생활성화지역을 결정하는 데 도시차원의 중장기 전략의 계획이다. 지자체 도시재생 기본전략은 5년, 10년 단위의 정비와 짧게는 3년, 1년 단위로 진행된다. 계획수립은 특별시장, 특별자치시장, 특별자치도지사, 광역시장, 시장, 군수(광역시

군수 제외) 등이 하면서 심의는 지방도시재생위원회가 맡고, 승인과 확정은 특별시장, 특별자치시장, 특별자치도지사, 광역시장, 도지사 등이 한다. 셋째, 도시재생 활성화계획에 있어서 활성화지역 내 도시재생사업을 효율적으로 집행과 추진하기 위한 실행계획이므로 주민, 민간 그리고 공공지원 등의 참여로 재생을 하면서 비전과 지속가능한 계획을 종합적인 판단으로 실행가능한 계획수립은 전략계획 수립권자와 지역 지자체 장이 한다. 심의는 지방도시재생위원회가 맡으며, 국가지원은 도시재생특별위원회가 맡는다. 계획의 확정은 특별시장, 특별자치시장, 특별자치도지사, 광역시장, 도지사 등이 맡는다.

[그림 I -2] 도시재생 계획수립 체계도

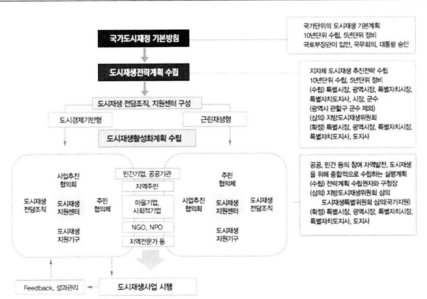

출처 : 국토교통부, 도시재생 종합정보체계 홈페이지

A-4-b. 도시재생 추진조직

한국 도시재생 추진조직의 경우 중앙조직은 의무설치, 지방조직은 필요시 설치하게 되어 있다.

첫째, 중앙조직은 도시재생특별위원회가 있는데, 위원장은 총리이며, 위원은 관계 장관 및 민간위원 등이다. 도시재생특별위원회는 지역도시재생계획의 심의 및 부처별 사업추진을 통합 조정한다. 또한 중앙조직에는 도시재생기획단과 도시재생지원기구를 설치할 수 있는데, 도시재생기획단은 국토부에 설치하며, 도시재생지원기구는 공공기관에 설치한다. 도시재생지원기구는 지자체의 계획수립지원, 전문가 육성 및 파견, 사업시행 등을 지원한다. 해외 선진국에서도 도시재생지원기구를 운영하고 있는데 일본은 UR, 영국은 HCA, 프랑스는 ANRU 등의 명칭으로 운영되고 있다.

둘째, 지방조직은 지방도시재생위원회 및 공무원 조직으로 구성되며, 전담조직과 도시재생지원센터가 있다. 도시재생지원센터는 지역주민이 중심이 되어 재생사업을 기획하고, 관리하고, 운영하며, 지자체의 기획역량 강화 등을 지원한다. 도시재생지원센터는 민·관 협업 조직이면서 주민주도의 사업지원을 한다. 도시재생지원센터는 지역문제를 중심으로 NPO, 공공단체, 지역대학 등 관련 조직을 연계하고, 조정하여 저비용으로 시너지효과를 창출한다.

[그림 Ⅰ-3] 도시재생 추진조직

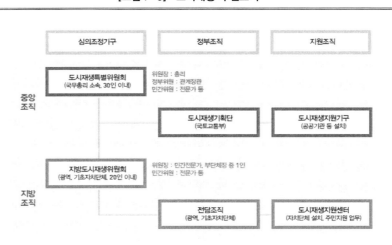

출처 : 국토교통부, 도시재생 종합정보체계 홈페이지

B. 도시재생사업의 유형

B-1. 도시재생사업의 유형화

도시재생사업의 유형은 대상지역, 기능, 목적, 규모 등에 따라 매우 다양하다. 예를 들어 대상지역의 도시재생사업은 기능적인 특성에 따라서 '상가형 재생', '주거지형 재생', '역사문화자원형 재생', '노후산업단지형 재생' 등으로 분류할 수 있으며, 또 추구하는 목적에 따라서 근본적인 도시재생으로 주민들의 삶의 질 개선과 커뮤니티 재생에 초점을 둔 '마을 만들기 재생', 경제와 일자리 창출이 목적인 '경제기반 도시재생' 등으로 대별할 수 있으며 「도시재생법」에서는 도시재생 활성화계획의 유형을 도시경제기반 활성화계획 그리고 근린재생 활성화계획으로 구분하고 재생 목적에 따른 분류와 유사한 취지를 두고 있다(법 제2조 ①항의 6). 그리고 도시재생의 규모에 따라, '지구 차원의 재생', '골목재생', '도시 전체 차원의 재생', '지역 차원의 재생' 등으로 분류할 수 있다. 특히 지방중소도시의 경우 도심지역이나 특정 지구 차원이 아니라, 도시 전체 차원에서 도시재생문제를 접근해야 하는 경우가 많으며, 이러한 차원에서 지역재생사업은 바로 지역개발사업과 동일한 의미를 가지게 된다.

2007년 1월부터 도시재생 R&D사업을 총괄해 온 한국도시재생사업단은 도시재생의 주요 목표에 기반하여 12개 재생사업 유형을 제시하였으며, 지방중소도시의 재생유형으로 10대 전략사업 유형을 제시하였다. 여기서 말하는 12개 재생사업 유형은 '지역사회역량 강화사업, 구도심 활성화사업, 노후주거지 재생사업, 상권 활성화사업, 정체성 강화사업, 혁신클러스터 구축사업, 압축개발·복합화사업, 커뮤니티 활성화사업, 노후산업단지 재생사업, 생태주거단지 조성사업, 창조산업형 도시재생사업, 저탄소 도시기반 구축사업' 등으로 분류하였다. 또한 10대 전략사업 유형으로는 '신성장거점 연계형, 저탄소녹색지향형, 쇠퇴주거지역형, 지역거점도시 기능회복형, 구도심 재생형, 역사문화 창조형, 산업구조고도화, 사회자본 형성형, 기존상권 경쟁력 강화형, 도시재생 패키지형 재생사업' 등으로 설정하였다.

또한 2013년 말에 제정된 「도시재생법」에서는 기존의 도시재정비사업 외에도 각종 개발사업, 시설사업, 지역발전사업 등을 포괄하여 도시재생사업단과 유사한 사업유형을 제시하고 있다. 그러나 도시재생사업단에서 설정한 도시재생사업의 유형은 도시재생의 목적, 재생기법, 대상지역적 특성 등이 혼재하여 유형 분류의 목적과 의미를 도출하는 데 한계가 있다. 그러한 정책적 목적은 학술적 연구목적과는 달리 각 유형에 따라 공공부문이 '어디에, 얼마만큼, 어떻게' 개입하여 지원하고, 규제하고, 관리할 것인가를 결정하는 기준을 제시하는 데 의미가 있다.

도시재생이 공공의 개입과 지원을 전제로 한다는 측면에서 도시재생사업의 유형화는 '재생사업의 성격상 시장의 논리에 따라 진행하는 것이 정적한가?'라는 문제와 연결된다. 그 이유는 대부분의 도시재생사업들은 민간부문의 시장 논리에 따라 추진되고, 나머지 사업들은 공공부문에는 최소한의 개입에 머무는 것이 바람직하기 때문이다. 반대로 또 다른 유형의 도시재생사업을 시장의 논리에만 맡기는 경우 목적 달성에 도달이 안 될 수도 있기 때문에 공공부문이 적극적으로 개입하고, 관리해야 하는 유형도 있기 때문이지만 논리와 목적에 따라 도시재생사업이 '민간주도형', '공공·민간 협력형', '공공주도형'의 3가지 유형으로 설정할 수 있다. 김혜천(2013)은 이상에서 도시재생이 공공의 개입과 지원을 전제로 한다는 측면에서 도시재생사업의 유형화는 재생사업의 성격상 시장논리에 따라 진행하는 것이 정적한가라는 점에서 논쟁이 있어 왔다. 어떤 측면에서 보면 대부분의 도시재생사업들이 민간부문의 시장논리에 따라 추진되고, 나머지 사업들은 공공부문에서 최소한의 개입에 머무는 것이 바람직하기 때문이다. 또 다른 측면에서 보면 도시재생사업은 시장논리에 맡겨서는 목적을 달성할 수 없기 때문에 공공부문이 적극적으로 개입하고, 관리해야 하는 측면도 있다. 따라서 도시재생사업은 상황에 따라 '민간주도형', '공공·민간 협력형', '공공주도형'의 3가지 유형으로 설정할 수 있다. 이 3가지 유형 중 어느 것이 좋고, 나쁘다는 절대기준은 없지만 도시재생의 상황에 맞는 최적의 유형을 선택해서 사업을 추진하는 것이 바람직할 것이다.

B-2. 대상에 따른 도시재생사업의 유형

도시재생의 역사적 과정에서도 알 수 있듯이 선진국 도시재생사업은 주로 상업업무 기능이 밀집된 도심 또는 구도심의 쇠퇴를 극복하기 위해 시작되었다. 여기에서 도심(downtown)이란 일반적으로 그 도시에서 하나밖에 없는 중심지(urban center)를 말하며, 그곳은 한 도시의 상징성, 역사성, 대표성 등을 가진 도시의 얼굴이 된다. 그러나 대도시에 기존의 원도심으로 이루어지는 도심(CBD 포함)지역과 부도심으로 이루어지는 신도심 등 2가지가 있다. 한편, 원도심은 신도심과 비슷한 기능을 하지만 역사적, 사회적, 문화적 측면에서 큰 차이가 있다. 이곳은 상업, 금융, 업무, 행정 등이 중심지 기능이 집적하지만 일반적으로 오래된 도시에서는 문화, 예술, 위락 등 다양한 부문이 발달되고, 역사성과 경관성을 동시에 가지면서 토지이용이 활성화되기도 한다. 선진국의 많은 도시에서는 철강, 조선, 기계 등의 주요 산업의 쇠퇴로 폐기된 조선소, 물류단지, 항만지역 등에서 도시재생사업이 전개되었다. 일부에서 시청, 군부대, 철도 등과 같은 공공시설, 군사시설, 기반시설의 이전지를 대상으로 도시재생사업들이 진행되었다. 주요산업의 쇠퇴는 직접적으로는 도시 전체의 경제적 쇠락에서 야기되기도 하지만, 간접적으로는 주거지와 혼합용도지역에서의 공동체 파괴와 빈부격차 같은 사회적 문제에서 발생하기도 한다. 도시재생사업의 대상이 되는 지역과 시설을 우선 유형화하여 그 대상과 주변지역을 활성화하는 전략이 필요하다. 대상 지역과 시설 및 기능에 따른 도시재생사업의 유형을 다음과 같이 구분할 수 있다.

첫째, 상가재생(commercial regeneration)이다. 상가재생은 도시의 중심상가, 지하상가, 재래시장 등 상업이 밀집된 지역의 재생이다. 지가가 다른 지역보다도 비싸고, 경제활동이나 거래상품의 부가가치가 높고, 상업 및 판매시설의 이용객이 많은 지역이 정체하거나 또는 쇠퇴할 때 적용되는 유형이다. 이 상가재생의 특징은 가로 정비나 시설확충 같은 시설 및 공간 정비뿐만 아니라, 상권활성화 프로그램 또는 상인교육을 통하여 중심시가지의 상가활성화를 도모하는 데 목표를 둔다. 대부분의 상가재생은 지역 상인들의 역량강화, 매력 넘치는 도심공간의 창출, 편리한 시설과 서비스 제공으로 도심뿐만 아니라 도시 방문객과 이용객을 유인하는 효과를 가진다.

둘째, 주거지재생(residential regeneration)이다. 주거지재생은 불량주거지 또는 신규개발로 인한 원주민을 위한 이주단지, 그리고 산복도로의 주거지 등을 대상으로 한다. 주거지재생은 기존 공동체가 파괴되지 않도록 일자리 창출, 교육, 훈련, 복지서비스 제공을 통해 지역과 주민 역량강화를 진행하여 공동체 회복을 이루는 것이 매우 중요한 목표이다. 지진, 해일, 화재 등에 따른 재해 주거지역의 경우에는 최우선적으로 긴급 주거지재생을 할 수 있다. 하나의 사례로 일본 고베지진 이후에 재해지구를 주거지 복구를 위해 최초로 도시재생구역으로 지정하여 재생사업을 추진한 사례가 있다.

셋째, 산업단지 및 폐부지 재생(industrial estate and brown field regeneration)이다. 이 유형은 폐기된 공업단지, 노후공장단지, 폐철도부지 등의 재생을 말한다. 특히, 폐부지(brown field) 재생은 오염된 토지개량을 통해 새로운 공간과 시설을 정비하는 재생이다. 도심이나 시가지 인근에서 버려진 토지를 쇼핑센터, 고급주거지, 예술문화 공간, 첨단산업센터, 창업센터 등으로 활용하기도 한다.

넷째, 항만·수변재생이다. 이 유형은 폐기된 조선소, 물류창고, 야적장 같은 오래된 항만시설과 내륙의 하천, 호수, 습지, 강 등의 수변을 정비하여 쇼핑센터, 업무시설, 주거지 등 새로운 용도전환을 통해 지역을 활성화하는 유형이다. 일본 도쿄의 도요스 수변정비와 영국 맨체스터의 셀포드강 부두 재생이 대표적이다. 이 사례는 폐기된 조선소, 부두시설, 유수지 등을 주거, 업무, 상업시설, 문화예술 공간 등으로 탈바꿈한 대표적인 항만·수변재생이다.

다섯째, 공공시설 및 이전적지 재생이다. 이 유형은 도심에 위치했던 군부대, 군사시설, 공공시설의 이전에 따른 토지를 재생하여 도심을 활성화시키는 유형이다. 도청사, 시청사, 학교, 교육청, 공설운동장 같은 관공서나 공공시설의 이전으로 생긴 빈 토지 또는 유휴 토지를 활용하여 상가, 공동주택, 미술관, 박물관, 컨벤션센터 등을 건립하여 활성화하는 도시재생이다.

여섯째, 복합·혼합지역의 재생이다. 이 유형은 도심 또는 부도심 주변의 교통과 상업시설 집적된 지역과 주·공 혼합지역, 주·상 혼합지역 등 토지이용이 혼재된 지역을 대상으로 한다. 특히, 지하철, 전철, 철도 역세권이나 버스터미널 같은 대중교통센터를 중심으로 복합개발이나 상업, 업무, 주거, 문화 등 다양한 용도의 도시재생이 가능하다. 최근에는 대중교통중심(TOD), 압축도시(compact city), 뉴어바니즘(new urbanism) 등의 개발방식에 활용되기도 한다.

일곱째, 기타 지역의 재생이다. 위에서 설명한 지역의 도시재생 이외에도 문화·관광자원 같은 지역의 자산이 집적된 지역이나 소도읍 또는 농어촌 지역을 대상으로 한다. 특히, 관광자원으로서 군산·창원·마산 같은 근대문화재생, 경주·전주·진주 같은 역사문화재생, 정선·태백 같은 탄광자원 활용을 통한 지역재생이 있다. 그 외에도 날로 쇠락하는 중소도시의 활성화를 위한 매우 다양한 방식을 통해 도시재생사업을 할 수 있다.

[표 I -1] 대상에 따른 도시재생사업의 유형

대 상	대상 지역 및 시설(기능)	비고
상가재생	도심상가, 중심시가지, 지하상가, 재래시장 등	쇠퇴상가 우선
주거지재생	불량주거지, 이주단지, 산복도로 주거지 등	재해지역
산업단지 · 폐부지재생	폐기된 공업단지, 집단화된 노후공장, 폐공장부지, 폐철도 부지 등	오염된 토지의 개량
항만 · 수변재생	폐쇄된 항만, 물류창고, 강, 하천, 습지, 호수 등	항만, 워터프론트
공공시설 · 이전적지재생	군부대, 시청, 교육청, 공공기관 등 공공시설	군사, 공공시설
복합 · 혼합지역재생	전철 · 철도 등 역세권, 주상 혼합지역, 주공 혼합지역 등	교통시설
기타재생	문화 · 관광자원 등 지역자산, 소도읍, 농어촌 등	지역재생 포함

주) 재난으로 임시주거지를 위한 긴급재생 포함
출처 : 국토교통부, 국가도시재생 기본방침, 2013

B-3. 접근방법에 따른 도시재생사업 유형

도시재생사업은 사업주체에 따라 접근방법도 달라지는데 관주도형, 민간주도형, 민관협력형으로 구분할 수 있다. 그중에서 가장 적합한 도시재생사업 유형은 주민들의 적극적인 참여를 통한 협력형 도시재생이다. 주민 참여를 통한 협력형 도시재생은 공공디자인 설계를 위해 지역 주민들이 선호하는 디자인이 될 수 있도록 주민들의 참여를 독려할 수 있다. 예를 들어 설계자들이 지역주민들이 선호하는 유형을 선택할 수 있도록 주택유형을 만들어 낼 수 있다. 그렇지 않으면 지역주민 자신들이 인테리어공간을 디자인하기 위해 대규모 주택모형을 만들어 낼 수도 있다(Department of Civic Design of Universtiy of Liverpool, 1994).

한편, 지방 소도시의 소도읍이나 농어촌에서도 쇠퇴가 심화되면서 자생력을 상실하고, 삶의 질이 점차 약화되고 있어 기초생활을 위한 종합적인 도시재생사업이 필요하다. 이러한 우리나라 도시재생의 접근방법에 따른 도시재생의 유형, 사업유형, 대상사업을 정리하면 아래와 같다.

[표 Ⅰ-2] 기법과 운영의 접근방법에 따른 도시재생사업 유형

도시재생의 유형	사업유형	대상사업 사례(시설 및 공간)
물리적·환경적 재생	물리적 환경정비, 공공디자인	건축물, 가로, 조형물, 공원, 간판
경제적 재생	부동산신탁 일자리창출	마을기업, 상가신탁, 벤처단지 운영
사회적 재생	주거복지·상인복지	공동체/마을 기업 운영, 집수리, 요육 및 헬스케어 서비스
문화적 재생	문화시설 및 서비스	공연장, 영화관, 스튜디오, 박물관, 전시장
복합적 재생	물리적·비물리적 재생	터미널, 역세권, 도심주거지 재생

출처 : 국토교통부, 국가도시재생 기본방침, 2013

첫째, 물리적 재생(physical regeneration)이다. 물리적 재생은 상가, 주택, 도로, 공원 등 도시기반시설을 대상으로 정비와 신설을 통한 도시재생을 말한다. 물리적 재생은 대부분 도시시설, 공간의 정비 등을 통한 물리적 환경개선을 목적으로 한다. 사업이나 실행수단 측면에서 물리적 개발에 치중한 주거환경정비사업, 도시환경정비사업, 도시재개발사업도 대부분 이에 속한다. 1960~1970년대 선진국의 도시재개발사업, 도시활성화사업과 1980년대 한국의 도시개발사업, 도시정비사업들은 도시의 외부환경 개선과 타 지역인구의 유입 같은 양적 성장에 많은 역할을 하였다. 그러나 원주민 재정착 문제, 공동체의 상실, 부동산 시장 불안 같은 도시나 공동체가 안고 있는 사회적, 경제적 문제와 교육, 복지, 안전 같은 질적 개선은 해결하지 못하였다. 이처럼 물리적 재생은 질적으로 향상된 목적 및 보완적 수단을 통해 경제적, 사회적, 문화적 재생의 필요성이 크게 대두되었다.

둘째, 경제적 재생(economic regeneration)이다. 물리적 재생이 가지는 한계는 도시의 환경개선이나 공간정비를 통하여 삶의 질을 바꿀 수는 있었지만, 지역 사회의 전반적인 개선을 위한 일자리 창출, 공동체 회복, 지역 문화의 자원화 같은 종합적인 활성화 전략은 제시되지 못하는 경우가 많았다. 특히, 이왕건 외 (2010)은 도시 전체의 경제적 재생을 위한 다양한 자구

책은 부족한 편이었다. 이러한 경제적 재생은 대부분 도시 전체의 산업 및 경제활동의 부양과 상권 활성화에 치중하였다. 그러나 이미 산업화된 도시라고 하더라도 기존의 전통적인 산업만으로는 경제적 재생은 매우 힘든 경우가 많았다. 일반적으로 오늘날 성공을 거둔 도시는 제조업의 비중인 높지 않거나, 경제구조가 제조업 중심에 다양한 산업 중심으로 보다 잘 전환된 도시들이다. 예를 들어, 도시 전반에 걸친 경기활성화나 일자리 창출을 위해 최근 정보·통신 산업, 영상디지털산업, 문화콘텐츠산업 등 다양한 부문의 산업을 활성화하여 성공적인 경제적 재생을 도모하는 도시가 있다. 또한 경제적 재생을 위하여 도심 또는 중심시가지의 환경정비, 상권 활성화, 주민소득향상과 일자리 창출을 위해 마을기업, 사회적 기업의 운영을 추진하기도 한다. 그러나 단순히 가로 디자인 정비, 공원, 광장 같은 공간 정비만으로 도심의 경쟁력을 높일 수는 없다. 그러한 공간과 시설정비가 공공기관의 경제성 추구 외에도 이해당사자인 상인들이나 주민들의 경제적 혜택이 배제되면 효율성이 크게 떨어지게 된다. 도심상가나 재래시장에서는 효율성 있는 경제적 재생을 위하여 물리적 환경개선 외에 상권 활성화를 위한 다양한 이벤트와 서비스 및 상권 활성화 프로그램이 진행되어야 한다. 이 프로그램에는 상인들의 판매활동을 도울 수 있는 상인교육, 행정지원, 육아복지, 문화서비스 제공 같은 것이 사회적 재생과 문화적 재생 등과 함께 추진되어야 한다. 한편, 주거지 재생은 공동체 회복을 위한 일자리 창출과 마을 수익 확대를 위한 마을기업, 협동조합, 사회적 기업의 설립을 추진할 수 있다. 예를 들어, 마을 문화회관, 미술관, 박물관이 건립될 경우에는 해당 주민들이 전일제 관리인으로서 일할 수 있다. 또한 마을기업의 운영을 통하여 시간제 종업원으로서 일할 수도 있다.

셋째, 사회적 재생(social regeneration)이다. 사회적 재생은 공동체 개선에 도움이 되는 방법과 정책으로서 장래의 지역사회를 형성하고, 사회적 정의(social justice), 경제적 힘(economic strength)과 지속 가능한 미래

(sustainable futures)를 지키는 것이다. 주요활동은 모든 사람이 동등한 위치에 있는 사회를 만들어 내기 위해 오랫동안 지속된 사회적, 경제적 불평등을 해소하고 지역 공동체를 소생시켜야 하는 공공투자를 포함된다. 따라서 사회적 재생은 지역사회의 지속가능한 발전을 위해 불평등을 없애고, 약자를 위한 적극적인 투자와 활동 같은 다양한 역할을 한다. 도시 전체 측면에서는 인구과밀이나 인구감소 또는 산업쇠퇴나 경기침체 등으로 인한 고용불안, 범죄증가, 근린상실 같은 사회적 불안요소를 없애고, 복지와 삶의 질을 높이는 데 중요한 비중으로 둔다. 또한, 주거지구 측면에서는 무분별한 재개발과 재건축으로 인한 기존 원주민의 유출과 공동체 해체를 막고, 기존 원주민의 재정착률을 높이면서 교육, 복지, 육아보육 같은 프로그램으로 공동체를 복원해 가는 데 중요한 비중을 둔다. 예를 들어, 주민들을 위해 교육, 최빈곤층의 집수리, 육아보육서비스, 헬스케어서비스를 제공하여 상실된 공동체 정체성을 회복시킬 수 있다. 한편, 상업지구 측면에서는 교육, 육아보육, 복지, 건강 향상과 상권 활성화를 위해 상인들, 지방정부, 주민들과의 협력적 동반 관계를 통한 사회적 재생에 중요한 비중을 둔다. 이를 위해 상인들을 위한 다양한 교육, 육아보육, 의료 서비스를 제공할 수 있다. 그 외에도 소득계층 또는 다민족 간의 갈등해소, 사회적 일탈현상, 긴장과 스트레스 해소를 위해 사회적 재생 전략들이 많이 소개되었다. 한국은 다민족 간의 갈등 또는 심각한 사회적 불안이 적어 사회적 재생을 강조할 필요는 없다. 그러나 다문화가정이나 외국인 취업자의 국내유입이 점차 증가하고 있어 문화적 갈등이나 사회적 문제를 예방할 수 있는 사회적 재생전략을 미리 준비할 필요가 있다.

  넷째, 문화적 재생(cultural regeneration)이다. 문화적 재생은 문화자원의 활용과 문화서비스의 개선을 통한 지역경제 효과, 관광효과, 주민의 삶의 질 개선 등을 유도한다. 예를 들어 박물관, 영화관, 전시장, 공연장 같은 다양한 예술문화시설을 설치하여 쇠퇴지역의 활성화를 도모하는 경우가 많다. 특히 문화예술 프로그램은 사회적 응집과 지역 이미지의 증진, 민간과 공공의 동반 관계 구축, 자신감 개발, 조직적 능력증진, 미래의 비전 탐색 등에 공헌하기도 하지만 문화적 재생의 한계로 부정적인 시각도 있다. Social Policy Summary8-March(1996)은 자본적 프로젝트를 바탕으로 하는 문화재생은 높은 비용이 들지 모르며, 문화재생은 건설 사업이 예술 부문에 훨씬 더 많이 혜택을 주는 동안 더 오랜 시간이 걸릴지도 모르며, 문화재생은 종종 목적달성에 공공부문의 조세지원을 필수화하며, 문화재생은 대부분의 소도읍의 범위이거나 그 범위를 벗어나면 부적절하다.

이러한 부정적 한계에도 불구하고 최근 많은 사람들은 도시재생과 문화 활동 간에 보다 더욱 밀착된 관계로 인식하고 있다. 또한 문화 활동이 가장 중요한 자산의 하나로서 시민의식을 새롭게 한다는 점을 인식하고 있다. 다음과 같은 이유로 자본투자보다도 문화 프로그램을 더 우위에 두게 되었다. 문화적 프로그램은 상대적으로 저렴하고, 비용 면에서 매우 효율적이며, 지역수요와 아이디어에 부응하여 신속히 개발될 수 있으며, 요구되는 만큼 변화할 수 있고, 유연하며, 최소의 위험으로 높은 잠재적 이익을 제공하며, 경비에 맞출 필요 없이 영향을 끼칠 수 있다는 것이다(한국거버넌스학회보, 문화도시 전략(Glasgow)). 우리나라에서도 지역의 문화자원을 활용한 도시재생들이 활발히 추진되고 있다. 지역의 역사적, 문화적 이미지 개선뿐만 아니라 문화산업으로서 문화 마케팅과 관광자원화를 유도하고 있다. 그외에도 문화전달 플랫폼, 문화콘텐츠, 문화터미널, 문화클러스터 등 문화자원을 활용하여 새로운 유형의 도시재생사업을 구상하는 사례가 점차 늘고 있다(전영옥, 2004). 이와 같은 문화적 재생은 주로 경주, 전주, 공주, 진주 등 오래된 역사적 도시와 부산, 군산, 창원, 구미 등 근대 유산이 많은 도시에서 다양한 방식의 도시재생사업을 통하여 실현할 수 있다. 최근에 전주, 창원, 마산 등 지방도시에서 도심상가와 재래시장의 빈 점포에 창작공예촌, 예술촌, 작가촌 등을 조성하여 도심상가와 시장 활성화를 도모하면서 관광자원화하는 문화적 재생에 관한 관심과 투자가 점차 늘고 있다.

B-4. 한국의 도시재생사업 유형

2013년 「도시재생법」 제정 이후 초창기 한국의 도시재생사업은 도시경제기반형과 근린재생형 2가지 형태로 구분되었는데, 근린재생형은 일반규모형, 소규모형으로 세분되었고. 그 후 2016년 지자체 여건에 따라 근린재생과 중심재생으로 추진하였고 이에 근린재생형인 일반형과 중심시가지형으로 구분 추진하였다.

2017년 5월에 문재인 정부는 도시재생을 중요한 국정 과제 중의 하나로 채택하였다. 문재인 정부의 '도시재생 뉴딜사업'은 낙후지역 500곳으로 매년 재정 2조 원과 주택도시기금으로 5조 원, 공기업 사업비로 3조 원, 5년간 총 50조 원을 투입하는 사업이면서. 사업지의 대상 절반 이상이 1,000가구 이하 소규모로 '우리동네살리기형'으로 추진한다는 계획이다.

문재인 정부에서 도시재생 뉴딜사업의 유형은 면적 규모에 따라 우리동네살리기형, 주거정비지원형, 일반근린형, 중심시가지형, 경제기반형 등 5가지로 나뉜다. 즉, 우리동네살리기는 소규모주거사업, 일반근린형은 준주거사업, 주거정비지원형은 주거사업, 중심시가지형은 상업지역, 도시경제기반형은 산업단지 등 5개 사업유형으로 다양화하였다.

첫째, 가장 규모가 작은 '우리동네살리기형'은 면적 5만㎡ 미만이면서 소규모 저층 주거밀집지역으로 추진되는 사업이면서 거주민 1,000가구 이하 마을로 해당이 된다. 사업지에는 주택개량과 무인택배함 및 CCTV 등 생활의 밀착형 소규모 생활편의시설로 설치된다.

둘째, 주거정비지원형에서는 5만~10만㎡/ 저층의 단독주택지역이 대상인데 주택정비와 도로정비 및 공공 임대주택 공급 등이 이루어진다.

셋째, 일반근린형으로는 10만~15만㎡/ 주거지와 골목상권 혼재지역이며 이 사업지에서는 청소년과 노인 및 지역의 주민들을 위한 문화서비스 공간 등이 설치된다.

넷째, 중심시가지형은 20만㎡ 이상/ 상업지역으로 추진된다. 빈 점포 리모델링과 노후시장의 개선을 통해서 창업공간을 지원하는 것으로 이뤄진다.

다섯째, 도시경제기반형은 50만㎡ 이상/ 산업단지와 항만, 그리고 역세권 등 대규모 사업지에 추진되는 곳이며 대상지에는 복합지식산업센터 건립과 국유지 활용 개발 등으로 이루어진다.

현재 한국의 도시재생 뉴딜사업에서 규정하고 있는 5가지 유형은 사업대상지의 특성과 유형의 장단점이 있기 때문에 어느 유형이 좋다고 평가하기는 어렵다. 다만, 투자 대비 효과 측면에서 보면 일자리 창출과 경제적 파급효과가 큰 중심시가지 유형이 2020년 기준과 앞으로 한국의 상황에 적합할 것으로 판단된다.

[표 I -3] 한국의 도시재생 뉴딜사업 유형별 특징과 장단점

유형	대상지	규모	장점	단점
도시경제 기반형	산업단지, 항만, 역세권 등 대규모 사업지	50만㎡ 이상	경제활성화 및 지역 경제파급효과 극대화	막대한 자금투입 및 개발기간 장기화
중심 시가지형	상업지역과 노후시장의 개선, 빈 점포의 리모델링을 통해서 창업공간 확보와지원 등	20만㎡ 이상	경제활성화 및 일자리 창출효과가 큰 압축형개발 가능	도시경제기반형보다 파급효과가 적음
일반 근린형	주거지와 골목상권 혼재지역	10만~15만㎡	주거와 골목상권 호재지역 개발 가능	경제적 파급효과 적음
주거정비 지원형	저층 단독주택지역을 대상으로 주택정비, 도로정비, 공공임대주택 공급 등	5만~10만㎡	주거환경정비	경제적 파급 효과 적음
우리동네 살리기형	소규모 저층 주거밀집지역에서 추진되는 사업으로 거주민 1000가구 이하 마을이 해당	5만㎡ 미만	자금투입 최소화	소규모 주거환경개선사업

출처 : 국토교통부 [blog.naver.com] 도시재생 뉴딜사업이란?

C. 도시재생사업의 추진현황

C-1. 한국의 도시재생사업 추진현황

C-1-a. 선도지역사업 추진현황

한국의 경우 2013년 「도시재생법」 제정 초창기에 도시재생사업은 선도지역사업과 일반지역사업으로 구분되어 사업이 진행되었다. 선도지역사업이란 도시의 쇠퇴 정도가 심각하여 도시재생의 시급성이 필요한 지역을 대상으로 우선적으로 사업을 추진하여 한국적 성공사례를 만들고, 후속사업을 확대하여 도시재생의 활성화를 도모하기 위한 사업지역이다. 선도지역사업으로 선정될 경우에 선도지역은 「도시재생법」 제34조에 따라 전략기획 수립을 생략하고, 활성화계획을 수립하여 도시재생사업을 신속히 추진할 수 있도록 함으로써 조기에 성과를 가시화 할 수 있도록 특례를 제공하였다.

선도지역사업 유형은 도시경제기반형과 근린재생형으로 크게 구분하였고, 근린재생형은 일반규모형과 소규모형으로 세분화하였다. 선도지역은 2014년 총 13곳이 지정되었는데, 도시경제기반형 2곳(청주/부산), 근린재생형 11곳(서울/대구/광주/군산/목포/영주/창원/태백/천안/공주/순천) 등이다. 근린재생형 11곳 중 일반규모형은 6곳이며 소규모형은 5곳이었다. 선도지역사업은 사업비와 계획수립비를 지원하여 조기성과를 달성하고자 하였는데, 사업유형 규모에 따라 최소 5,000만 원~2억 원으로 계획수립비가 차등 지원되었다. 그리고 소규모 근린재생형에서는 60억 원으로, 일반규모

근린재생형 100억 원이, 도시경제기반형 250억 원의 사업비가 국비에서
지원되었고, 지방비와 50:50 매칭되었다.

[표 I -4] 2014년도 선도지역사업 지정현황(13곳)

유형별		지자체별		대상지역별	사업내용별
도시경제기반형		부산시	동구	초량 1동/2동/3동/6동 부산역 일대	부산북항과 원도심을 연계한 창조경제로 1인 기업, 벤처기업 등의 지구로 조성
		충북도	청주시	상당구 내덕의 일대 1동/2동/우암동/ 중앙동	폐공장 부지와 연초제조창을 활용하여 공예/문화산업지구 조성
근린재생형 (11)	일반규모	서울시	종로구	숭인동 일대 창산1동 2동3동 일대	뉴타운 사업을 해제지역에서 주거지로 재생사업하고 봉제공장 특성화로 조성
		광주시	동구	동명동/충장동/지산1동/산수1동	아시아의 문화전당으로 전남도청 주변의 구도심을 상권 활성화하는 조성
		전북도	군산시	월명동/해신동/중앙동	군산의 내항지구와 연계하여 근대역사를 문화지구로 조성
		전남도	목포시	목원동 일대	유달산의 주변 구도심 공간을 활용하여 예술인마을 조성
		경북도	영주시	영주1동/2동 일대	1940~1950년대에 형성되었던 근대시장으로 후생시장과 중앙시장과 철도역사의 주변 재생을 하는 조성
		경남도	창원시	동서동 일대/성호동 일대/오동동	창동예술촌과 부립시장에 /중심이 되는 문화예술 중심으로 조성
	소규모	대구시	남구	대명2동 일대/3동/5동 일대	공연소극장으로 100여 개 밀집거리를 재생하여 구도심 활성화하는 조성
		강원도	태백시	통동 일대	구 탄광도시의 정체성을 우선 살리고 폐 철도역사와 함께 도시 재생으로 조성
		충남도	천안시	중앙동 일대/문성동 일대	빈 건물을 활용하여 동아리방을 조성하고 노래방과 스튜디오를 조성하여 지역에 활력창출을 형성하는 조성
		충남도	공주시	웅진동 일대/중학동 일대/옥룡도	백제왕도의 문화유산 중 백제 문화와 왕도문화를 활용하는 특화거리로 조성하고 전통시장 과 산성시장 활성화를 조성
		전남도	순천시	향동 일대/ 중앙동 일대	노후주거과 지역친환경마을에 옥상녹화로 빗물을 활용하여 직접 만들기와 생태하천을 부읍성터 복원으로 조성

출처 : 국토교통부

C-1-b. 일반지역사업 추진현황

일반지역사업지에서중심형 도시재생사업을 추진하기 위해서는 지역의 환경에 적합한 사업이어야 하며 도시경제기반형 이외에 근린재생형, 중심시가지형과 일반형으로 세분화하여 추진하였다. 2016년도에 총 33곳이 일반지역사업으로 선정되었다. 도시경제기반형 5곳(서울/대구/인천/대전/부천)이며 중심시가지형 9곳(부산울산/전주/김천/충주/제천/제주/안동/김해), 일반근린형 19곳(서울 2곳이며 부산 3곳과 광주 2곳/대구/인천/ 그리고 울산 2곳과 부천/춘천/아산/남원/나주/광양/수원/성남) 등이다(강문수, 2018).

[표 I −5] 2016년도 일반지역사업지정현황(33곳)

유형		지자체와 지역		대상 지역지
도시경제기반형(5)		서울	노원, 도봉구	신경제중심지 조성 = 창동과 상계동
		대구	서, 북구	경제와 교통 그리고 문화 조성 = 서대구 재창조
		인천	중, 동구	창조도시 재생사업 = 인천
		대전	중, 동구	원도심의 상징, 희망의 공간 = 대전
		경기	원미구	창조경제 거점 = 부천 허브렉스
그린재생형(28)	중심시가지(9)	부산	영도구	대통전수방 프로젝트 = 영도
		울산	중구	울산중 중구로다
		충북	충주시	원도심과 문화도성으로 = 충주
		충북	제천시	힐링재생과 응답하라 2020 = 제천
		전북	전주시 완산구 일대	전통문화 중심으로 도시재생 = 전주(완산구)
		경북	김천시	상생과 자생으로 뛰는재생 = 김천
		경북	안동시	두레와 안동웅부로 재창조 = 안동
		경남	김해시	가야문화와 세계문화가 상생하는 문화평야 = 김해
		제주	제주시	올레로 두드림 = 제주
	일반형(19)	서울	용산구	해방촌의 도시재생 = 용산
		서울	구로구	G-valley를 품고 있는 마을 = 가리봉
		부산	중구	책방골목과 보수동 사람들 = 중구
		부산	서구	비석문화마을과 아미 · 초장으로 도시재생 = 서구

부산	강서구	김해평야에서 낙동강 관문의 전원 교향곡 = 강서
대구	서구	문화가 살아 있다 원고개(날뫼마을) = 서구
인천	강화구	'왕의 도' 중심이 한 강화 문화 = 강화
광주	서구	오감따라 천따라과 마을따라, 오천마을재생 = 서구
광주	광산구	전통적 멋과 맛이 되는 = 광주송정역세
울산	동구	방어진항의 재생으로 재창조사업조성 = 동구
울산	북구	노사민의 어울림과 소금포 기억 = 북구
경기	수원시(팔달구)	세계문화유산 수원화성의 르네상스 = 팔달구
경기	성남시(수성구)	주민의 언덕과 태평성대로 도시재생 = 수성구
경기	부천시(소사구)	성주산 품은/행복한 마을
강원	춘천시	호반 춘천, 소양/관광문화도시/열린장터 만들기 사업
충남	아산시	버려진 1만 평,/살아나는 10만 평
전북	남원시	문화 · 예술 되살아나는 도시공동체/"죽동"
전남	나주시	나주 살아 있는 박물관/도시 만들기
전남	광양시	한옥과 숲 어우러진 햇빛고을/광양

출처 : 도시재생종합정보체계[m.blog.naver.com] 조광호(2017)

　　이상에서 「도시재생법」 도입 초기 한국 도시재생사업은 선도지역사업과 일반지역사업으로 구분되어 진행되었다. 선도지역사업은 2014년 총 13곳이 지정되었는데, 도시경제기반형 2곳, 근린재생형 11곳이 지정되었다. 또한 근린재생형은 일반규모형은 소규모형으로 세분화되어 일반규모형은 6곳, 소규모형은 5곳이 지정되었다. 2014년의 경우 한국에서 「도시재생법」이 제정된 지 얼마 되지 않아 중심시가지형에 대한 관심도가 낮아 도시경제기반형과 근린재생형(일반규모, 소규모)으로 세분화하여 선도지역사업으로 지정된 것으로 보인다.

　　그 후 2016년도에는 일반지역사업으로 진행되었는데 이는 지자체의 여건에 맞는 장소로 중심형 사업을 추진하기 위해 도시경제기반형 이외에도 근린재생형을 중심시가지와 일반으로 세분화하여 추진하였다. 한국에서는 2016년부터 도새재생사업 유형 중 중심시가지형에 대한 중요성이 높아졌다고 보여 진다. 2016년도에 총 33곳이 일반지역사업으로 선정되었는데, 도시경제기반형 5곳, 중심시가지형 9곳, 일반근린형 19곳 등이다.

C-1-c. 문재인 정부 도시재생 뉴딜사업 추진현황

문재인 대통령은 대선 후보시절인 2017년 4월 대선공약으로 '도시재생 뉴딜사업'을 발표하였다. 발표의 주요 내용은 크게 4가지이다. 첫째, 매년 100개 동네씩 임기 내 500개, 연간 10조 원대의 공적자금을 5년간 50조 원 투입하고, 둘째, 뉴타운 사업과 재개발 사업이 중단된 저층 노후주거지 개선에 집중 지원하며, 셋째, 주거와 영세한 상업공간의 확보를 통해 젠트리피케이션에 적극 대응하며, 넷째, 지역밀착형 일자리를 창출한다는 것이었다. 도시재생 뉴딜사업은 기존의 도시경제기반형과 근린재생형 2개의 사업유형을 경제기반형(산업), 일반근린형(준주거), 중심시가지형(상업), 주거정비지원형(주거), 우리동네살리기(소규모주거) 등 5개 유형으로 세분화 및 다양화하였다. 도시재생 뉴딜사업의 특징으로 동네단위의 주민생활 밀착형 공공시설을 빠르게 공급하기 위해 '우리동네살리기' 사업유형을 신설하였다. 또한, 도로 등 인프라 개선과 마을주차장 등을 아파트 수준으로 시설을 확보하여 저층 노후주거지의 주거환경개선을 지원하는 '주거지원형'을 신설한 것도 주목을 끌었다. 재정측면에서는 연간 10조 원으로 재정지원 규모를 확대하였다. 공적재원 중 SH, LH 등 공기업에서 사업비 30%를 충당하고, 주택도시기금 등 공적기금에서 사업비 50%를 충당하는 등 기금과 공공사업자의 역할을 강조하였다. 그 밖에 광역자치단체의 권한을 확대하는 등 기존의 도시정책과의 차별성을 강조하였다(이완건, 2017). 문재인 정부 집권 후인 2017년 9월, 제8차 도시재생특별위원회를 열어 '도시재생 뉴딜 시범사업 선정계획', 그리고 '2016년 선정지역 중 2개의 안건으로 활성화계획 16곳 등이 의결이 되었다. 도시재생특별위원회는 위원장인 국무총리와 경제·산업·복지·문화·건축·도시 등 각 분야 13명의 민간위원과 16개 관계부처 장관, 청장 등 정부위원으로 구성되었다. 정부위원은 장관급으로는 국토교통부장관, 행정안전부장관, 문화체육관광부장관, 여성가족부장관이 포함된다. 또한 차관급으로는 기획재정부차관, 농림축산식품부차관, 보건복지부차관이 포함되며, 청장급으로는 문화재청장, 산림청장이 포함된다. 이 제8차 도시재생특별위원회에서는 문재인 정부의 도시재생 뉴딜사업을 70곳 전후의 지역별 시범사업 형태로 시작하기로 하였다. 선정지역 16곳에 약 9,000억 원 규모의 국가지원도 확정하였다. 도시재생 뉴딜사업은 기존의 중앙정부 주도의 대규모 도시재생 사업의 한계를 벗어나 자치단체가 주도하고, 지역주도 방식으로 추진하고 중앙정부가 지원하는 것으로 추진된다. 기존 중앙정부 주도의 대규모 도시재생사업의 한계로 지적되고 있는 사례는 읍면동 기준 국내 도시의 2/3에 해당하는 2,300여 개가 쇠퇴 중이지만, 정부지원은 전국적으로 46곳에 불과하다. 문재인 정부의 도시재생 뉴딜사업은 주거환경개선에 머무는 것이 아니라 도시기능을 재생시켜 도시의 경쟁력을 회복시키는 데 있다. 또한 지역에 기반하는 양질의 일자리를 창출하는 데 중점을 두고, 도시재생 과정에서 소유주와 임차인 간에 발생하는 갈등을 극복하고 상생체계를 구축하여 이익의 선순환 구조를 정착시킨다는 것이다. 문재인 정부의 도시재생 뉴딜사업은 성격, 규모, 기능에 구분하는 유형으로 5가지가 있다. 유형에 따라 국비를 50억~250억 원 사이에 차등하여 지원한다. 5가지 유형은 우리동네살리기(소규모주거), 주거지지원형(주거), 중심시가지형(상업), 일반근린형(준주거), 경제기반형(산업) 등이다. 2017년도에는 도시재생 뉴딜사업이 시행된 첫해이기 때문에 사업성과가 빨리 나타날 수 있도록 주민협의와 계획수립 등이 비교적 잘 준비된 사업을 우선 선정하였다. 선정사업은 향후 우수사례로 발전시켜 갈 수 있도록 지역적 특성을 잘 활용한 특화사업 중심으로 선정하였다. 도시재생은 부동산시장에 미치는 영향이 크기 때문에 부동산시장의 과열을 초래하지 않도록 관리한다. 사업선정을 위해 평가하는 방법으로

는 우선 서면평가 후 현장 실사와 컨설팅으로 하며 최종 종합평가의 단계로 한다. 사업의 사업계획의 타당성, 시급성과 필요성, 사업 효과 항목을 평가지표로 확정했다. 특히, 평가과정에서 사업계획서가 미흡한 경우에 수정하고, 보완할 수 있도록 컨설팅을 지원한다. 또한, 지역에서 선정되더라도 해당 사업의 부동산 시장에 미치는 영향과 정부정책과의 부합성을 중앙정부에서 최종 검증한다. 한편, 2017년 9월, 제8차 도시재생특별위원회에서는 16곳의 도시재생 활성화계획도 발표하였는데, 도시경제기반형 3곳, 중심시가지형 3곳, 일반근린형 10곳 등이다. 이곳에는 2021년까지 투입되는 약 9,000억 원의 국가 지원사항도 확정하였다. 확정된 16곳의 도시재생사업은 새로운 도시재생 뉴딜정책의 방향에 맞추어 추진되며, 도시재생 활성화계획에 지역맞춤형사업 추진, 일자리 창출 등이 중점적으로 포함되었다. 확정된 16곳의 도시재생사업을 보면, 인천 중·동구의 해양자원, 차이나타운, 답동 성당 등 근대 문화자산 연계사업, 경기도 수원의 경우에는 화성(문화재)을 활용하여 특성화 골목길의 특성사업이 포함이 되었다. 또한 울산 북구의 지역기업과 연계한 자동차 테마가로 조성사업, 경북 김천의 청년창업 지원사업과 연계한 창업공간 조성사업 등이다. 지원키로 한 국비약 9,000억 원에서 7,350억 원이 행안부, 산업부, 문체부, 중기부, 여가부 등12개 부처와 협업사업으로 진행된다. 따라서 '부처 협업지원 TF'를 활용하여각 부처의 사업들을 유기적으로 연계 및 지원해 나가고 있다([www.molit.go.kr]도시재생 뉴딜사업의 첫 발을 내딛습니다 보도자료 | 국토교통부).

[표 I −6] 2017년도 도시재생 활성화계획(16곳)

사업형태	지정지역
도시경제기반형	대전 동·중구, 경기 부천, 인천 중·동구
중심시가지형	경북 김천, 충북 제천, 제주
일반근린형	울산 북구, 울산 동구, 광주 광산구, 광주 서구, 대구 서구, 경기 성남, 경기 수원, 충남 아산, 전북 남원, 전남 광양

* 나머지 17곳은 2016. [www.molit.go.kr] 도시재생 뉴딜사업의 첫 발을 내딛습니다 — 국토교통부

또한 정부는 2018, '도시재생 2018년도 뉴딜사업 선정안'을 의결하여 전국으로 99곳을 뉴딜사업으로 도시재생지역 선정했다. 유형별로 경제기반형 3곳, 중심시가지형 17곳, 우리동네(마을)살기 17곳과 주거지원형 28곳으로, 일반근린형은 34곳이다.

또 시도별로는 제주와 세종 각 2곳, 경북, 전남, 경남 각 8곳/강원, 전북 각 7곳/인천, 광주 각 5곳/서울, 부산, 대구, 충남 6곳/울산, 충북 각 4곳이며 지역경제의 활성화로 하는 지역 내 일자리를 형성하고 선정 안에 도시경쟁력으로 경제기반형, 중심시가지형은 20곳 추진하는 것이다. 또한 저렴한 임대료로 32곳 지역의 소상공인을 지원하여 지역 상권을 회복할 수 있도록 공공임대상가를 제공하여 나가게 된다. 또 지자체와 지역 내 대학이 함께하여 청년창업을 지원하면서, 도시재생하는 곳으로 환경개선을 대학타운형 4곳에서 추진하며, 도시문제를 해결하는 스마트시티형으로 스미트기술을 활용하여 도시재생 사업으로 5곳에서 추진한다.

더불어 보행환경 개선, 디자인 적용, 건축화재 방지 등으로 범죄예방과 도시안전 강화 사업으로 63곳이 추진된다. 그 외 6,265호를 조성하는 공공임대주택은 64곳, 열악한 주거환경을 개선하는 집수리사업과 소규모 정비사업과 62곳에서 3,408호가 시행하여서 주거복지를 위한 취약계층에 대해서 추진한다는 계획이다. 이처럼 문재인 정부는 정권의 명운을 걸고 도시재생을 적극 추진하였다. 과거 개발시대의 물리적 도시정비사업에서 탈피하여 주민참여를 통한 도시재생사업 활성화하여 차별화된 도시정책을 성공시킨다는 목표로 진행하였다. 그러나 2000년대 이후 공공주도로 추진되었던 마을재생사업들이 정부의 재정지원사업의 종료와 함께 주민주도의 마을 만들기로 지속되지 못하고 있다. 따라서 한국의 도시재생이 성공하기 위해서는 주민의 적극적 참여와 민간의 참여가 보장되는 새로운 접근방법이 필요하다. 현재처럼 공공주도의 도시재생은 막대한 재정만 투입되고 효과성이 떨어지는 결과를 가져올 것이다.

[표 Ⅰ-7] 2019년도 도시재생 뉴딜 선정사업(76곳)

구분	선정	신청·제안	사업지역		사업유형	사업명
			시군구	읍면동		
서울(7)	시도	중랑구	중랑구	묵2동	일반근린형	장미로 물들이는 재생마을
		서대문구	서대문구	천연동	일반근린형	일상의 행복과 재미가 있는 도심 삶터, 천연충현
		강북구	강북구	수유동	주거지지원형	함께사는 수유1동
		은평구	은평구	불광2동	주거지지원형	사람향기 품은 불광2동 향림마을
		관악구	관악구	난곡동	주거지지원형	관악산 자락 동행마을, 평생살이 난곡
		동대문구	동대문구	제기동	우리동네살리기	젊은이와 어르신이 어우러져 하나되는 "제기동 감초마을"
		금천구	금천구	독산1동	우리동네살리기	예술과 문화가 숨쉬는 반짝반짝 빛나는 금하마을
부산(7)	정부	부산도시	금정구	금사동	주거지지원형	청춘과 정든마을, 부산 금사!
		동래구	동래구	온천동	중심시가지형	온천장, 다시 한 번 도심이 되다
	시도	해운대구	해운대구	반송2동	일반근린형	세대공감 골목문화마을, 반송 Blank 플랫폼
		사하구	사하구	신평동	일반근린형	시간이 멈춘 듯한 정책이주지 동매마을의 공감과 바람! Reborn
		중구	중구	영주동	주거지지원형	공유형 新 주거문화 "클라우드 영주"
		연제구	연제구	거제동	주거지지원형	연(蓮)으로 다시 피어나는 거제4동 해맞이 마을
		서구	서구	동대신2동	우리동네살리기	닥밭골, 새바람
대구(7)	정부	LH	북구	산격동	중심시가지형	청년문화와 기술의 융합 놀이터, 경북대 혁신타운
		대구도시	북구	복현1동	우리동네살리기	피란민촌의 재탄생, 어울림 마을 福현
		중구	중구	포정동	중심시가지형	다시 뛰는 대구의 심장! 성내
	시도	중구	중구	동산동	일반근린형	동산과 계산을 잇는 골목길, 모두가 행복한 미래로 가는 길
		달서구	달서구	죽전동	일반근린형	죽전(竹田) 대나무꽃 만발 스토리
		서구	서구	비산동	주거지지원형	스스로, 그리고 더불어 건강한 진동촌 백년마을
		남구	남구	이천동	우리동네살리기	시간 풍경이 흐르는 배나무샘골
인천(5)	정부	서구	서구	석남동	중심시가지형	50년을 돌아온, 사람의 길
		중구	중구	신흥동	주거지지원형	주민과 함께하는 신흥동의 업사이클링 공감마을
	시도	계양구	계양구	효성동	주거지지원형	서쪽 하늘아래 반짝이는 효성마을
		강화군	강화군	강화읍	주거지지원형	고려 충절의 역사를 간직한 남산마을
		옹진군	옹진군	백령면	우리동네살리기	백령 심청이 마을, 다시 눈을 뜨다

광주 (5)	정부	광주 광역시	북구	중흥동	경제기반형	광주 역전(逆轉), 창의문화산업 스타트업 밸리
		북구	북구	중흥동	중심시가지형	대학자산을 활용한 창업기반 조성 및 지역 상권 활성화
	시 도	동구	동구	동명동	주거지지원형	문화가 빛이 되는 동명마을
		서구	서구	농성동	주거지지원형	벚꽃 향기 가득한 농성 공동체 마을
		남구	남구	사직동	주거지지원형	더 천년 사직, 리뉴얼 선비골
대전 (3)	시 도	대덕구	대덕구	오정동	일반근린형	"북적북적" 오정&한남 청춘스트리트
		서구	서구	도마동	주거지지원형	도란도란 행복이 꽃피는 도솔마을
		동구	동구	대동	우리동네 살리기	하늘은 담은 행복 예술촌 골목이 주는 위로
울산 (4)	정부	울산 도시	남구	옥동	우리동네 살리기	청 · 장년 어울림(문화복지) 혁신타운
	시 도	동구	동구	서부동	일반근린형	도심 속 생활문화의 켜, 골목으로 이어지다
		울주군	울주군	언양읍	일반근린형	전통의 보고, 언양을 열어라!
		중구	중구	병영 2동	우리동네 살리기	깨어나라! 성곽도시
세종 (2)	정부	LH/ 한전	세종시	조치원 읍	일반근린형	주민과 기업이 함께 만드는 에너지 자립마을 상리
	시 도	세종 특별시	세종시	전의면	일반근린형	전통과 문화 · 풍경으로 그린(Green) 전의
경기 (9)	정부	LH	고양시	일산동	일반근린형	일산이 상상하면 일상이 되는 일산활력창작소 와아누리
		경기 도시	시흥시	신천동	일반근린형	소래산 첫마을, 새로운 100년
		LH	안양시	석수2동	주거지지원형	만년의 기원, 만인이 편안한 도시 만안(萬安) 석수
	시 도	평택시	평택시	팽성읍	일반근린형	삶이 안(安)전하고 정(情)감 있는 안정마을
		안산시	안산시	월피동	일반근린형	지역과 대학의 역사가 하나되어 흐르다
		광주시	광주시	경안동	일반근린형	세대융합형 교육친화공동체 경안마을
		고양시	고양시	삼송동	주거지지원형	삶이 즐겁고, 情이 송이송이 피어나는 세솔마을
		화성시	화성시	화산동	주거지지원형	다시 사람을 품다. 황계동 낙(樂)서(書)마을
		시흥시	시흥시	대야동	우리동네 살리기	햇살 가득 한울타리 마을
강원 (7)	정부	광해 관리 공단	태백시	장성동	경제기반형	폐광부지에 다시 세우는 신재생 · 문화발전소 "ECO JOB CITY 태백"
		LH	철원군	철원읍	주거지지원형	평화지역사람들의 희망재생 "화지(花地)마을, 지화(地花)자"
		삼척시	삼척시	정라동	중심시가지형	천년 SAM(Sea Art Museum)척 아트피아
	시 도	원주시	원주시	학성동	일반근린형	군사도시의 역전, 평화희망마을로 꿈꾸다
		삼척시	삼척시	성내동	일반근린형	관동제1루 읍성도시로의 시간여행
		영월군	영월군	영월읍	주거지지원형	영월의 미래를 키우는 별총총마을
		정선군	정선군	사북읍	우리동네 살리기	내일이 더 빛나는 삶터 함께 꿈꾸는 상생공동체 "사북해봄마을"
충	시	충주시	충주시	문화동	일반근린형	건강문화로 골목경제와 다(多)세대를 잇다

북(4)	도	청주시	청주시	내덕동	주거지지원형	내덕에 심다. 함께 키우다. 우리가 살다.
		음성군	음성군	음성읍	주거지지원형	역말 공동체! 만남마을
		제천시	제천시	화산동	우리동네 살리기	화산 속 문화와 사람을 잇는 의병아카이브마을
충남(6)	정부	LH	아산시	온양동	일반근린형	양성평등 포용도시! 아산 원도심 장미마을 R.O.S.E.
		보령시	보령시	대천동	중심시가지형	충남 서남부의 새로운 활력, 新경제 · 문화중심지 Viva 보령
	시도	논산시	논산시	화지동	일반근린형	희희낙락! 동고동락! 함께해서 행복한 화지
		당진시	당진시	읍내동	일반근린형	주민과 청년의 꿈이 자라는 PLUG-IN 당진
		부여군	부여군	부여읍	주거지지원형	역사와 문화가 숨쉬는 동남리 향교마을
		홍성군	홍성군	홍성읍	우리동네 살리기	꿈을 찾는 새봄둥지, 남문동마을
전북(7)	정부	LH	정읍시	수성동	중심시가지형	Re:born 정읍, 해시태그(#) 역(驛)
		전주시	전주시	우아동3가	중심시가지형	전주역세권 혁신성장 르네상스
		김제시	김제시	요촌동	중심시가지형	역사 · 문화 · 사람이 만나, 다채로움이 펼쳐지는 … "세계축제도시 김제"
	시도	남원시	남원시	동충동	일반근린형	씨앗으로 피운 행복, 숲정이마을
		부안군	부안군	부안읍	일반근린형	부안 매화풍류마을
		고창군	고창군	고창읍	주거지지원형	고창읍 모양성 스마트마을
		전주시	전주시	서완산동1가	우리동네 살리기	용머리 남쪽 빛나는 여의주 마을
전남(8)	정부	LH	나주시	금남동	중심시가지형	현대화로 재조명한 역사 · 문화 복원 도시
		LH	여수시	문수동	주거지지원형	스마트하게 通通通 문수동
		광양시	광양시	광영동	중심시가지형	새로운 라이프스타일을 꿈꾸는 '워라밸시티 광영'
	시도	나주시	나주시	영산동	일반근린형	근대유산과 더불어 상생하는 영산포
		화순군	화순군	화순읍	일반근린형	달빛이 물들면 청춘낭만이 꿈트는 화순
		강진군	강진군	강진읍	일반근린형	강진읍 위대한 유산
		광양시	광양시	태인동	주거지지원형	태인동 과거 · 현재 · 미래를 열다! "始作"
		보성군	보성군	벌교읍	우리동네 살리기	엄마품 주거지 장좌마을
경북(8)	정부	포항시	포항시	송도동	경제기반형	ICT 기반 해양산업 플랫폼 포항
		경주시	경주시	황오동	중심시가지형	이천년 고도(古都) 경주의 부활
		구미시	구미시	원평동	중심시가지형	도시재생: 구미(龜尾, 口味)를 당기다
	시도	영천시	영천시	완산동	일반근린형	사람과 별빛이 머무는 완산뜨락
		경산시	경산시	서상동	일반근린형	서상길 청년뉴딜문화마을
		의성군	의성군	의성읍	일반근린형	"마늘을 사랑한 영미" 활력 넘치는 희망의성
		성주군	성주군	성주읍	일반근린형	꿈과 희망이 스며드는, [깃듦] 성주
		포항시	포항시	신흥동	우리동네 살리기	함께 가꾸는 삶터, 모갈숲 안포가도 마을
경	정	한국	남해군	남해읍	중심시가지형	재생에서 창생으로 "보물섬 남해 오시다"

남 (8)	부	관광 (거점연계)				
		창원시	창원시	대흥동	중심시가지형	1926 근대군항 진해, 문화를 만나 시간을 잇다
		김해시	김해시	삼안동	중심시가지형	3-방(주민, 청년, 대학)이 소통하고 상생하는 어울림 캠퍼스타운
	시 도	창원시	창원시	구암동	일반근린형	소셜 마을 "두루두루 공동체": 구암
		함양군	함양군	함양읍	일반근린형	빛·물·바람·흙 함양 항노화 싹틔우기
		통영시	통영시	정량동	주거지지원형	바다를 품은 언덕마루 멘데마을
		사천시	사천시	대방동	주거지지원형	바다로 열리는 문화마을, 큰고을 大芚 굴항
		산청군	산청군	산청읍	우리동네 살리기	산청별곡, 산청에 살어리랏다
제 주 (2)	시 도	서귀포시	서귀포시	대정읍	일반근린형	캔(CAN) 팩토리와 다시 사는 모슬포
		제주시	제주시	삼도2동	주거지지원형	다시 돌앙 살고 싶은 남성마을

출처 : 국토교통부, www.molit.go.kr/

[표 I-8] 2020년도 도시재생 뉴딜1차, 2차, 3차 선정사업(117곳)

〈'20년 1차 중앙 선정 결과〉

지역	합계	서울	대구	인천	광주	대전	경기	강원	충북	충남	전북	전남	경북	경남
합계	23	1	1	1	1	1	2	1	4	2	4	3	1	1
총괄 사업	8	성북 (중심)	–	–	–	동구 (중심)	하남 (일반)	철원 (일반)	제천 (중심)	–	익산 (일반)	–	칠곡 (일반)	밀양 (중심)
인정 사업	15	–	달서	부평	동구	–	의정부	–	충주 음성 영동	금산 당진	전주② 임실	완도 보성 담양	–	–

〈'20년 제2차 신규사업 선정 결과〉

유형＼지역	합계	서울	부산	대구	인천	광주	대전	울산	경기	강원	충북	충남	전북	전남	경북	경남	제주
합계	47	3	3	2	1	1	2	1	5	2	3	3	3	6	5	6	1
일반근린	33	중랑	북구 해운대		연수		동구 서구	울주	군포 용인 화성	정선	진천	금산 서천 천안	고창 순창 진안	고흥 곡성 영암 완도 진도 해남	경주 구미 성주 예천 청송	진주 통영 함안	서귀포
주거지 지원	4	양천							오산		제천					하동	
우리 동네 살리기	10	구로	연제			남구			평택	철원	영동					거창 고성	

〈'20년 3차 중앙 선정 결과〉

지역	합계	서울	부산	대구	인천	광주	대전	울산	경기	강원	충북	충남	전북	전남	경북	경남	제주
합계	47	3	4	1	1	1	1	–	7	1	1	5	6	5	4	6	1
총괄	16	–	3	–	–	–	–	–	3	1	1	–	3	2	2	1	–
경제	1														문경		
중심	9								포천 화성	삼척	단양		김제	연수 구례	영주	양산	
일반	1		남구														
주거	5		동구 진구						광명				전주 1 전부 2				
혁신	2	–	–	–	–	1	–	–	1	–	–	–	–	–	–	–	–
						북구			부천								
		3	1	1	1	–	1	–	3	–	–	5	3	3	2	5	1
인정	29	구로 중랑 서대문	기장	수성	남동		대덕		부천2 평택 포천			공주 서산1 서산2 금산 아산	남원 무주1 무주2	광양 나주 순천	봉화 영양	하동 거창 창원 진주 양산	제주

출처 : 국토교통부. www.molit.go.kr/

C-1-d. 한국 도시재생사업 현황

요약하면 2013년 「도시재생법」의 제정이후 적극적으로 도시재생사업을 추진하고 있다. 초창기 도시재생사업은 선도지역사업과 일반지역사업으로 구분되어 진행되었고 2014년엔 13곳이 선도지역으로 지정 도시경제기반형 2곳, 근린재생형 11곳이 지정되었다. 2016년도에는 총 33곳이 일반지역으로 선정되었으며 도시경제기반형 5곳, 중심시가지형 9곳, 일반근린형 19곳 등이다. 2017년 16곳의 도시재생 활성화계획도 확정하였고 도시경제기반형 3곳, 중심시가지형 3곳, 일반근린형 10곳 등이다. 2018년에는 전국 99곳을 도시재생 뉴딜사업지로 선정했으며 유형별로 우리동네(마을)살기 17곳과 주거지원형 28곳으로, 일반근린형은 34곳, 경제기반형 3곳, 중심시가지형 17곳이다(조영미, 2018).

[표 I -9] 도시재생사업 유형별 지정현황

사업형태	2014년 선도지 역사업	2016년 일반지역 사업	2017년 도시재생 활성화계획	2018년 도시재생 뉴딜사업	2019년 도시재생 뉴딜사업	2020년 도시재생 뉴딜사업
도시경제기반형 (혁신)	2	5	3	3	2	14
중심시가지형	–	9	3	17	15	20
일반근린형 (인정)	11	19	10	34	34	44
우리동네 살리기(인정)	–	–	–	17	12	20
주거지지원형	–	–	–	28	13	19
합 계	13	33	16	99	76	117

출처 : 국토교통부

2013년 「도시재생법」의 제정 이후 많은 도시재생사업을 추진되고 있으나 위의 [표 I -9]에서 볼 수 있듯이 경제적 파급효과와 지역경제 활성화에 필요한 도시경제기반형 또는 중심시가지형보다는 주거환경개선사업인 일반근린형, 우리동네살리기, 주거지지원형에 치우쳐 있다. 따라서 도시경쟁력을 키우고, 지역경제 활성화 및 일자리 창출을 위해서는 도시경제기반형 또는 중심시가지형을 확대해야 한다.

D. 도시정비법과 도시재생법의 차이

D-1. 한국의 도시계획법제

D-1-a. 한국의 도시계획법제 구분

도시계획법은 국토계획법에 속하는데 일반적 일반도시계획법이 특별 도시계획법과 도시개발법에 속하는 재개발법으로 나누어진다.

다만, 외국 법제는 부분적으로 한국처럼 재건축, 재개발, 뉴타운, 도시 재생 등의 세부 유형을 두기보다는 단순히 도시개발과 재개발로만 구분한 다는 점에서 단순 비교법 고찰은 쉽지 않다. 따라서 도시재생은 재건축 등 과 더불어 재개발법제에 속한다. 한국 도시계획법은 1966년에 「도시계획 법」을 제정하고, 이후 토지구획정리사업을 분리하여 「토지구획정리사업법」 을 제정하다가 토지구획정리사업법과 도시계획법을 보완과 통합을 2000 년에 도시개발에 의한 도시개발법을 제정하였다.

도시개발법제로서 도시개발에 대한 현행법은 주택단지, 산업단지 개 발을 위한 기본법인 「도시개발법」이 있다. 왜냐하면 외국의 경우에는 재건 축, 재개발, 뉴타운 사업 등이 상세하게 구분되어 있지 않기 때문이다. 따라 서 「도시개발법」에 따라 도시기능을 가진 단지는 시가지를 조성하기 위한 도시개발사업이 행해진다. 한편 도시재개발법제는 재건축, 재개발, 뉴타운 등을 포함하여 불량하거나 노후가 된 건물에 대하여 개선과 개량하는 법이 라고 생각하면 되는데 재개발 속에 포함이 되었다고 보면 될 것이지만 재 개발과 재건축에 대한 개념과 의미에 대하여 구분은 해야 한다.

이하에서는 「도촉법」이라고 한다. 현재 도시재개발사업은 크게 「도시 및 주거환경정비법」과 「도시재정비촉진을 위한 특별법」에 근거하여 시행되고 있다.

D-2. 기존 도시정비법과 도시재생법의 차이점

D-2-a. 「도시 및 주거환경정비법」(「도정법」)

「도정법」상의 정비사업은 "도시기능을 회복하기 위하여 정비구역에서 정비기반시설을 정비하고 주택 등 건축물을 개량하거나 건설하는 사업"을 말한다(「도정법」 제2조 제2호). 「도정법」상 정비사업에는 주거환경개선사업, 도시환경정비사업, 주택재건축사업, 주택재개발사업이 있다. 이러한 구분은 우선 '도시기능회복'과 '건축물의 개량' 등의 사업목적으로 나눠진다. 나아가 건축물 개량을 목적으로 하는 경우에도 사업요건(지정요건)으로서 도로, 상하수도, 공원, 공용주차장, 공동구, 가스제공시설 등의 '정비기반시설의 양호성'과 '건축물의 노후불량 여부'로 크게 '재건축'과 '재개발'을 구분한다. 물론 도시기능의 회복을 한 경우에도 주거지역이면 '주거환경개선사업', 상업·공업지역인 경우에는 '도시환경정비사업'으로 구분된다고 볼 수 있다.

[표 I -10] 「도정법」상 정비사업의 종류출처 : 국토부 도시재생사업단, "함께하는 희망, 도시재생 대한민국 미래입니다" 2013 강문수(2013)

도시기능의 회복		건축물 개량	
주거환경개선사업	도시환경정바사업	주택재건축사업	주택재개발사업
'도시저소득주민이 집단으로 거주하는 지역으로서 정비기반시설이 극히 열악하고 노후불량 건축이 과도하게 밀집한 지역에서 주기환경을 개선하기 위하여 시행하는 사업'	'상업지역·공업지역 등으로서 토지의 효율적 이용과 도심 또는 부도심 등 도시환경의 개선 위해 토지의 기능이 필요로 하는 시행 사업'	'정비기반시설은 양호하나 노후. 불량 건축물이 밀집한 주거환경을 개선하기 위해서 지역에서 시행하는 사업'	'정비기반시설이 열악하고 노후 불량건축물이 밀집한 지역에서 주거환경을 개선하기 위하여 시행하는 사업'

재건축은 '주택재건축사업'으로 「도정법」 제2조 제2호 다목, 토지 등 소유자들이 조합을 설립하여 노후불량 주택을 철거하고 새로운 주택을 건설하는 사업이다. 이는 「도정법」상의 정비구역의 지정을 받아야 한다. 한편 재개발은 '주택재개발사업'으로 「도정법」 제2조 제2호 나목, 정비구역 안에서 관리처분계획에 따라 주택이 부족하여 복리시설을 건설하여 제공하거나 환지로 공급하는 방법에 의한다. 이 외에 도시 활성화를 위한 사업으로서 '주거지역'과 '기타지역'(상업·공업지역)으로 나누어 시행하는 도시환경개선사업이 있다. 그리고 주거환경개선사업은 도시기능을 회복하기 위하여 정비기반시설을 정비하고 주택 등 건축물을 개량하거나 건설하는 등 주거환경을 개선하기 위해 시행하는 사업이다. 그 밖에 주거지역 외에도 상업·공업지역에서 시행되는 도시환경정비사업 「도정법」 제2조 제2호 가목은 비교적 도시재생의 개념에 근거한다고 볼 수 있다.

D-2-b. 「도시재정비촉진을 위한 특별법」(「도촉법」)

「도정법」상의 재개발과 재건축에 의한 난개발을 막기 위하여 '지역개발'과 '도시기반시설의 설치', '지역균형발전'을 위하여 도입된 것이 「도촉법」상의 소위 뉴타운제도, 즉 재정비촉진사업이다. 뉴타운사업은 2003년에 제정된 「서울특별시 지역균형발전 지원에 관한 조례」에 그 법적 정의가 규정되어 있다. 그러나 알려진 것과 달리 이 서울시 조례에서는 '균형발전사업'에서 '뉴타운사업'과 '균형발전촉진지구사업'을 규정하고 있다. 즉, 뉴타운사업은 "동일생활권의 도시기능을 종합으로 증진시키기 위하여 시행하는 제반 사업"을 말한다고 규정하고 있다. 이러한 뉴타운사업으로서 '주거심형 뉴타운사업' '도심형뉴타운사업', '신시가지형 뉴타운사업'을 구분하고 있다.

한편 균형발전촉진지구사업은 "지역 간 균형발전이 이루어질 수 있도록 지역생활권 중심으로서의 성장 잠재력이 큰 거점지역에 대해 토지이용을 합리적으로 조정하고, 도시기반시설을 체계적으로 확충함으로써 상업·유통·업무·정보산업 등의 도시기반을 집중적으로 증진시키는 제반사업"을 말한다고 규정하고 있다(「서울특별시 지역균형 발전지원에 관한 조례」 제2조 제2호). 「도촉법」에서는 이러한 뉴타운사업은 '재정비촉진지구'로 지정하여 운용되며, 주거환경개선과 기반시설의 정비를 위한 주거지형, 상업지역, 공업지역의 도시기능회복을 위한 중심지형, 주요 역세권, 간선도로 교차지 등에서 소형주택의 공급확대, 토지의 고도이용, 복합개발을 위한 고밀복합형이 있다. 재정비촉진사업에는 도정법상의 4개 사업 외에도 「재래시장육성을 위한 특별법」에 의한 시장정비사업, 「국토의 계획 및 이용에 관한 법률」에 의한 도시계획시설사업을 포함한다(「도촉법」 제2조 제2호). 이들 사업은 법률상에서는 주거환경의 개선, 도시기능의 회복을 내세운다는 점에서는 그 운용상에서 특례를 인정하거나 더 확대한다는 차이 외에는 대동소이하다고 볼 수 있다. 따라서 도시재생과 크게 다르지 않다. 이러한 점에서 뉴타운사업은 「도촉법」과 조례가 중첩되는 법적 충돌의 문제와 기존의 재건축, 재개발 등도 「도정법」과 「도촉법」에 함께 규정하는 문제가 있다.

[표 I –11] 「도촉법」상의 재정비촉진사업

재정비촉진지구			재정비촉진사업
도시의 낙후된 지역에 대한 주거환경 개선과 기반시설의 확충 및 도시기능의 회복을 광역적으로 계획하고 체계적이고 효율적으로 추진하기 위하여 지정하는 지구	주거지형	노후·불량 주택과 건축물이 밀집한 지역으로서 주로 주거환경의 개선과 기반시설의 정비가 필요한 지구	재정비 촉진지구 안에서 시행되는 다음의 사업
			1. '도정법'에 의한 주거환경 개선사업·주거 재개발사업·주택재건축사업·도시환경정비사업
	중심지형	상업지역·공업지역 등으로서 토지의 효율적 이용과 도심 또는 부도심 등의 도시기능의 회복이 필요한 지구	2. '도시개발법'에 의한 도시개발사업
	고밀복합형	주요 역세권, 간선도로의 교차지 등 양호한 기반시설을 갖추고 있어 대중교통 이용이 용이한 지역으로서 도심 내 소형주택의 공급확대, 토지의 고도이용과 건축물의 복합개발이 필요한 지구	3. 재래시장 육성을 위한 특별법'에 의한 시장정비사업
			4. '국토의 계획 및 이용에 관한 법률'에 의한 도시계획시설 사업

출처 : 국토교통부 도시재생사업단. "함께하는 희망. 도시재생 대한민국 미래입니다" 2013

D-2-c. 「도시재생법」

종래의 「도정법」상의 도시정비사업과 「도촉법」상의 재정비촉진사업을 넘어서 새로이 제정된 도시재생이라는 입법의 목적에서 도시재생법을 어떻게 정립하는가에 있다. 도시재생과 관련하여서는 '도시재구축'(Urban Reconstruction), '도시재활성화'(Urban Revitalization), '도시(면)재개발'(Urban Renewal), '도시재개발'(Urban Redevelopment), '도심재생'(Urban Regeneration) 등의 용어들이 사용될 수 있다(Peter Roberts, 2000). 경제, 사회, 문화의 활성화하는 포괄적 도시재생(Urban Revitalization)으로 봐야 한다. 그러나 재건축과 재개발(Urban Renewal)은 물리적 회복을 위한 개념이다(백승권 · 김종환, 2009).

도시재생은 물리환경인 측면에서는 낙후된 도시기능과 도시환경을 개선하는 것이고, 자족적인 경제기반으로 도시균형발전에 산업경제적인 구축으로 인구의 확장과 고용과 일자리의 창출이 되도록 하는 사회와 문화적 측면으로 경제까지 확보하는 개념으로 지역의 정체성과 회복으로 유지하는 지속가능한 재생이다.

지역고유의 사회문화 특성을 유지한 도시경제의 정체성을 확보하자는 것이다(백승권·김종환, 2009). 이러한 의미에서 사회, 경제, 문화의 회복으로 가는 것이 도시재생이다. 물리적 회복만은 도시재생이 아니다. 그리고 보존의 형태로의 개발이 진행된다는 것이 차이가 있다.

D-2-d. 기존 도시정비법과 도시재생법의 차이

도시재생이라는 용어는 마치 새로운 것처럼 보이지만, 종래 한국의 도시재개발법제하에서도 이미 사용되었다. 즉, '도시정비'라는 하위 「도정법」이나 「도촉법」에서도 이미 '도시기능의 회복'을 입법목적으로 하고 「도정법」 제1조, 「도촉법」 제1조, 그 외의 건축물 개량사업이나 재개발사업 용어 자체가 '낙후지역을 개발하는 의미'이고, 물론 도시재생 역시 주거환경개선과 도시환경정비와 함께 도시의 개발로 의미를 두고 있지만 단순 물리적 회복이 아닌 경제, 사회, 문화의 동시개발로 회복과 발전 유지의미를 포함하고 있는 것이 다르다. 그러나 이러한 도시재생이 과연 종래의 이름만 바꾼 재개발이라는 건축사업과 다를 수 있는 것인가는 새로운 정책운용의 문제일 것이다(임명순, 2013).

[표 I -12] 기존 도시정비법과 도시재생법 차이

구분	기존 도시정비법	도시재생법
목적	노후불량주택 및 시설정비(주거환경개선)	경제, 사회, 문화, 역사적 도시기능 회복 (도시 기능회복/활성화)
대상	수익성 있는 노후지역 (수도권)	자력기반 없는 곳 공공의 지원이 필요한 쇠퇴지역 (지방 대도시와 중소도시 포함)
주체	토지, 건물 소유자 중심	거주자 중심의 지역공동체
개발방식	수익성 위주 전면개발방식	공공성 위주 부분개발
사업주체	민간주도	공공주도
문제점	원주민 재정착 한계, 주민 간 갈등, 업무기능 부족	공공주도에 따른 막대한 재정투입, 민간참여 부족

출처 : 국토교통부 도시재생사업단, "함께하는 희망, 도시재생 대한민국 미래입니다" 2013

기존의 도시정비법에 따른 정비 사업은 대부분 도시지역의 주택 및 도시기반 정비를 위한 물리적 개발, 노후불량건축물에 대한 전면철거방식의 개발을 중심으로 진행되었다. 이에 비해 도시재생법에 따른 도시재생사업들은 경제적·사회적·물리적 개발 위주이며, 낙후된 기존 도시에 삶의 질을 높이고, 도시경쟁력 확보 및 재활성화 도모하는 데 목적이 있으며, 도시의 기본 틀은 유지한 채 도시의 특성을 반영하여 도시에 활력을 불어넣는 사업이다.

[표 I -13] 도시 및 주거환경정비법과 도시재생법비교

관련법	사업종류	사업의 정의	차이점
도시 및 주거환경정비법	주거환경개선사업	도시 저소득 주민이 집단으로 거주하는 지역으로서 정비기반시설이 극히 열악하고 노후·불량건축물이 과도하게 밀집한 지역에서 주거환경을 개선하기 위하여 시행하는 사업	-도시지역의 주택 및 도시기반 정비를 위한 물리적 개발 -노후불량건축물에 대한 전면 철거방식의 개발
	주택재개발사업	정비기반시설이 열악하고 노후·불량건축물이 밀집한 지역에서 주거환경을 개선하기 위하여 시행하는 사업(단독주택위주)	
	주택재건축사업	정비기반시설은 양호하나 노후·불량건축물이 밀집한 지역에서 주거환경을 개선하기 위하여 시행하는 사업(공동주택위주)	
	도시환경정비사업	상업·공업지역 등으로서 토지의 효율적 이용과 도심 또는 부도심 등 도시기능의 회복이 필요한 지역으로 도시환경 개선하기 위하여 시행하는 사업	
	주거환경관리사업	단독주택 및 다세대주택 등이 밀집한 지역에서 정비기반시설과 공동이용시설의 확충을 통하여 주거환경을 보전·정비·개량하기 위하여 시행하는 사업	
	가로주택정비사업	노후·불량건축물이 밀집한 가로구역에서 종전의 가로를 유지하면서 소규모로 주거환경을 개선하기 위하여 시행하는 사업	
도시재생법	-우리동네 살리기형 -일반근린형 -주거정비지원형 -경제기반형 -중심시가지형	-도시의 경제적·사회적·문화적 활력 회복을 위하여 공공의 역할과 지원을 강화함으로써 도시의 자생적 성장기반을 확충하고 도시의 경쟁력을 제고하며, 지역 공동체를 회복하는 등 국민의 삶의 질 향상이 목적 -도시재생이란 낙후된 도시에 새로운 형태의 기능도입과 창출을 통하여 도시를 경제적·사회적·물리적으로 부흥시키는 것 -쇠퇴하고 낙후된 기존 도시에 삶의 질을 높이고, 도시경쟁력 확보를 목적으로 물리적, 사회적, 경제적, 문화적, 역사적 재활성화를 도모하는 것	-경제적·사회적·물리적 개발 -도시의 기본 틀은 유지하면서 특성을 반영하여 도시경쟁력 확보 및 도시에 활력을 불어넣는 사업

출처 : 국토교통부

D-3. 기존 도시재개발법의 평가

D-3-a. 도시재개발법의 역사

그동안 한국은 도시문제의 핵심인 주택문제를 해결하기 위한 여러 법률을 제정하여 운용하여 왔다. 한국은 도시계획법을 1962년 제정하고 1971년 까지 4차 개정에서 재개발 사업으로 불량지구 개량을 위한 재개발에 대한 내용을 처음 규정하였다.

1970년 초반 주로 도시에는 개인주택의 단독 주택이 많았다. 도시계획법상으로 재개발의 특례를 규정한 것이 1973년 주택개발증진에 관한 임시조치법을 재정하였고, 1976년 무허가불량주택 정비 및 수리를 위하여 도시개발법을 제정하여 그 이후 입안과 결정 및 절차와 시행자 등을 새롭게 규정하였고, 1982년 주택개량재개발사업과 도심재개발사업으로 분리 되었다(류형, 2011). 아울러 1987년에는 「주택건설촉진법」(김창석, 2008)을 개정하여 주택재건축제도를 도입하였다. 한편, 주거환경개선사업을 위하여 1989년에 「도시저소득주민의 주거환경개선을 위한 임시조치법」을 제정한다. 1995년에는 「도시재개발법」의 개정으로 공장재개발제도도 도입하고, 주택재개발에 관하여는 재개발기본계획을 도입한다. 2002년 재건축법과 주거환경개선사업, 재개발사업을 통합하여 하나의 법률로 도시 및 주거환경정비법을 제정하였으며 도시저소득주민의 주거환경개선을 위한 조치법과 도시개발법이 폐지되었다.

따라서 「도정법」하에서는 '주거환경개선사업, 주택재개발사업, 주택재건축사업, 도시환경정비사업 등 4유형으로 규정되었다(임명순, 2013). 2002년 기존의 재건축과 재개발의 정비방식인 단위사업별 문제를 해소한다고 하여 강남과 강북의 불균형 해소라는 명분하에 단독주택의 중심과 변두리에 뉴타운으로 고층의 아파트가 건립되었다. 그러나 이 사업은 일본의 「도시재생특별법」과 시기나 방법에서 유사하다는 평가를 받고 있다(김종보, 2005). 이어 2003년에는 서울시가 시범지구 추진경험을 바탕으로 '뉴타운사업'을 추진하는데 서울시 지역균형발지원에 관한 조례가 논란이 되어 2005년 주거환경개선사업으로 도촉법 등을 제정하고 재개발, 재건축 등의 물리적인 공간까지 확대하는 개념으로 지역균형발전으로 기반시설 설치와 균형발전의 사업으로 추진하는 뉴타운사업은 서울 등의 도시에서 추진되었던 주택재개발사업을 전국으로 확산시킨 계기가 되었다. 그 외 구도심 활성화를 위한 재시장, 소상공 보호를 위한 구도심활성화를 위해 2002년에 「소기업의 구조개선과 재래시장활성화를 위한 특별조치법」이 제정되었고, 2004년에 「재래시장육성을 위한 특별법」이 제정되었으며, 2006년에 전면 개정된 「재래시장 상가육성을 위한 특별법」이 2006년에 시행되었다(임명순, 2013). 아울러 2009년 12월에 「전통시장 상가육성을 위한 특별법」이 명칭만 개정되어 2010년부터 시행되었다(임명순, 2013). 이 「도촉법」상의 도시재정비촉진사업에서는 구역지정요건의 완화, 용적률과 층높이제한의 완화, 소형주택 의무비율 완화, 지방세 감면, 과세부담 면제, 특별회계설치 등의 특례를 부여하였다. 아울러 이 재정비촉진사업도 '도시재생'이라는 이름으로 시행되었다. 그러나 이는 낡은 단독과 다세대 주거지를 아파트단지로 변화시켰고, 기존의 저소득층 세입자의 주거문제와 재래시장 근린상가 내 영업세입자의 고용기반을 악화시키므로 '용산사태'로 분출되었다(임명순, 2013).

D-3-b. 「도정법」과 「도촉법」의 평가

주택재개발사업, 주거환경개선사업, 주택재건축사업, 도시환경정비사업 등이 개별법에 의해 도정법하에서 정비사업이 시행되면서, 소규모여서 도시정비기반시설이 계획적이거나 체계적이지 못하여 난개발되는 문제를 노출하였다. 모든 정비 사업을 종합적으로 총체적 사업을 하는 데 있어서 도정법처럼 개별사업을 하는데 시행과 규정, 규율의 법을 적용하는 데서 문제가 되었고, 계획하거나 시행하는 데에 한계가 있었다. 지정 요건을 보면 30년 이상의 주택이어야 되며 노후, 쇠퇴, 불량의 경우 70% 이상이어야 된다고 하여 불만이 생기고 너무나 까다로운 정비기본계획까지 운영되어 지역기반시설의 설치가 문제되었다. 그리고 그렇지 않는 아파트는 안전진단만 통과하면 재건축을 하는 문제가 나타남에 따라서 지역 내의 균형발전을 고려한 지역개발과 도로, 학교, 공원 등의 도시기반시설의 설치를 포함한 뉴타운사업이 진행되었는데, 이는 관련 건축기간의 완화 등의 문제에 따라서 처음에는 서울시 조례로 시행되다가 「도촉법」이 제정되었다(임명순, 2013). 이러한 재정비촉진계획결정, 건축규제의 완화, 재정비촉진구역 지정요건의 완화결정 등 지역개발이라는 도촉법에서 관련된 법률적 의제, 교육환경 개선 등의 특례와 국민주택기금 융자, 주택규모별 건설비율의 완화 등과 동시에 일정량의 임대주택의 건설의무, 각종 특혜와 토지거래 허가대상의 확대, 개발이익환수 방안 등을 추진하였다. 지역균형발전, 도시재생으로 도시재정비촉진사업을 재생으로 내세웠지만 사회, 문화, 경제의 재생이 아닌 물리적인 도시재생이 되었고 단기 내의 성과에 몰입하여 비난과 비판을 받았는데 다음과 같다. 첫째, 젠트리피케이션이 창출하였고 부동산 투기를 중심으로 한 건축면적 확보에 그치면서, 한국의 마지막 부동산 투기 처를 제공하였을 뿐이라는 비판을 받게 된다(임명순, 2013). 둘째, 해당 지역의 사회·경제 특성과 기반은 무시한 채 사업이 시행되었다는 것이다. 따라서 구도심이 갖는 지역인 고려나 도시재생을 위한 노력 없이 오로지 아파트 건설에만 그쳤다는 것이다. 셋째, 재산권자는 아니지만, 기존 주택, 상가의 거주자나 영업자에 대한 고려 없이 지역주민에 의한 몰이해로 진행되었다는 점이다. 그 결과로 2011년 4월 15일 기준 서울시 뉴타운 추진구역(균형촉진지구 포함) 241곳 중 70곳(29%)이 조합추진조차 구성하지 못하였다. 나머지 뉴타운 구역은 추진구성 50곳(21%), 조합설립인가 58곳

(24%), 사업시행인가 21곳(9%), 관리처분계획인가 10곳(4%), 착공 13곳(5%), 환공 19곳(8%)으로 총 171곳(79%)이 사업을 진행하고 있었다. 넷째, 수익성이 떨어지면서 1/3은 사실상 사업을 포기하면서 사업포기가 속출하였다. 나아가 뉴타운사업 자체도 지상권 설정 등으로 지분 쪼개기로 수익성이 악화되고, 개발이익환수제의 부재 등이 그 정당성조차 문제되었다(임명순, 2013).

D-3-c. 기존 도시정비법 성과와 한계

기존 도시정비법을 통해 노후주거지역의 환경은 개선하였으나, 원주민의 재정착에는 한계가 있었다. 먼저, 도시정비법의 성과는 다음과 같다. 도시정비법의 성과로는 기성시가지 노후불량주택을 정비하고, 부족한 기반시설을 공급하여 주거환경을 개선하였다. 주택재개발, 재건축사업으로 1976~2010년 사이 약 215만 호의 신규주택을 공급하였다(남양주시, 2019).

[표 I -14] 재건축 · 재개발사업을 통한 주택공급 실적 (1976~2010년)

주택재건축	주택재개발	계
122만 호	93만 호	215만 호

출처 : 통계청 2010년

첫째, 원주민 재정착에 한계가 있었다. 주가비용의 가중은 기존 저소득층이 사업 후에 원주민들의 재정착이 현실적으로 어려움에 직면하였다. 서울시 원주민 재정착률의 경우 재개발 10%, 뉴타운 8~5%(2008년 시정연구원)였으며, 평균지가 상승률은 서울시 평균 7.6%, 뉴타운지구 48~58%(2004~2008년)이었다.

전면철거 방식과 수익성 방식으로 인하여 공동체의 붕괴로 주민 간 갈등이 발생하여 여러 가지 사회문제가 생겼다. 지자체와 서민의 행정소송 총 건은 2010년 10월 기준으로 2,200여 건이 되었다.

둘째, 실업 복지 등 쇠퇴지역의 민생문제 해결에는 소홀하였다. 낙후,

쇠퇴지역은 노후주거의 물리적인 시설과 기반시설의 부족 현상으로 보육 문제, 건강문제, 범죄문제, 실업과 독거문제 등으로 경제와 사회, 문화까지 여러 가지로 발생되었다.

그러나 기존의 정비 사업은 부처별 업무분산 등의 이유로 쇠퇴지역의 물리적 개선에만 치중하여 각종 사회·경제적 문제 해결에는 한계를 보였다.

셋째, 지방도시는 사업추진에 어려움이 많았다. 사업에 수익성이 있는 수도권 일부 시행만 되었다. 주로 수도권에서 사업이 이루지고 정비사업이 지정은 되었으나 2011년 기준 1,428개 중 약 9.4%만이 착공하였고 지방의 경우 지정조차 취소가 되었다.

D-3-d. 기존 도시재개발법의 문제점

이상에서 도시재개발 관련법에서 도시계획법이 재개발 특별법으로 계속 양산하였고 기존 건축물의 불량과 상관없는 수익성에 치중하여 멀쩡한 건물을 철거하고 다시 짓는 재건축이나, 종래의 구 시가지를 아파트 단지로 탈바꿈하는 물리인 기반정비에 멈췄다는 것이다. 따라서 새로운 도시재생사업은 물리인 정비를 넘어서 경제, 사회, 문화 환경을 기반으로 하는 도시재생을 강조하게 되었다.

아울러 이러한 개발방식은 민간개발로서 수익성에 의존하여 기존의 권리자나 투자자 외에는 거주이익을 확보해 주지 못한다는 것이다. 즉, 부동산투기와 건설회사의 이윤남기기 외에는 큰 성과를 거두지 못한다는 점이다. 개발이익환수를 못하여 공공의 이익으로 덕을 본 사람에게만 개발이익이 돌아가 공공분의 확보가 결여되었다는 지적이 나왔다. 따라서 새로운 도시재생사업에서는 국가의 지원시스템이 강조되는 이유이기도 하다. 기존의 도시재개발법제에서는 지역공동체의 한 축이었지만, 부동산 무소유자들과 지불 능력이 안 되는 소유자들까지도 젠트리피케이션이 발생하는 문제점을 간과한 법이라고 평가될 수 있었다.

나아가 과도한 위임입법으로 하위 행정청으로 하여 건설사업자와 결탁하게 유도하는 입법을 양산하였다(임명순, 2013).

D-4. 도시재생으로 새로운 패러다임 변화

기존 도시정비제도의 한계를 극복하고자 재건축·재개발을 넘어 새로운 측면의 도시재생으로 패러다임 변화가 시작되었다.

첫째, 사업주체의 변화이다. 기존의 도시정비법이 토지와 건물의 소유자 중심의 개발이익에 관심을 두는 데 비해, 도시재생법은 거주자 중심의 지역공동체가 지역적 활성화로 자력기반을 확보하는 데 관심이 있다.

둘째, 대상지역의 변화이다. 기존의 도시정비법은 수익성이 있는 노후지역(주로 수도권)을 대상으로 추진되었으나, 도시재생법은 지원을 필요로 하는 자력기반이 없는 중소도시와 지방대도시가 포함된다.

셋째, 사업방식의 변화이다. 기존의 도시정비법은 주로 기반시설 또는 주택의 물리적인 환경정비였다면 이제는 종합적인 기능개선으로 경제, 문화, 사회에 중심을 두고 있다.

[그림 I-4] 기존 도시정비에서 도시재생으로 패러다임 변화

재개발 · 재건축 등 도시정비		도시재생
○토지 · 건물 소유자 중심 – 개발이익에 관심	⇔ 주체 ⇔	○거주자 중심의 지역공동체 – 자력기반 확보 및 지역활성화에 관심
○수익성이 있는 노후지역 – 주로 수도권	⇔ 대상 ⇔	○자력기반이 없어 공공의 지원이 필요한 쇠퇴지역 – 지방 대도시 및 중소도시 포함
○물리적 환경정비 – 주로 주택 또는 기반시설	⇔ 방식 ⇔	○종합적 기능개선 및 활성화 – 사회, 경제, 문화, 물리환경 등

출처 : 국토교통부 도시재생사업단, "함께하는 희망, 도시재생 대한민국 미래입니다" 2013

II

한국과 일본의
도시재생법 비교분석

A. 한국과 일본의 법리적 측면 비교

A-1. 한국의 「도시재생법」

A-1-a. 한국의 「도시재생법」 구성 및 주요내용

한국의 「도시재생법」은 2013년 처음으로 제정되었는데, 정식명칭은 「도시재생 활성화 및 지원에 관한 특별법」이며, 약칭 「도시재생법」으로 부르고 있다. 「도시재생법」은 2020년 5월 현재 총 9장 60조로 구성되어 있다. 제9장 부칙으로 2019.8.27에 신설하는 등 총 9장 60조로 구성되어 있으며 각 장을 보면 제1장 총칙과 제2장에서 도시재생의 추진체계, 그리고 제3장 도시재생전략계획 등으로 되었고, 제4장 도시재생사업의 시행에 관해서 제5장 도시재생 활성화를 위한 지원 등 제6장에서는 도시재생선도지역, 제7장에서도 특별재생지역으로 제8장 역시 혁신지구의 지정 등, 제9장 부칙 등 9장 60조로 구성으로 되어 있다. 2013년 6월 4일 최초 제정 당시 7장 34조로 구성되었으나, 2019년 8월 27일 9차 일부개정을 통해 9장 60조로 늘어났다. 향후에도 필요에 따라 새로운 조문이 추가 계속 추가될 것으로 예상된다([www.yeslaw.com] 도시재생 활성화 및 지원에 관한 특별법).

2020년 5월 기준 한국의 「도시재생법」은 **제1장 총칙**은 제1조~6조에 해당된다. 제1조 목적에는 "이 법은 도시의 경제적·사회적·문화적 활력 회복을 위하여 공공의 역할과 지원을 강화함으로써 도시의 자생적 성장기반을 확충하고 도시의 경쟁력을 제고하며, 지역 공동체를 회복하는 등 국민의 삶의 질 향상에 이바지함을 목적으로 한다."라고 명시하고 있다. 제2조 정의에서는 도시재생활성화지역/도시재생활성화계획/특별재생지역/마을기업/상생협약/기초생활인프라/도시재생기반시설/도시재생사업/도시재생 선도지역 등의 정의를 설명하고 있다. 제3조에서 국가와 지방자치단체의 책무에 대하여, 제4조에서 국가의 도시재생기본방침의 수립과 제5조에서도 국가 도시재생의 기본방침 효력에 대해, 제6조는 다른 법률과의 관계에 관한 내용을 담고 있다. **제2장 도시재생의 추진체계**는 제7조~11조에 해당이 되며, 제7조로 도시재생특별위원회의 설치 등이며, 제7조의2에서 실무위원회 설치 등으로 되어 있고, 제8조에서는 지방도시재생위원회이고, 제9조는 전담조직의 설치이며, 제10조에서 역시 도시재생지원기구의 설치와 제11조로 넘어와 도시재생지원센터의 설치에 관한 내용을 담고 있다. **제3장 도시재생전략계획** 등은 제12조~24조에 해당된다. 제12조의 도시재생전략계획의 수립, 제13조로 도시재생의 전략계획과 내용, 제14조는 도시재생의 전략계획의 수립을 위한 기초조사이며, 제15조 주민 등 의견청취이고, 제16조 특별시·광역시·특별자치시 또는 특별자치도 도시재생전략계획의 확정, 제17조에서는 시·군 도시재생전략계획의 승인, 제18조는 주민제안이며, 제19조에서 도시재생활성화계획의 수립과 제20조 도시재생활성화계획의 확정 및 승인이다. 제21조는 도시재생활성화계획의 효력으로 제22조에서는 도시재생활성화계획의 효력 상실 등이고, 제23조에서 행위 등의 제한이며, 제24조는 도시재생활성화계획의 평가에 대한 내용을 담고 있다. **제4장 도시재생사업의 시행**에는 제25조~26조에 해당된다. 제25조는 도시재생사업의 시행과 제26조에서 도시재생사업의 시행자와 제26조의2에서 도시재생의 인정사업으로 제26조의3에서 도시재생의 총괄사업관리자에 대한 관한 내용 담고 있다. **제5장 도시재생 활성화를 위한 지원**에는 제27조~32조에 해당되고, 제27조는 보조 또는 융자 그리고 제27조의2는 상생협약이고, 제28조에서는 도시재생특별회계의 설치와 운용이다. 제29

조에서 도시재생종합정보체계의 구축을 다루었고, 제30조 국유재산과 공유재산 등의 처분 등 관련법이며 제30조의2에서 공동이용시설 사용료 감면으로 제31조에서 조세 부담금의 감면 등이며, 제32조 건축규제에 대한 완화 등에 관한 특례 등에 관한 내용을 담고 있다. **제6장 도시재생선도지역**에는 제34조만 있는데, 제34조 도시재생선도지역에 있어서의 특별조치에 관한 내용을 담고 있다. **제7장으로는 특별재생지역**인데 2018.4.17 신설하였고 제35조~40조에 해당된다. 그리고 제35조에서 특별재생지역의 지정과 제36조에서 특별재생계획의 수립이면서 제37조 특별재생계획의 효력 등으로 제39조로 투자선도지구 지정 등에 관한 특례와 제40조에서 특별재생지역 특별조치 등내용 담고 있다. **제8장에서는 혁신지구 지정** 등으로 2019.8.27. 신설하였고 제41조~56조에 해당된다. 제41조 역시 혁신지구 지정 등과 제42조에서 혁신지구의 계획 효력과 상실, 제43조는 혁신지구 계획 효력 상실 등이다. 제44조 혁신지구재생사업 시행자이며, 제45조 혁신지구재생사업 시행방법이고, 제46조 시행계획인가 등으로 제47조 시행계획 작성, 제48조 통합심의에 대하여 제49조에서 인가와 허가 등의 의제이고, 제50조 건축물 등 사용 및 처분이며, 제51조는 이주민들과 보호 위한 특별조치이고, 제52조는 개발이익 재투자와 제53조 준공검사 등이다. 제54조에서 혁신지구에 대한 특례와 제55조는 다른 법률에 따라서 개발사업구역과 중복지정이고, 제56조 국가시범지구 지정 등에 관한 내용을 담고 있다. **제9장은 부칙**으로 2019.8.27 신설하였는데 제57조~60조에 해당이 되고, 제57조에서 관계 서류 열람과 보관 등으로, 제58조는 권리의무 승계 그리고 제59조는 보고 및 검사 등이며, 제60조 권한 위임 등에 대한 내용이 담겨져 있다.

[표 II-1] 한국 「도시재생법」의 구성 및 주요 내용

구　성	주요 내용
1장 총칙	제1조 목적 제2조 정의 제3조 국가와 지방자치단체의 책무 제4조 국가도시재생기본방침의 수립 제5조 국가도시재생기본방침의 효력 제6조 다른 법률과의 관계
2장 도시재생의 추진체계	제7조 도시재생특별위원회의 설치 등 제7조의2 실무위원회 설치 등 제8조 지방도시재생위원회 제9조 전담조직의 설치 제10조 도시재생지원기구의 설치 제11조 도시재생지원센터의 설치
3장 도시재생전략계획 등	제12조 도시재생전략계획의 수립 제13조 도시재생전략계획의 내용 제14조 도시재생전략계획 수립을 위한 기초조사 제15조 주민 등의 의견청취 제16조 특별시·광역시·특별자치시 또는 특별자치도 도시재생전략계획의 확정 제17조 시·군 도시재생전략계획의 승인 제18조 주민 제안 제19조 도시재생활성화계획의 수립 제20조 도시재생활성화계획의 확정 및 승인 제21조 도시재생활성화계획의 효력 제22조 도시재생활성화계획의 효력 상실 등 제23조 행위 등의 제한 제24조 도시재생활성화계획의 평가
4장 도시재생사업의 시행	제25조 도시재생사업의 시행 제26조 도시재생사업의 시행자 제26조의2 도시재생 인정사업 제26조의3 도시재생 총괄사업관리자
5장 도시재생 활성화를 위한 지원	제27조 보조 또는 융자 제27조의2 상생협약 제28조 도시재생특별회계의 설치 및 운용 제29조 도시재생종합정보체계의 구축 제30조 국유재산·공유재산 등의 처분 등 제30조의2 공동이용시설 사용료의 감면 제31조 조세 및 부담금의 감면 등 제32조 건축규제의 완화 등에 관한 특례
6장 도시재생선도지역	제34조 도시재생선도지역에 있어서의 특별조치
7장 특별재생지역 (신설 2018. 4. 17)	제35조 특별재생지역의 지정 제36조 특별재생계획의 수립 제37조 특별재생계획의 효력 등 제39조 투자선도지구 지정 등에 관한 특례 제40조 특별재생지역에서의 특별조치
8장 혁신지구의 지정 등 (신설 2019. 8. 27)	제41조 혁신지구의 지정 등 제42조 혁신지구계획의 효력 제43조 혁신지구계획의 효력 상실 등 제44조 혁신지구재생사업의 시행자

	제45조 혁신지구재생사업의 시행방법
	제46조 시행계획인가 등
	제47조 시행계획의 작성
	제48조 통합심의
	제49조 인가·허가 등의 의제
	제50조 건축물 등의 사용 및 처분
	제51조 이주민 등 보호를 위한 특별조치
	제52조 개발이익의 재투자
	제53조 준공검사 등
	제54조 혁신지구에 대한 특례
	제55조 다른 법률에 따른 개발사업구역과 중복지정
	제56조 국가시범지구의 지정 등
9장 보칙 (신설 2019. 8. 27)	제57조 관계 서류의 열람 및 보관 등 제58조 권리의무의 승계 제59조 보고 및 검사 등 제60조 권한의 위임

출처 : 법제처 「도시재생법」[www.samili.com] 도시재생 활성화 및 지원에 관한 특별법 (도시재생법)

A-1-b. 한국의 「도시재생법」 특징

한국의 「도시재생법」은 다음과 같은 특징이 있다. 첫째, 도시재생에서 정부와 자치단체의 예산지원은 원칙적으로 도시재생사업의 마중물 역할을 하는 성격이지만 한국의 「도시재생법」에서는 민간참여 관련 법규 및 지원책이 미약하여 민간참여가 활발하지 않다. 따라서 한국의 도시재생에서는 민간의 참여가 제한적이기 때문에 정부의 재원지원이 종료되면 도시재생사업도 종료되고 있다. 가장 이상적인 도시재생사업은 정부의 재정지원 없이 재개발과 재건축사업처럼 100% 민간자금이 투입되어 도시재생사업이 진행되는 것이지만 주민들의 요구와 자치단체가 요청하는 도시재생지역은 사업성이 떨어져 민간이 참여를 꺼리는 지역이 많아 정부지원금을 마중물처럼 투입하여 사업을 추진하고 있는 실정이다.

둘째, 「도시재생법」 제정 이후 전국 도시재생사업 중 대부분이 정부의 공적자금이 투입되고 있는 현실을 감안할 때 개선책이 필요하다. 그 대안의 하나로 민간참여를 활성화시키는 것인데, 이는 민간의 자금과 기술력을 도시재생사업에 적극 참여시켜 사업을 활성화시키고, 짧은 기간에 전국적으로 많은 도시재생사업을 추진할 수 있다. 최근 한국에서도 민간자금을 활용하겠다는 취지로 혁신지구 활성화와 관련된 「도시재생법」이 2019년 8월 27일 국회에서 개정 통과되어 약 6년 만에 기존 40개 조항에서 60개의 조항으로 추가되었다. 그러나 20개 추가 조항도 민간을 적극적으로 참여시키는 데는 부족한 면이 있기 때문에 민간 자본과 기술력이 유치될 수 있도록 민간참여에 관한 법규가 추가적으로 보완되어야 한다.

셋째, 한국의 「도시재생법」은 대도시와 중소도시 및 심지어 농어촌까지 획일적으로 적용되고 있다. 즉, 한국의 경우 대도시, 중소도시의 지역적 특성과 환경이 서로 다름에도 불구하고 「도시재생법」이 지역별 특성을 고려하지 않은 채 일괄적으로 적용되고 있다. 현재와 같이 하나의 「도시재생법」으로는 지역적 특성과 환경이 다른 도시재생에 적용하기에는 한계가 있기 때문에 상황에 맞는 맞춤형 「도시재생법」을 만들어 대도시, 중도시, 소도시, 지방과 농어촌 등에 적합하게 「도시재생법」이 상황에 따라 적용되어야 한다. 현재와 같이 한국의 도시재생 단일법으로는 향후 지역별, 도시별 특성을 모두 반영해서 도시재생사업을 하기는 어려움이 있다. 결론적으로 2019년 8월 27일 「도시재생법」이 40개 조항에서 60개 조항으로 법조문이 증가한 것에서 알 수 있듯이 「도시재생법」은 시간이 지날수록 필요성에 의해 일본처럼 법조문이 계속 늘어날 것이다. 뿐만 아니라 현재의 단일법인 한국의 「도시재생법」도 일본처럼 도시와 지역 실정에 맞게 다양한 법이 만들어질 것으로 전망된다.

B. 일본의 「도시재생특별법」 도시재생 관련법

B-1. 일본의 도시재생 관련법 체계

　　일본 도시재생 관련법은 총 6개 개별법에 417개의 조항이 도시재생에 직간접으로 영향을 미치고 있다. 특히, 총 6개의 개별법 속에는 민간참여를 유도하는 내용을 기본방침으로 정하고 있다. 일본의 도시재생 관련법은 2002년 「도시재생특별법」 131개 조항, 2002년 「구조개혁특구법」 50개 조항, 2005년 「지역재생법」 41개 조항, 2011년 「총합특별지구법」 71개 조항, 2014년 「국가전략특별구법」 41개의 조항으로 되어 있다. 2002년 「도시재생특별법」 제정 이전에는 1998년 「중심시가지활성화법」 73개 조항이 있으며, 이 법은 1968년 제정된 「도시계획법」을 기준으로 제정된 법규로 도시의 스펀지현상과 소매업의 폐업에 따른 도시재생의 한 개념으로 보고 있다. 현재 일본에서 국가 경쟁력 강화와 지역경제 활성화 측면에서 정부와 지자체에서 핵심적으로 추진되고 있는 정책은 여러 가지가 있다. 그중 일본에서 추진하고 있는 '도시재생' 관련 정책과 '규제개혁'과도 밀접한 관련이 있는 '도시재생', '중심시가지활성화', '지역재생', '총합특구', '국가전략특구' 등의 제도에 대해 살펴볼 필요가 있다.

B-1-a. 민간 활력을 중심으로 하는 「도시재생특별법」

　　일본의 「도시재생특별법」을 근거로 하는 도시재생은 '도시재생기본방침' 아래, 민간의 활력을 중심으로 제도가 운영되고 있다. 이 제도에서는 시급히 중점적으로 정비해야 할 지역으로 '도시재생긴급정비지역'을 지정하고, 그중에서 특히 도시의 국제경쟁력 강화가 필요한 지역으로 '특정도시재생긴급정비지역'을 지정하여 운영하도록 하고 있다. 2015년 7월 현재, 일본 전역에서 지정된 곳은 도시재생긴급정비지역이 63곳(약 8,372ha), 그중 특정도시재생긴급정비지역은 12지역(약 3,894ha)이다. 도쿄도의 지정 면적은 전체 면적의 약 35%에 달하고, 요코하마, 오사카, 후쿠오카, 고베, 교토 등의 순으로 지정되어 있다. 도시재생긴급정비지역의 정비방침 및 지역지정은 도시재생본부의 결정에 의해 진행되며, 지정된 지역은 지원책으로서 '도시계획 등의 특례', '세제지원(소득세, 법인세, 부동산취득세 등)', 재정지원(사회자본정비 종합교부금, 도시재생안전확보계획으로 책정된 사업비보조금, 도시안전확보촉진 사업비보조금), 금융지원 등을 제시하고 있다. 그중 '도시계획 등의 특례'에 대해서는 '도시계획제안제도'에 의해 도시재생사업을 진행하고자 하는 민간의 제안이 심사에서 통과되어 '도시재생특별지구(도시계획결정)'로 지정되면, 종전 규제에 국한하지 않고 자유로운 계획이 가능하며, 공공기여율에 따른 인센티브(용적률 완화 등)를 적용받아 도시재생사업을 추진할 수 있다. 또한 제안수리부터 결정까지 6개월 이내로 단축되어 단기간에 사업을 진행할 수 있도록 하고 있다. 그 밖의 제도로 민관의 공공공익시설 정비 등에 의한 전국 도시재생 측면에서 지자체가 작성하는 '도시재생정비계획'을 통한 활력 창출 및 민간 도시재생정비사업계획 등과 토지이용 유도에 의한 콤팩트시티의 추진 측면에서 '입지적정화계획'을 통해 도심 내 거주유도, 도시기능 유도구역 등에 대한 금융 및 세제특례 등을 지원하고 있다.

B-1-b. 원도심 기능 및 활력을 도모하는 「중심시가지활성화법」

「중심시가지활성화법」에 근거하는 이 제도는 인구구조 및 생활변화 등에 대응한 중심시가지(원도심)의 도시기능과 경제 활력을 도모하기 위해 지자체가 작성하는 '중심시가지활성화기본계획'을 내각총리대신이 관계 행정기관장의 동의를 얻어 인가하는 것을 기본으로 하고 있으며, 통과된 계획에 대해 정부에서 중점적으로 지원을 하고 있다. 기본계획의 작성에는 기본적 방침과 위치 및 구역, 정량적 수치를 가지는 목표, 5년 이내의 계획 기간, 활성화를 위한 사업, 추진체계를 명시하도록 되어 있다. 정부에서 중점적으로 지원하는 내용으로는 '시가지정비개선' 측면에서는 '도시재생정비계획사업(구 마을 만들기 교부금사업)', '도시복리시설의 정비' 측면에서는 '생활 및 활력 재생사업'과 '중심시가지 공동주택 공급사업'으로 '사회자본정비 종합교부금'을 활용해 지원하고 있다. 또한 '도심 내 거주의 추진'에는 '도심거주 재생펀드', '경제활력 향상'에는 '중심시가지 진흥전략 보조금'과 '중심시가지 활성화 소프트사업'을 활용해 지원하고 있다. 해당 제도에 의해 2006년부터 시작된 기본계획 신청은 2015년 11월 기준, 129개시에서 183개의 계획이 통과되어 있다.

B-1-c. 지역경제의 활성화를 도모하는 「지역재생법」

「지역재생법」을 근거로 하는 이 제도는 지역 경제의 활성화, 고용기회의 창출, 기타 지역의 활력을 목표로 인구구조 및 생활변화 등에 대응한 중심시가지(원도심)의 도시기능과 경제 활력을 도모하기 위해 추진하고 있는 제도이다.

특히 전국 모든 지역에서 공통으로 중요한 정책과제(특정정책과제)로 '인구구조의 변화에 대응한 양호한 주거환경의 조성' 및 '미이용, 저이용되는 자원을 유효하게 활용한 산업의 진흥'을 목표로 하는 경우에는 보다 중점적으로 지원하고 있다. 주거환경 측면에서는 '건강 마을만들기', '교외 주택단지의 재생', '기존 집락촌의 재생'을 들 수 있고, 산업진흥 측면에서는 '농업·상업·공업의 연계', '재생 가능 에너지의 활용' 등에 대해 지원하고 있다. 지역재생계획은 민간사업자 등도 계획에 참여해 지자체가 작성·

신청하며, 정부는 신청한 날부터 3개월 이내에 결과를 통보해야 하고, 인가된 계획에 대해서 「지역재생법」에 근거한 6개의 시책으로 지원하고 있다. 일반적인 지역재생사업에 대해서는 첫째, 지역재생 기반 강화 교부금, 둘째, 지역재생 지원 이자보조금, 셋째, 보조대상 시설의 전용 수속의 일원화 및 쾌속화의 특례 등을 일반적인 시책으로 한다. 특정정책과제의 해결에 준하는 사업에 대해서는 넷째, 특정지역재생지원 이자보조금, 다섯째, 기업에 대한 투자촉진세제, 여섯째, 지방채의 특례 등을 시책으로 하고 있다. 해당 제도는 2007년에 시작되어 인가된 계획의 누계는 2015년 11월 기준 1,961건이다.

B-1-d. 국가의 신성장 동력에 대한 창출을 위한 「총합특별지구법」

이 제도는 「총합특별지구법」에 근거한 국가가 새롭게 회복과 동시에 성장의 정책을 가지고 지역의 장점을 세워 나가는 시나리오로 구성되어 국제 경쟁력 강화와 지역의 활성화를 위한 정부시책의 선택과 집중의 관점을 최대한 살린 제도이다.

2002년부터 실시된 '구조개혁특구(구조개혁특별구역법)'가 지역에 국한해 개별 규제에 대한 특례조치를 대상으로 했다면, 복수규제에서 총합특구가 특례조치를 인정하게 되면서 여기에 세제, 재정, 금융상의 지원 등을 패키지로 실시하는 점이 다르다고 할 수 있다(강동욱, 2020). 성장분야 및 지역의 활성화/지역 자원을 활용/운영에 대한 모체/새로운 분야의 시도/포괄적 전략과 해결책의 제시/정부의 규제 및 제도개혁에 대한 제안 등으로 특구의 지정 요건을 갖춘 계획으로 민간에서 지역협의회에서 내지 지자체에서 정부에 신청을 하면 통과 의례를 거쳐 총합특별구역을 지정하게 된다. 이후, 정부와 지방의 협의를 통해 규제에 대한 법령 개정을 조치하고, 이와 함께 구역계획의 작성 및 인가를 하는 순으로 진행된다. 이 제도는 기존의 도시 및 지역재생 활성화의 개념에 따른 '국가 및 지역의 경제력의 향상'에 목적을 두고, 기존 도시재생제도에서 지정된 '도시재생긴급정비지역(특정지역 포함)'에 산업을 기반으로 한 특구를 중복적으로 지정하고 있으며, 이원적인 체계로 '국제전략 총합특구'와 '지역 활성화 총합특구'로 나뉜다. 총합특구는 도시기능의 육성을 목표로 거점의 형성 및 산업 발전역할을 할 수 있도록 계획 및 사업을 지원하고, 지역의 자원 및 산업을 지역 활성화를 목표로 사업을 지원하여 국가 경제성장의 엔진 역할을 할 수 있도록 하였다. 규제의 특례 조치로는 공통적 사항과 국가전략총합 특구에서만 실시하는 사항이 있다. 공통적 사항으로 공업지역 및 특별용도지구 내 용도제한의 완화, 통역안내사법 특례, 재산처분 제한 승인의 수속에 관한 특례, 공장 등의 고도화 사업은 지자체를 경유해 실시하도록 하고 있다. 국가전략 총합특구에서만 실시하는 사항으로는 공장입지에 관한 녹지규제 완화, 비정기적인 여객사업자가 운송할 수 있도록 하는 특례, 정부 재산의 무상 양도를 가능하도록 하는 특례, 지정 지자체장의 허가를 받은 농업용자가용화물차에 대한 차량검사기간을 1년 연장하는 특례 등이 있다. 법인세 및 소득세를 공제해 주면서 세제지원과 재정지원으로 각 부처 및 지자체의 예산을 활용하는데 특구정비에 사용될 계획과 취지를 정확히, 상세히 하여 지원하면서 특구 내 사업에 관한 자금 조달 방식으로 이자의 보조금을 예산 범위 내에서 지원하여 민간의 도시재생 사업에 있어서 특례와 혜택의 정책으로 이끌어 갔다. 현재 '국제전략 총합특구'는 도쿄도를 포함 7개 지역이 지정되어 있고, 지역 활성화 총합특구는 4차까지 지정돼 총 41개 지역이 지정돼 있다. 또한 특구에서 지정되는 특별구역계획은 2015년 7월 현재, 48개 지역이 인가되어 추진되고 있다(서울시 지역특화발전특구 운영 실태와 개선방향, 2016).

B-1-e. 국제적 경제활동 거점 마련 위한 「국가전략특별구법」

「국가전략특별구법」에서 경제사회적 측면으로 구조개혁을 중점적으

로 추진하였고, 경제적인 경제활동의 거점 형성의 중심으로서 산업의 국제
경쟁력 강화를 목표로 하는 제도이다. '국가전략특별구역계획'을 통해 규
제개혁 등의 정책을 종합적이면서 집중적으로 추진하기 위해 필요한 사항
을 정하고 있다(서울시 지역특화발전특구 운영 실태와 개선방향, 2016).

기존의 특구제도가 민간 또는 지자체에서 제안해 정부가 인가하는 프
로세스로 진행되었다면, 국가전략특구제도는 정부를 대표하는 장관과 지
자체의 장, 민간의 대표로 구성된 규제개혁과 계획내용을 3자 회의로 정해
지는 것이 차이점이라고 할 수 있으며 특구에서 활용할 수 있는 규제개혁
의 내용이 특구 내에서 활용되는 역사적 건축물 도시재생과 마을 만들기,
고용, 의료, 기업 개업, 외국 인재의 활용, 교육, 농림수산업, 보육 등 9개의
범주 아래, 총 42개의 항목으로 세밀하게 정리하고 있다.

규제완화로 특구지역 내에 각종지원을 마련하고 2015년엔 아이치 현/
센 다이시/니가다시/센보쿠시/기타큐슈시/히로시마현의 이마바리시/후
쿠오카시/오키나와현/간사이권의 야부시 등 9개의 특구를 2차에 걸쳐서
지정하였고 도쿄의 40개 사업과 125개의 사업이 인가 인정되어 진행하고
있다(서울시 지역특화발전특구 운영 실태와 개선방향, 2016).

[표 II-2] 일본의 도시재생 관련법

일본 도시재생 관련법		
관련법	조항 수	제정연도
1. 도시재생특별법	131	2002
2. 구조개혁특구법	50	2002
3. 지역재생법	41	2005
4. 총합특별지구법	71	2011
5. 국가전략특별지구법	50	2014
6. 중심시가지 활성화법 *1968년의 도시계획법 기준으로 제정	73	71998

*도시재생 개념이 포함		

일본 도시재생 관련법 : 총 6개 개별법과 417개 조항

출처 : 농림수산성. 2017년도 중심시가지활성화 관련예산 개요 (내각관방·내각부 종합사이트)

B-1-f. 일본의 도시재생 관련법 특징

일본의 도시재생 관련법의 특징은 다음과 같다. 첫째, 일본 도시재생 관련 6개 법 중 6개 모두 민간참여를 기본방침으로 하고 있다. 앞서 설명하였듯이 일본의 도시재생 관련법은 2002년 「도시재생특별법」 131개 조항, 2002년 「구조개혁특구법」 50개 조항, 2005년 「지역재생법」 41개 조항, 2011년 「총합특별지구법」 71개 조항, 2014년 「국가전략특별구법」 41개의 조항으로 되어 있다. 2002년 「도시재생특별법」 제정 이전에는 1998년 「중심시가지활성화법」 73개 조항 등 총 6개 개별법, 417개의 조항이 도시재생에 직간접으로 영향을 미치고 있다. 특히, 총 6개의 개별법령 속에는 민간참여를 유도하는 것을 기본방침으로 정하고 있다(서울시 지역특화발전특구 운영 실태와 개선방향, 2016).

둘째, 일본의 경우 다양한 도시재생 관련법이 대도시, 중도시, 소도시 등 지역별 특성과 환경에 맞게 적용되고 있다. 일본의 도시재생은 지역특성 및 목표에 따라 선택적으로 추진되고 있다. 일본은 1990년대 중반 이후 경제의 버블이 붕괴되었고, 고용의 감소와 동시에 인구 감소가 시작되어 경제가 침체되면서 도시재생을 통한 회복의 기대로 시작하였다. 2000년부터 차근차근 시작한 도시재생이 지자체 그리고 정부의 정책으로 지역 활성화 및 도시재생으로 일치하였으며 이는 규제개혁을 통한 지역 활성화, 도시기능의 지역 활성화, 기타 지역 활성화의 특정정책으로 대응해 구분하였다.

셋째, 일본에서는 '지역 활성화 플랫폼'을 운영하고 있다. 일본에서는 '지역재생 및 활성화'를 도모하기 위해 다양한 시책을 마련해 운용하고 있지만 한계가 있어, 이를 보완하기 위한 제도로 '지역 활성화 플랫폼'을 운영

하고 있다. '지역 활성화 플랫폼'은 지역의 목적에 부합하도록 관계 부처의 각종 시책을 유기적으로 활용할 수 있도록 다양한 지역 활성화 관련 정책을 패키지화해 제시함으로써 지자체가 선택할 수 있도록 설정하고 있다. 현재 일본에서 국가 경쟁력 강화와 지역경제 활성화 측면에서 정부와 지자체에서 핵심적으로 추진되고 있는 정책은 여러 가지가 있지만, '도시재생' 관련 정책과 '규제개혁'과도 밀접한 관련이 있는 것은 '도시재생', '중심시가지활성화', '지역재생', '총합특구', '국가전략특구' 등의 제도이다.

이처럼 '지역재생 및 활성화'를 도모하기 위해 다양한 시책을 마련해 운용하고 있지만, 지역적 특성에 따라 많은 과제가 있고, 이를 해결하기 위해서는 하나의 시책만을 가지고 운용하는 것은 한계가 있어, 이를 보완하기 위한 제도로 '지역 활성화 플랫폼'을 운영하고 있다. 이는 2014년 1월에 설치된 '지역 활성화 추진에 관한 관계 각료 회합'에서 결정된 '성장전략 개정'에 대해 지금까지 정부에서 추진하고 있는 시책의 성과가 보이지 않는 지자체에 대해 새롭게 지역의 비전을 설정하고 활성화를 추진할 수 있도록 제도화하고 있다. 여기서 말하는 '성장전략 개정'은 '초고령화 인구감소사회에 대한 지속 가능한 도시 지역의 형성', '지역산업의 성장고용의 지속적 창출' 이 두 가지에 대한 주제를 기본으로 정부가 일체가 되어 추진하는 것이다. '지역 활성화 플랫폼'은 지역의 목적에 부합하도록 관계 부처의 각종 시책을 유기적으로 활용할 수 있도록 다양한 지역 활성화 관련 정책을 패키지화해 제시함으로써 지자체가 선택할 수 있도록 설정하고 있다. 또한 관계 각료들의 회합과 연락조정회의를 통해 지자체에 원스톱으로 지원할 수 있도록 구체화하거나, 실무적인 조정을 할 수 있도록 정책 대응팀 및 사무국을 설치해 필요 시책에 대한 제안과 지원책을 실현하고 있다.

B-2. 일본의 「도시재생특별법」 구성 및 주요내용

　　일본의 「도시재생특별법」은 2002년에 제정되었으며, 총10장에 131조로 구성되어 있다. 제1장 총칙에서 제1조 목적과 제2조 정의에서 내용으로 담고 있다. 제2장 도시재생본부는 제3조~13조로 구성되어 있다. 제3조 설치, 제4조 소장사무, 제5조 도시재생긴급정비지역을 지정하는 정령 등 제정개폐 입법, 제6조 조직, 제7조 도시재생본부장, 제8조 도시재생부본부장, 제9조 도시재생본부원, 제10조 자료제출과 기타 협력, 제11조 사무, 제12조 주임대신(大臣), 제13조 정령위임을 내용으로 담고 있다. 제3장 도시재생기본방침에는 제14조를 내용으로 구성하고 있다. 제4장 도시재생긴급정비지역의 특별조치는 제15조~제45조를 구성으로 하고 있다. 제15조 지역정비방침, 제16조 도시개발사업에 관한 배려, 제17조 공공공익시설 정비, 제18조 시가지정비를 위해 필요한 시책 추진, 제18조2 산업국제경쟁력의 강화에 관한 시책과 유기적인 연대, 제19조 도시재생긴급정비협의회, 제20조 민간도시재생사업계획 인정, 제21조 민간도시재생사업계획 인정기준 등, 제24조 민간도시재생사업계획 변경, 제29조 민간도시재생기구에 의한 도시재생사업지원업무, 제30조 민간도시개발법 특례 등의 내용을 담고 있다. 제5장 도시재생정비계획 관련 특별조치는 제46조~제80조로 구성되어 있다. 제46조 도시재생정비계획, 제47조 교부금의 교부, 제48조 주택지구개량법 특례, 제49조 대도시주택공급법 특례, 제50조에서 고령자거주 안정확보 관한 법률 특례, 제63조 민간도시재생정비사업계획 인정, 제64조 민간도시재생정비사업계획 인정기준 등, 제65조 정비 사업계획 인정통지, 제66조 민간도시재생정비사업계획의 변경, 제71조 민간도시기구의 추진에 따른 도시재생정비사업지원업무, 제78조 민간도시기구의 추진에 따른 도시편리증진협정추진 지원업무 등의 내용을 담고 있다(강동욱, 2018). 제6장 입지적정화계획 관련 특별조치는 제81조~제116조로 구성되어 있다. 제81

조 입지적정화계획, 제82조 도시계획법의 특례, 83조 도시재생정비계획에 따른 교부금특례, 제95조 민간유도시설 등 정비사업의 인정, 제96조 민간 유도시설 등 정비사업의 인정기준 등, 제98조 민간유도시설 등 정비사업의 변경, 제103조 민간도시기구의 추진에 따른 유도시설 등 정비사업의 지원 업무, 제104조 민간도시개발법의 특례 등의 내용을 담고 있다. 제7장 시 정촌(市町村)도시재생협의회는 제117조로 구성되어 있다. 제8장 도시재생 추진법인은 제118조~123조에 걸쳐 제118조 도시재생 추진법인의 지정, 제119조 추진법인의 업무, 제120조 추진법인의 업무에 관계된 공유지의 확대추진에 관한 법률특례, 제121조 감독 등, 제122조 민간도시기구의 추 진에 따른 추진법인 지원업무, 제123조 정보제공 등의 내용을 담고 있다. 9장 부칙은 제124조~128조에 걸쳐 제124조 구분경리, 제125조 제29조 제1항 제1호에 기제 된 업무 등에 필요한 자금에 있어서 채권 발행액 특례 등, 제126조 권한위임, 제127조 명령위임, 제128조 경과조치 등을 담고 있다. 제10장 벌칙은 제129~131조에 걸쳐 내용을 담고 있다(강동욱, 2018).

B-3. 일본의 「도시재생특별법」 중 민간참여 관련 법규

그동안 일본의 경우 「도시재생특별법」뿐만 아니라 모든 도시개발사업 에서도 민간의 참여를 적극적으로 유인하여 도시재생 및 도시개발사업에 적극적으로 활용하여 왔다. 특히, 2002년 제정된 일본의 「도시재생특별법」 에서는 민간사업자의 참여를 다음과 같이 구체적으로 명시하고 있다.

B-3-a. 도시재생민간사업자의 도시재생긴급정비협의회 조직 요청

(「도시재생특별법」 제4장)

(1) 도시재생긴급정비지역에서의 도시재생긴급정비협의회 조직 요청

일본의 「도시재생특별법」 제4장 19조 10항에는 민간도시재생사업계획의 인정특례에 관하여 명시하고 있다. 도시재생긴급정비지역에서 도시개발사업을 시행하는 민간사업자는 협의회가 조직되지 않을 때는 본부장 및 관련 지방공공단체의 장에게 협의회를 조직하도록 요청할 수 있다. 전항의 규정에 의한 신청을 받은 정부의 관계 행정기관 등의 장은 정당한 이유가 있는 경우를 제외하고 해당 제안에 따라야 하고 규정에 의해서 요청을 받은 관계 지방공공단체장 및 본부장은 정당한 이유가 없는 한 해당 요청에 받아야 한다. 제3항의 민간사업자이지만, 협의회의 구성원이 아닌 자는 제1항의 규정에 의한 협의회를 조직하는 정부의 관계 행정기관 등의 장에게 자신이 협의회 구성원으로 참가를 건의할 수도 있다. 전항의 규정에 의한 신청을 받은 정부의 관계 행정기관 등의 장은 정당한 이유가 있는 경우를 제외하고 해당 제안에 따라야 한다.

(2) 민간도시재생사업계획의 인정

일본의 「도시재생특별법」 제20조에서는 도시재생긴급정비지역 내에서의 도시개발사업과 해당 도시재생긴급정비지역의 지역 정비방침에 규정된 도시기능의 증진을 주요 목적으로 해당 도시개발사업을 시행하는 토지의 구역의 면적이 법으로 정하는 규모 이상의 것을 시행하려는 민간사업자는 국토교통성령으로 정하는 바에 의한 대상지에서 도시 재생사업 관한 계획을 "민간도시재생사업계획"이라 하는데 이를 작성하여 국토교통대신에게 신청할 수 있다.

민간도시재생사업계획에는 다음에 제시하는 사항은 사업구역의 위치 및 면적, 사업개요로 해당부지와 건축물의 정비의 공공시설 정비에 관한 사업개요 및 해당지 공공시설에서 관리자 또는 관리자가 될 사람이 공사 착수시기 및 사업 시행기간, 용지취득계획, 자금계획, 기타 국토교통성령으로 정하는 사항 등이다(강동욱, 2020).

(3) 민간도시재생사업계획의 인정기준 등

일본의 「도시재생특별법」 제21조 1항에는 국토교통대신은 전조 첫째 항의 인정(이하 "계획인정"이라 함)신청이 있을 경우 해당 신청에 관련된 민간도시재생사업계획이 다음에 제시하는 기준에 적합하다고 인정될 경우 건축물 및 해당 부지와 공공시설 정비에 대한 계획으로 지역정비방침으로 적합한 것이다. 공사 착수시점과 용지취득계획으로 해당지의 도시재생사업이 수행하고 정확히 하기 위한 적절한 것이다. 해당 도시재생사업에 필요한 시행에 있어서 기초와 이를 정확히 하기 위해 경제적으로 필요한 기타의 능력이 충분하다. 2항에는 국토교통대신은 계획인정을 할 때는 미리, 관련 지방공공단체의 의견을 물어야 한다. 3항에는 국토교통대신은 계획인정을 하고자 할 때는 미리 해당 도시재생사업의 해당 공공시설의 관리자, 관리자가 되어야 할 사람(이하 즉 "공공시설의 관리자 등"이라 함)의 의견을 물어야 한다.

(4) 민간도시재생사업계획 인정에 관한 처리 기간

일본의 「도시재생특별법」 제22조에는 국토교통대신은 제20조 1항의 규정에 의한 신청을 수리한 날로부터 2개월 안(해당 신청과 관련한 도시재생사업의 사업구역의 전부를 특정도시재생긴급정비지역 내에 있을 때는 해당 신청을 수리한 날로부터 1개월 이내)에서 신속한 계획인정에 관한 처분을 해야만 한다. 제2항 또는 제3항의 규정에 의하여 의견을 청취한 자는 국토교통대신이 전항의 처리 기간 중에 관리처분은 계획인정에 관해서 신속하게 신청 의견서를 내야 한다.

(5) 민간도시재생사업계획 계획인정의 통지

일본의 「도시재생특별법」 제23조 국토교통대신은 계획인정을 했을 때는 신속하게 그 사실을 관계 지방공공단체, 공공시설의 관리자 및 민간 도시개발의 추진에 관한 특별조치법(1988년 법률 제 62호, 이하 「민간도시개발법」이라 함) 제3조 1항에 규정하는 민간도시개발추진기구(이하 "민간도시기구"라 함)에 통지하는 동시에 계획인정을 받은 자(이하 "인증사업자"라 함)의 이름 또는 명칭, 사업 시행기간, 사업구역, 기타 국토교통성령으로 정하는 사항을 공표해야 한다.

(6) 민간도시재생사업계획 변경

일본의 「도시재생특별법」 제24조 인증사업자는 계획인정을 받은 민간도시재생사업계획(이하 "인정계획"이라 함) 국토교통성령으로 경미한 변경 제외하고자 할 때는 국토교통대신의 인정을 받아야 한다.

(7) 민간도시기구가 실시하는 도시재생사업 지원 업무

일본의 「도시재생특별법」 제29조 민간도시기구는 「민간도시개발법」 제4조 첫째항 각호에 해당하는 업무 및 민간도시개발법 제14조 8의 1항의 규정에 의한 국토교통대신의 지시를 받아 행하는 업무 외에 민간사업자의 도시재생사업을 추진하도록 국토교통대신의 승인을 받아 업무에 있어서 해당하는 것을 아래 서술한 것처럼 할 수 있다. 첫째, 다음에 제시하는 방법으로 인증사업자의 인증사업의 시행에 드는 비용의 일부로 공공시설 및 주차장, 피난시설 그 외 다른 도시거주자 및 다른 건축물의 이용자 등의 편리증진에 기여하는 시설(이하 "공공시설 등"이라 함) 기타 공익적 시설에서 법령으로 정하는 것의 정비에 필요한 비용의 범위 내에 대해서 지원한다.

① 인증사업자(주식회사, 합동회사 또는 자산의 유동화에 관한 법률 2조 3항에서 규정하는 특정목적회사(이하 "주식회사 등"이라 함)이며 오로지 인증사업의 시행을 목적으로 하는 것에 한함)에 대한 자금의 대부 또는 인증사업자(오로지 인증사업의 시행을 목적으로 하는 주식회사 등에 한함)가 발행하는 회사채의 취득이다.

② 오로지 인증사업자로부터 인증사업의 시행으로 정비되는 건축물 및 그 부지(이하 "인정건축물 등"이라 함)혹은 인정건축물 등에 관한 신탁수익권을 취득하고 해당 인정건축물 등 또는 해당 인정건축물 등에 관한 신탁수익권의 관리 및 처분을 실시하는 것을 목적으로 하는 주식회사 등에 대한 자금의 대부 또는 해당 주식회사 등이 발행하는 사채의 취득 둘째, 인증사업자에게 필요한 조언, 알선, 기타 지원하는 것이다. 셋째, 전 2호의 업무에 부대하는 업무를 수행한다.

(8) 「민간도시개발법」 특례

일본의 「도시재생특별법」 제30조 「민간도시개발법」 4조 1항 1호에 규정하는 특정민간도시개발사업으로 인증사업(정비 계획에 기재된 19조 2 제8항에 규정하는 사항에 관한 국제경쟁력 강화시설을 가진 건축물의 정비에 관한 것에 한함)으로 있는 것에 대한 동호의 규정 적용 및 「도시재생특별법」 제 19조 2의 1항에 규정하는 정비계획에 기재된 동조 제8항에 규정하는 사항에 관한 국제경쟁력 강화시설로 한다.

B-3-b. 도시재생정비계획에 관한 특별조치(「도시재생특별법」 제5장)

(1) 민간도시재생정비사업계획의 인정

일본의 「도시재생특별법」 제5장 제63조에서는 도시재생정비계획구역 내에서 도시개발사업을 함에 있어 해당 도시개발사업을 시행하는 토지의 구역의 면적이 법령으로 정하는 규모 이상의 것을 도시재생정비계획에 기재된 사업과 일체적으로 시행하려는 민간사업자는 국토교통성령으로 정하는 바에 의한 해당하는 민간도시재생정비사업계획서를 작성하여 국토교통대신에게 신청할 수 있다. 민간도시재생정비사업계획에는 정비사업구역의 위치 및 면적, 건축물과 해당부지에서 정비에 대한 사업개요와 공공시설 정비에 관한 사업개요 및 해당지에서 공공시설 관리자 또 관리자가 될 사람으로 공사 착수시기 및 사업 시행기간, 용지취득계획, 자금계획, 기타 국토교통성령으로 정하는 사항 등을 기재해야 한다(강동욱, 2018).

(2) 민간도시재생정비사업계획의 인정기준 등

첫 번째, 일본의 「도시재생특별법」 제64조 국토교통대신은 전조 1항의 인정(이하 "정비사업계획의 인정"이라 함)신청이 있을 경우 해당 신청에 관련된 민간도시재생정비사업계획이 다음의 기준에 적합하다고 인정할 때는 정비 사업계획에 대해 인정을 할 수 있다.

① 대상 도시재생긴급정비지역의 도시재생사업이 긴급하게 시가지정비를 효과적으로 추진하는데 또한 대상지역을 포함하고 도시재생사업에 현저히 공헌하는 자는 인정된다.

② 대상 부지 및 공공시설 및 건축물 정비에 관해서 지역정비방침에 계획이 적합한 것이다.

③ 사업 시행기간, 용지취득계획 및 공사 착수시점이 해당지역에서 신속하고 확실하게 수행하기 위한 적절한 도시재생사업인 것이다.

④ 도시재생사업의 해당지역에서 필요한 경제적 기초를 정확하게 수행하기 위해서 필요한 기타의 능력이 충분하다.

두 번째, 국토교통대신은 정비사업계획을 인정을 할 때는 미리 시·군·읍·면의 의견을 물어야 한다.

세 번째, 국토교통대신은 정비사업계획을 인정을 할 때는 미리 해당 도시재생정비사업의 시행에 따라 정비되는 공공시설의 관리자 또는 관리자가 될 자(이하 "공공시설의 관리자 등"이라 함)의 의견을 물어야 한다.

(3) 민간도시재생정비사업계획 인정의 통지

일본의 「도시재생특별법」 제65조 국토교통대신은 정비사업계획에 대해 인정할 경우에는 신속하게 그 사실을 시·군·읍·면 공공시설의 관리자 및 민간도시기구에 통지하는 동시에 정비사업계획의 인정을 받은 자(이하 "인정 정비사업자"라 함)의 이름, 명칭, 사업 시행기간, 정비사업구역 외에 국토교통성령으로 정하는 사항을 공표해야 한다.

(4) 민간도시재생정비사업계획 변경

일본의 「도시재생특별법」 제66조 인정 정비사업자는 정비사업계획의 인정을 받은 민간도시재생정비사업계획(이하 "인정 정비사업계획"이라 함)의 변경에 있어서 경미한 변경을 제외한 변경을 하고자 할 때는 국토교통대신의 인정을 받아야 한다.

(5) 민간도시기구가 실시하는 도시재생정비사업 지원 업무

일본의 「도시재생특별법」 제71조 민간도시기구는 제29조 1항에 규정하는 업무 외에 민간사업자의 도시재생정비사업을 추진하도록 국토교통대신의 승인을 받아 해당되는 업무에 대하여 할 수 있다.

① 다음에 제시하는 방법으로 인정 정비사업자 비용의 일부는 인정

정비사업에 들어가는 비용(기타, 공공시설 등에서 법령으로 정하는 것의 정비에 필요한 비용의 금액의 범위 내에 한함)에 대해서 지원한다.

② 인정 정비사업자(오로지 인정 정비사업의 시행을 목적으로 하는 주식회사 등에 한함)에 대한 출자 또는 자금을 대부 받거나 인정 정비사업의 시행을 목적으로 하는 주식회사 등에 한함이 발행하는 사채의 취득

먼저, 오로지 인정 정비사업자로부터 인정 정비사업의 시행으로 정비되는 건축물 및 그 부지(이하 "인정 정비건축물 등"이라 함) 혹은 인정 정비건축물 등에 관한 신탁수익권을 취득하고 해당 인정 정비건축물 등 또는 해당 인정 정비건축물 등에 관한 신탁수익권의 관리 및 처분을 실시하는 것을 목적으로 하는 주식회사 등에 대한 출자 또는 자금의 대부 또는 해당 주식회사 등이 발행하는 사채의 취득

또한, 부동산 특정 공동사업법(평성 6년 법률 제77호) 제2조 2항에 규정하는 부동산 거래(인정 정비건축물 등을 정비하거나, 정비된 인정 정비건축물 등을 취득하고 해당 인정 정비건축물 등 관리 및 처분하는 것에 한함)를 대상사업으로 동조 제 3항으로 특정 해당되는 부동산의 공동 사업계약에 출자 근거.

③ 신탁(수탁한 땅에 인정 정비건축물 등을 정비하고, 해당 인정 정비건축물 등 관리 및 처분하는 것에 한함)의 수익권 취득

④ ①~③까지 제시하는 방법에 준하는 것으로 국토교통성령으로 정하는 방법

첫째, 인정 정비사업자에게 필요한 조언, 알선, 기타 지원하는 것

둘째, 전 2호의 업무에 부대하는 업무를 수행하는 것

B-3-c. 도시편리증진 협정(「도시재생특별법」 제5장 6절)

(1) 도시편리증진 협정

일본의 「도시재생특별법」 제74조 도시재생정비계획에 기재된 제46조 15항에 규정하는 구역 내의 일단의 토지소유자나 차지권 등을 가진 자

(토지구획정리법 제98조 1항의 규정에 의한 임시환지로서 지정된 땅에 있어서는 해당 토지에 대응하는 종전의 토지소유자 또는 차지권 등을 가진 자)혹은 해당 구역 내 건축물의 소유자(이하 "토지소유자 등"이라 함) 또는 제118조 1항의 규정에 의하여 지정된 도시 재생추진 법인은 도시편리증진 정비 및 관리에 대해서 시설의 전부협정(이하 "도시편리 증진 협정"으로 함)을 체결하고 시장에게 인정을 신청할 수 있다. 도시편리증진 협정에서는 도시편리증진 협정의 목적이 될 도시편리증진 시설의 종류 및 위치, 전호의 도시편리증진 시설의 일체적인 정비 또는 관리 방법, 제1호의 도시편리증진 시설의 일체적인 정비 또는 관리에 요하는 비용의 부담방법, 도시편리증진 협정을 변경하거나 폐지할 경우의 절차, 도시편리증진 협정의 유효 기간, 기타 필요한 사항 등을 정한다.

(2) 민간도시기구가 실시하는 도시편리증진 협정추진 지원업무

일본의 「도시재생특별법」 제78조 민간도시기구는 제29조 1항 및 제72조 1항에서 규정하는 업무 외에 인정 도시편리증진 협정에 입각한 도시편리증진 시설(민간 사업자에 의한 도시개발사업에 관련되고 정비되는 것에 한함)의 일체적 정비 또는 관리를 지원하도록 국토교통대신의 승인을 받아 해당 인정 도시편리증진 협정을 체결한 토지소유자 등에 대한 해당 일체적 정비 또는 관리에 관한 필요한 정보제공, 조언, 알선, 기타 원조를 할 수 있다.

B-3-d. 입지적정화계획에 관한 특별 조치(「도시재생특별법」 제6장)

(1) 민간유도시설 등 정비사업계획의 인정

일본의 「도시재생특별법」 제95조 입지적정화계획에 기재된 도시기능유도구역 내에서 도시개발사업(해당 도시기능유도 구역에 관련된 유도시설 또는 해당 유도시설의 이용자의 편리증진에 기여하는 시설을 가진 건축물의 정비에 관한 것에 한함)이며, 도시개발사업을 시행 토지, 수면 구역의 법으로 면적 (수면 포함)의 구역(이하 "유도사업구역"이라 함)의 면적이 법령으로 정하는 규모 이상의 것(이하 "유도시설 등 정비사업"이라 함)을 시행하려는 민간사업 자는 국토교통성령으로 정하는 바에 의한 해당 유도 시설 등 정비사업에 관한 계획(이하 "민간유도시설 등 정비사업계획"이라 함)의 구체적인 내용을 작성하여 국토교통대신에게 신청할 수 있다.

전항의 인정(이하 "유도사업계획의 인정"이라 함)의 신청은 해당 신청에 관련된 유도시설 등 정비사업과 관련된 입지적정화계획을 작성한 시읍면 (이하 "계획 작성 시읍면"이라 함)을 경유해야 한다. 이 경우 계획 작성 시읍면 은 해당 민간유도시설 등 정비사업계획을 검토하고 이견이 있을 때는 해당 의견을 붙여 국토교통대신에 송부한다. 민간유도시설 등 정비사업계획에 는 유도사업 구역의 위치 및 면적, 유도시설의 개요, 부지 및 그 건축물의 정비에 관련된 사업개요, 공공시설 정비에 관한 사업개요 및 해당 공공시 설의 관리자가 될 자 또는 관리자, 공사 착수시기 및 사업 시행기간, 용지 취득계획, 자금계획, 기타 국토교통성령으로 정하는 사항 등을 기재해야 한다(강동욱, 2018).

(2) 민간유도시설 등 정비사업계획의 인정기준 등

일본의 「도시재생특별법」 제96조 국토교통대신은 유도사업계획의 인 정 신청이 있을 경우 해당 신청에 관련된 민간유도 시설 등 정비사업계획 이 다음에 제시하는 기준에 적합하다고 인정할 때는 유도사업계획에 대해 인정할 수 있다.

① 해당 유도시설 등 정비사업이 주택 및 도시기능 증진시설의 입지의 적정화를 도모하는 데 효과적이고, 또한 입지적정화 계획에 기재된 도시기 능유도구역을 포함한 도시재생에 현저하게 공헌하는 것 ② 해당 유도시설 등 정비사업이 입지적정화 계획에 기재된 제81조 2항 제3호에 게재된 사

항을 조명하는 데 적절할 것 ③ 유도사업구역이 대상 부지 및 건축물이 있는 도시재생긴급정비지역 내에 있을 때 공공시설의 정비 관해서 계획으로 지역정비 방침과 적합할 것 ④ 공사 착수시점, 사업 시행기간 및 용지 취득계획이 해당 유도시설 등 정비사업을 확실하게 수행하기 위해 적절할 것 ⑤ 해당 유도시설 등 정비사업의 시행에서 해당지역의 필요한 경제적 기초를 정확하게 수행하기 위해서 필요한 기타의 능력이 충분할 것.

국토교통대신은 유도사업계획을 인정하고자 할 때는 미리 해당 유도시설 등 정비사업으로 공공시설의 관리자가 될 자 또는 관리자(계획 작성 시정촌(市町村)은 제외, 이하 "공공시설의 관리자 등"이라 함)의 의견을 물어야 한다.

(3) 유도사업계획 인정의 통지

일본의 「도시재생특별법」 제97조 국토교통대신은 유도사업계획을 인정을 했을 때는 신속하게 그 사실을 계획 작성 시·읍면, 공공시설의 관리자 및 민간도시기구에 통지하는 동시에 유도사업계획의 인정을 받은 자(이하 "인정 유도사업자"라 함)의 이름, 명칭, 사업 시행기간, 유도사업구역 외에 국토교통성령으로 정하는 사항을 공표해야 한다.

(4) 민간유도시설 등 정비사업계획 변경

일본의 「도시재생특별법」 제98조 인정 유도사업자는 유도사업계획에 대해 인정을 받은 민간유도시설 등 정비사업계획(이하 "인정 유도사업계획" 이라 함)의 변경에 있어서 경미한 변경을 제외한 변경을 하고자 할 때는 국토교통대신의 인정을 받아야 한다.

(5) 유도사업계획의 인정 취소

일본의 「도시재생특별법」 제102조 국토교통대신은 인정 유도사업자가 계획인정을 취소할 수 있는데 전조의 규정처분을 위반했을 때 유도사업 계획의 인정을 취소할 수 있다. 국토교통대신은 전항의 규정에 따라 취소를 했을 때는 신속하게 그 사실을 계획 작성 시정촌(市町村), 공공시설의 관리자 및 민간도시기구에 통지하는 동시에 공개해야 한다.

(6) 민간도시기구가 실시하는 유도시설 등 정비사업 지원 업무

일본의 「도시재생특별법」 제103조 민간도시기구는 제19조 1항 및 제72조 1항에 규정하는 업무 외에 민간 사업자에 의한 유도시설 등 정비사업을 추진하도록 국토교통대신의 승인을 받아 해당되는 업무에 대하여 할 수 있다.

첫째, 다음에 제시하는 방법으로 인정 유도사업자의 인정 유도사업의 시행에 드는 정비 사업에 들어가는 비용(기타, 공공시설 등에서 법령으로 정하는 것의 정비에 필요한 비용의 금액의 범위 내에 한함)에 대해서 지원한다.

① 인정 유도사업자(오로지 인정 유도사업의 시행을 목적으로 하는 주식회사 등에 한함)에 대한 출자 ② 오로지 인정 유도사업자로부터 인정 유도사업의 시행으로 정비되는 건축물 및 그 부지(이하 "인정 유도건축물 등"이라 함) 또는 인정 유도건축물 등에 관한 신탁수익권을 취득하고 해당 인정 유도건축물 등 또는 해당 인정 유도건축물 등에 관한 신탁수익권의 관리 및 처분을 실시하는 것을 목적으로 하는 주식회사 등에 대한 출자 ③ 부동산 특정 공동사업법 제2조 2항에 규정하는 부동산 거래(인정 유도건축물 등을 정비하거나 정비된 인정 유도건축물 등을 취득하고 해당 인정 유도건축물 등 관리 및 처분하는 것에 한함)를 동조 제3항으로 특정 해당되는 부동산의 공동 사업계약에 출자 근거. ④ 신탁의 수익권 취득

둘째, 인정 유도사업자에게 필요한 조언, 알선, 기타 지원하는 것이다.

셋째, 전 2호의 업무에 부대하는 업무를 수행하는 것이다.

(7) 「민간도시개발법」의 특례

일본의 「도시재생특별법」 제104조 「민간도시개발법」 제4조 1항 1호에 규정하는 특정 민간도시개발사업이며, 인정 유도사업(유도시설을 가진 건축물의 정비에 관한 것에 한함)에 대한 동호의 규정 적용에 관해서는 "도시재생특별조치법 제103조 1항 1호의 법령으로 정하는 공익적 시설"로 한다.

B-3-e. 도시재생 추진법인(「도시재생특별법」 제8장)

일본의 「도시재생특별법」 제118조 시장은 특정비영리활동촉진법 제2조 2항의 특정비영리활동법인, 일반사단법인, 일반재단법인, 도시정비의 추진을 도모하는 활동을 추진하는 것을 목적으로 하는 회사이며, 다음 조항에 규정하는 업무를 적정하고 확실히 수행할 수 있다고 인정되면, 신청에 따라 도시재생 추진법인(이하 "추진법인"라고 함)으로서 지정할 수 있다. 시장은 전항의 규정에 의하여 지정한 때는 해당 추진법인의 명칭, 주소, 사무소 소재지를 공시해야 한다. 추진법인은 명칭, 주소, 사무소 소재지를 변경하려고 할 때는 미리 그 사실을 시정촌(市町村)장에게 신고해야 한다. 시장은 전항의 규정에 의한 신고가 있을 때는 해당 신고에 관한 사항을 공시해야 한다.

(1) 추진 법인의 업무

일본의 「도시재생특별법」 제119조 추진법인은 다음에 해당하는 업무를 수행한다.

첫째, 다음에 내세우는 사업을 시행하는 민간 사업자에게 해당 사업에 관한 지식을 가지는 사람의 파견, 정보 제공, 상담 등을 원조한다.

① 제46조 1항의 토지구역에서 도시개발사업이며, 도시재생기본방침에 근거하여 이루어지는 것이다. ② 입지적정화계획에 기재된 거주유도구

역 내에서 도시개발 사업이며, 주택의 정비에 관한 것이다. ③ 입지적정화계획에 기재된 유도시설 또는 해당 유도시설의 이용자의 편리증진에 기여하는 시설의 정비에 관한 사업이다. ④ 입지적정화계획에 기재된 철거지 등 관리 구역 내의 철거지 등의 관리에 관한 사업이다.

둘째, 특정비영리의 활동법인 등에 대한 전호에서 사업의 시행에 대하여 조성한다.

셋째, 다음에 내세우는 사업을 시행하거나 또는 해당 사업에 참여한다.

① 첫 호의 사업 ② 공공시설 또는 주차장 그 외에 제46조 1항의 토지구역 또는 입지적정화계획에 기재된 거주 유도구역의 거주자, 체류자 기타 사람의 편리증진에 체류자와 거주자 및 기타 사람에게 편리도움이 되는 것으로 하는 시설 정비로 국토교통성령으로 정하는 것.

넷째, 전호의 사업에 효과적으로 이용할 수 있는 토지에 있어서 관리 또는 양도, 취득 등 정령으로 한다.

다섯째, 46조 1항의 토지구역 또는 입지적정화계획에 기재된 거주유도구역에서의 공공시설 또는 제3호로 국토교통성령으로 정하는 시설의 소유자(소유자가 둘 이상 있는 경우에는 전원)와 계약에 근거하여 이들 시설의 관리를 실시하는 것이다.

여섯째, 도시편리증진 협정에 입각한 도시편리증진 시설의 일체적인 정비 또는 관리이다.

일곱째, 저미이용토지이용촉진 협정에 따른 거주자 등 이용 시설 정비 및 관리이다.

여덟째, 이적지 등 관리협정에 근거한 철거지 등의 관리를 실시하는 것이다.

아홉째, 제46조 1항의 토지구역 또는 입지적정화계획구역에서의 도시재생에 관한 정보의 수집, 정리 및 제공이다.

열 번째, 제46조 1항의 토지구역 또는 입지적정화계획구역에서의 도시재생에 관한 조사연구하는 것이다.

열한 번째, 제46조 1항의 토지구역 또는 입지적정화계획구역에서의 도시재생에 관한 보급계발을 실시하는 것이다.

열둘 번째, 전 각호에 게기하는 것 외에 제46조 1항의 토지구역 또는 입지적정화계획구역에서의 도시재생을 위해서 필요한 업무 수행이다.

(2) 민간도시기구가 실시하는 추진법인 지원업무

일본의 「도시재생특별법」 제122조 민간도시기구는 제19조 1항, 제71조 1항, 제78조 1항 및 제102조 1항에서 규정하는 업무 외에 추진법인의 원활한 업무 시행을 위해 국토교통대신의 승인을 받아 업무에 해당이 되면 할 수 있다.

① 추진법인에 의한 제 119조 2호의 업무(도시개발사업에 관련된 것에 한함)의 추진 대한 지원 ② 추진법인에 업무(민간사업자에 의한 도시개발사업에 관련된 것에 한함) 사업에 필요한 기타지원 및 조언, 알선 및 정보제공 ③ 전 2호의 업무에 부대하는 업무를 수행 이상에서 볼 수 있듯이 일본의 「도시재생특별법」에서는 도시재생사업에 민간의 참여를 적극적으로 유인하는 법적, 제도적 장치들이 구체적이고 상세히 명시되어 있다. 첫째, 일본 「도시재생특별법」 제4장에서는 도시재생민간사업자의 도시재생긴급정비협의회 조직요청에서는 민간도시재생사업계획의 인정, 민간도시재생사업계획의 인정기준, 민간도시재생사업계획변경, 민간도시기구가 실시하는 도시재생사업 지원업무, 「민간도시개발법」 특례 등을 구체화하고 있다.

둘째, 「도시재생특별법」 제5장에서는 도시재생정비계획에 관한 특별조치에서는 민간도시재생정비사업계획의 인정, 민간도시재생정비사업계획의 인정기준, 민간도시재생정비사업계획 변경, 민간도시기구가 실시하는 도시재생정비사업 지원업무 등을 구체화 하고 있다. 셋째, 「도시재생특별법」 제5장 6절에서는 도시편리증진협정에서는 도시편리증진협정, 민간도시기구가 실시하는 도시편리증진 협정추진 지원업무 등을 구체화하고 있다. 넷째, 「도시재생특별법」 제6장에서는 입지적정화계획에 관한 특별조치에서는 민간유도시설 등 정비사업계획의 인정, 민간유도시설 등 정비사업계획의 인정기준, 민간유도시설 등 정비 사업 변경, 민간도시기구가 실시하는 유도시설 등 정비사업 지원업무 등을 구체화하고 있다. 다섯째, 「도시재생특별법」 제8장에서는 도시재생 추진법인에서는 민간도시기구가 실시하는 추진법인 지원업무 등을 구체화하고 있다.

C. 한국과 일본의 도시재생법 비교분석 결론

C-1. 한국과 일본의 도시재생법 비교

　　한국의 「도시재생법」은 2013년 처음으로 제정되었으며 정식명칭은 「도시재생 활성화 및 지원에 관한 특별법」이며, 약칭 「도시재생법」으로 부르고 있다. 「도시재생법」은 2020년 5월 현재 총 9장 60조로 구성되어 있다. 제1장 총칙과 제2장에서 도시재생의 추진체계 그리고 제3장 도시재생 전략계획 등으로 되었고 제4장 도시재생사업의 시행에 관해서 제5장 도시재생 활성화를 위한 지원 등 제6장에서는 도시재생 선도 지역, 제7장에서도 특별재생지역으로 제8장 역시 혁신지구의 지정 등, 제9장 부칙 등 9장 60조로 구성으로 되어 있다. 2013년 법제정 당시 총 6장 34조로 구성되었으나, 2020년 5월 현재 총 9장 60조로 증가하였으며, 향후에도 새로운 법조문은 계속 증가할 것으로 예상된다(조상운, 2014). 이에 비해 일본의 「도시재생특별법」은 2002년에 제정되었으며, 총 10장에 131조로 구성되어 있다. 제1장 총칙, 제2장 도시재생본부, 제4장 도시재생긴급정비지역의 특별조치, 제5장 도시재생정비계획 관련 특별조치, 제6장 입지적정화계획 관련 특별조치, 제7장 시정촌(市町村)도시재생협의회, 제8장 도시재생추진 법인, 제9장 잡칙, 제10장 벌칙으로 구성되어 있다.

　　한국과 일본 도시재생법 구조의 가장 큰 차이점은 일본의 「도시재생특별법」에는 민간참여 내용을 구체화하고 있다는 점이다. 즉, 일본 「도시재생특별법」 제4장 도시재생긴급정비지역의 특별조치는 제19조 민간도시재생사업계획의 인정특례, 제20조 민간도시재생사업계획 인정, 제21조 민간

도시재생사업계획 인정기준 등, 제24조 민간도시재생사업계획 변경, 제29
조 민간도시기구에 의한 도시재생사업지원업무, 제30조 민간도시개발법
특례 등에 민간참여 관련 내용을 담고 있다. 또한 제5장 도시재생정비계획
관련 특별조치는 제63조 민간도시재생정비사업계획 인정, 제64조 민간도
시재생정비사업계획 인정 등, 제65조 정비사업계획 인정의 통지, 제66조
민간도시재생정비사업계획 변경, 제71조 민간도시기구의 추진에 따른 도
시재생정비사업 지원업무, 제78조 민간도시기구의 추진에 따른 도시편리
증진협정추진 지원업무 등에 민간참여 내용을 담고 있다. 제6장 입지적정
화계획 관련 특별조치에는 제95조 민간유도시설정비사업계획 인정, 제96
조 민간유도시설정비사업계획의 인정기준 등, 제98조 민간유도시설정비사
업계획의 변경, 제103조 도시기구의 추진에 따른 유도시설정비사업 지원
업무, 제104조 민간도시개발법의 특례 등에 민간참여 내용을 담고 있다.
그리고 제8장 도시재생 추진법인에는 제122조 민간도시기구의 추진에 따
른 추진법인 지원업무에 민간참여 관련 내용을 담고 있다. 이에 비해 한국
의 「도시재생법」은 제4장 도시재생사업의 시행의 제26조 도시재생사업의
시행자, 또한 제5장 도시재생 활성화를 위한 지원의 제27조 보조 또는 융
자, 제30조로 공유재산, 국유재산 등 처분 등과 제31조 부담금 감면과 조
세 등, 제32조 특례로 건축규제의 완화 등에 관하여 그리고 제8장 혁신지
구의 지정 등의 제44조 혁신지구재생사업의 시행자 등에 대해 간략히 명문
화 되어 있다. 법률 도시재생의 활성화 및 지원의 관한 특별법(도시재생법,
2019).

[표 II-3] 한일 도시재생법 비교

한국의 「도시재생법」	일본의 「도시재생특별법」
제1장 총칙 제1조 목적 제2조 정의	제1장 総則 제1조(目的) 제2조(定義)

제57조2(都市再生推進法人에 의한 都市計画 決定의 提案)
제58조(道路整備에 관한 権限移譲)
제59조(不服신청)
제60조(事務区分)
제61조(道路法 適用)
제63조(民間都市再生整備事業計画 認定)
제64조(民間都市再生整備事業計画 認定基準等)
제65조(整備事業計画 認定의 通知)
제66조(民間都市再生整備事業計画의 変更)
제67조(報告徴収)
제68조(地位承継)
제69조(改善命令)
제70조(整備事業計画 認定의 取消)
제71조(民間都市機構의 추진에 따른 都市再生整備事業支援業務)
제72조(市町村協議会에 있어 認定整備事業을 원활 및 확실히 하기 위해 필요한 協議)
제73조
제74조(都市利便増進協定)
제75조(都市利便増進協定의 認定基準)
제75조(都市利便増進協定의 変更)
제77조(協定 認定의 취소)
제78조(民間都市機構의 추진에 따른 都市利便増進協定推進 支援業務)
제79조(都市 美観風致을 維持하기 위한 樹木의 保存에 관한 法律 特例)
제80조(국가 등의 援助)
제80조2(低未利用土地利用促進協定의 締結 등)
제80조3(低未利用土地利用促進協定의 認可)
제80조4(低未利用土地利用促進協定의 変更)
제80조5(都市美観風致를 유지하기 위한 樹木의 保存에 관한 法律特例)
제80조6(緑地保全・緑化推進法人의業務特例)
제80조7(景観整備機構의 業務特例)
제80조8(국가 등의 援助)

제6장 입지적정화계획 관련 특별조치
제81조(立地適正化計画)
제82조(都市計画法의 特例)
제83조(都市再生整備計画에 따른 交付金特例)
제84조(立地適正化計画의 評価 등)
제85조(都市計画에 있어서 配慮)
제86조(特定住宅整備事業을 추진하는 자에 의한 都市計画의 決定등의 提案)
제87조(特定住宅整備事業을 추진하는 자에 의한 景観計画의 策定 등의 提案)
제88조(건축의 신청 등)
제89조(居住調整地域)
제90조(開発行為 許可 등의 特例)
제93조(市町村의 장에 의한 開発許可関係事務의 処理)
제95조(民間誘導施設等整備事業計画의 認定)
제96조(民間誘導施設等整備事業計画의 認定基準等)
제97조(誘導事業計画의 認定通知)
제98조(民間誘導施設等整備事業計画의 変更)
제99조(報告徴収)

제10장 罰則
제129조(50만 엔 이하 벌금)
제130조(300만 엔 이하 벌금)
제131조(법인의 대표자, 대리인, 사용자, 종업원 등의 위반 벌칙)

주) 밑줄 친 —조항 민간참여 관련 법규[www.samili.com] 법률 도시재생 활성화 및 지원에 관한 특별법
(도시재생법) (2019) .강동욱(2020).

C-2. 한국과 일본의 도시재생법 차이점 비교

한국의 「도시재생법」과 일본의 「도시재생특별법」은 여러 면에서 차이
점이 있다. 양국가의 도시재생법의 차이점을 비교 분석하여, 보완점을 제시
하고자 한다.

첫째, 도시재생법의 법규 및 조항의 차이다. 일본 도시재생 관련법은
총 6개 개별법, 417개의 조항이 도시재생에 직간접으로 영향을 미치고 있
다. 일본 도시재생 관련법은 「도시재생특별법」(2002년) 131개 조항, 「구조
개혁특구법」(2002년) 50개 조항, 「지역재생법」(2005년) 41개 조항, 「총합
특별지구법」(2011년) 71개 조항, 「국가전략특별구법」(2014년) 41개의 조
항으로 되어 있다. 2002년 「도시재생법」 제정 이전에는 「중심시가지활성
화법」(1998년) 73개 조항이 있다. 이에 비해, 한국은 「도시재생법」 단일법
60개 조항으로 구성되어 있다.

[표 II-4] 한일 도시재생 관련 법규 비교

일본 도시재생 관련법			한국의 도시재생법		
관련법	조항 수	제정년도	관련법	조항 수	제정년도
1. 도시재생특별법	131	2002	1. 도시재생 활성화 및 지원에 관한 특별법 (약칭으로 도시재생법)	60개 *40개의 조항에서 2019년 8월 20개 조항 추가	2013
2. 구조개혁특구법	50	2002			
3. 지역재생법	41	2005			
4. 총합특별지구법	71	2011			
5. 국가전략특별지구법	50	2014			

6. 중심시가지 활성화법 *1968년의 도시계획법 기준으로 제정 *도시재생 개념이 포함	73	1998			
일본 도시재생 관련법 : 총 6개 개별법과 417개 조항			한국 도시재생 관련법 : 총 1개 법과 60개 조항		

출처 : 이태광. 2018. 한국도시주거지 재생사업의 활성화 방안에 관한 연구. 한국주거학회

둘째, 도시재생법 제정목적의 차이다. 일본의 「도시재생특별법」의 목적은 급속한 저출산과 고령화/국제화/정보화 등이 사회적 패러다임으로 변화 도시가 제대로 대응하지 못하고 있는 점을 감안하여 정세 변화에 대응할 수 있는 도시기능의 고도화 및 도시주거환경 향상을 도모하고, 도시 방재 기능을 확보하면서 도시재생의 추진에 관한 기본방침 등을 정한다. 일본의 「지역재생법」의 제정 목적은 급속한 저출산 고령화의 진전, 사회와 경제적 대세의 변화로 산업구조변화까지 대응하고, 지방공공단체가 추진하는 자주적이고 자립적인 대응으로 지역경제 활성화 지역에서 고용기회를 창출하고, 그 외 지역의 활력재생을 종합적이고 효과적으로 추진하기 위함이다. 이에 비해, 한국의 「도시재생법」의 제정목적은 도시의 경제적·사회적·문화적 활력 회복을 위하여 공공의 역할과 지원을 강화함으로써 도시의 자생적 성장기반을 확충하고, 도시의 경쟁력 제고하며, 지역 공동체를 회복하는 등 국민의 삶의 질 향상에 이바지함을 목적으로 한다.

셋째, 도시재생법과 기존 도시정비법과의 관계이다. 일본은 정비법과 별도의 재생법을 제정하여 운용하고 있다. 재생법에서 필요한 내용은 기존 정비법에서 응용 또는 활용하고 있다는 점에서 혼합된 재생법이라고 할 수 있다. 이에 비해, 한국의 경우 진정한 의미의 도시재생법이라기보다는 공공이 중심이 된 도시재생법이며, 기존의 정비법이 확대된 개념이다. 즉, 기존의 정비법과 크게 다를 것이 없는 도시재생법이라고 볼 수 있다.

넷째, 도시재생법 속의 민간참여 관련이다. 일본의 도시재생법은 6개

의 도시재생 관련법 속에는 민간참여를 유도하는 것을 기본방침으로 하고 있으며, 민간참여를 구체적이고, 상세하게 내용을 명시하고 있다. 이에 비해, 한국은 구체적이고, 상세하지 못하고, 획일적이고 일반적이다. 일본의 경우 과거 각각의 정비법 속에도 민간투자 및 지원을 구체적으로 명시하고 있으며, 일본「도시재생특별법」속에도 정부 지원금의 정도를 정하고, 민간투자를 적극 유인하는 조항을 만들어 두고 있다. 이에 비해, 한국의「도시재생법」은 지원방법과 민간참여 방안과 제도가 구체적이고, 상세하지 못하다. 민간의 의견수렴을 듣고자 한다고 하지만 도시와 지방의 구분 없이 정부권한에 따라 주관적으로 선정하고, 수익성이 떨어지기 때문에 민간투자는 아주 적게 들어오고 있다. 현재의 도시재생은 민간참여에 대한 구체적이고, 적극적인 유인책이 없어 민간참여가 떨어지는 공공주도의 형식적인 도시재생이라 보면 될 것이다.

결론적으로 한국의 도시재생도 일본처럼 도시와 지방을 구분하여 '도시재생'과 '지역재생'을 구분하여 도시와 지방의 특성에 맞게 차별화하여 법과 제도를 운영하여야 한다. 일본처럼 도시와 지방을 구분하여 '도시재생'과 '지역재생'으로 구분하여 운영하기 어렵다면 현재 한국의「도시재생법」에 지역과 상황에 맞게 내용을 보완하여 추가로 개정하는 방안을 검토해야 한다. 그리고 일본의「도시재생특별법」에서 볼 수 있듯이 민간참여를 유인할 수 있는 구체적 방안과 지원제도를 한국의「도시재생법」속에 구체적이고 상세히 명시하는 법규 개정이 필요하다.

[표 II-5] 한일 도시재생법 차이점 비교

	일본 「도시재생특별법」	한국 「도시재생법」
제 정 목적	급속한 국제화와 정보화, 고령화 및 저출산 등의 사회경제 정세의 변화에 도시가 제대로 대응하지 못하고 있는 점을 감안하여, 정세 변화에 대응할 수 있는 도시기능의 고도화 및 도시주거환경 향상을 도모하고, 도시방재 기능을 확보하면서 도시재생의	도시의 경제적·사회적·문화적 활력 회복을 위하여 공공의 역할과 지원을 강화함으로써 도시의 자생적 성장기반을 확충하고, 도시의 경쟁력을 제고하며, 지역 공동체를 회복하는 등 국민의 삶의

		추진에 관한 기본방침 등을 정한다.	질 향상에 이바지함을 목적으로 한다.
기 존 정 비 법 과 의 관계		1. 정비법과 별도의 재생법을 제정하여 운용하고 있다. 2. 재생법에서 필요한 내용은 기존 정비법에서 응용 또는 활용하고 있다는 점에서 혼합된 재생법이라고 할 수 있다.	1. 진정한 의미의 도시재생법이라기 보다는 공공이 중심이 된 도시재생법이며, 기존의 정비법이 확대된 개념이다. 2. 기존의 정비법과 크게 다를 것이 없는 도시재생법이라고 볼 수 있다.
민 간 참 여 관 련 법 규		제4장 도시재생긴급정비지역의 특별조치 제19조 민간도시재생사업계획 인정특례 제20조 민간도시재생사업계획 인정 제21조 민간도시재생사업계획 인정기준 등 제24조 민간도시재생사업계획 변경 제29조 민간도시기구에 의한 도시재생사업지원업무 제30조 민간도시개발법 특례 등 제5장 도시재생정비계획 관련 특별조치 제63조 민간도시재생정비사업계획 인정 제64조 민간도시재생정비사업계획 인정 등 제65조 정비사업계획 인정의 통지 제66조 민간도시재생정비사업계획 변경 제71조 민간도시기구의 추진에 따른 도시재생정비사업 지원업무 제78조 민간도시기구의 추진에 따른 도시편리증진협정추진 지원업무 등 제6장 입지적정화계획 관련 특별조치 제95조 민간유도시설정비사업계획 인정 제96조 민간유도시설정비사업계획의 인정기준 등 제98조 민간유도시설정비사업계획의 변경 제103조 도시기구의 추진에 따른 유도시설정비사업 지원업무 제104조 민간도시개발법의 특례 등 8장 도시재생 추진법인 제122조 민간도시기구의 추진에 따른 추진법인 지원업무	제4장 도시재생사업의 시행 제26조 도시재생사업의 시행자 제5장 도시재생 활성화를 위한 지원 제27조 보조 또는 융자 제30조 국유재산·공유재산 등의 처분 등 제31조 조세 및 부담금의 감면 등 제32조 건축규제의 완화 등에 관한 특례 제8장 혁신지구의 지정 등 제44조 혁신지구재생사업의 시행자
민 간 참 여 지 책		1. 과거 각각의 정비법 속에 민간투자 및 지원을 구체적으로 명시하고 있다. 2.「도시재생특별법」에서도 정부 지원금의 정도를 정하고, 민간투자를 적극 유인하고 있다. 3. 지역재생법은 지방공공단체가 중심이 되어 사업을 진행하기 때문에 민간투자보다는 의견수렴과 지역의 특성을 살리는 데 중점을 두고 있다.	1. 지원방법과 민간참여 방안과 제도가 구체적이고, 상세하지 못하다. 2. 민간의 의견수렴을 듣고자 한다고 하지만 도시와 지방의 구분 없이 정부권한에 따라 주도적으로 선정하고, 수익성이 떨어지기 때문에 민간투자는 아주 적게 들어오고 있다. 3. 현재의 도시재생은 민간참여에 대한 구체적이고 적극적인유인책이 없어 민간참여가 떨어지는 공공 주도의 형식적인 도시재생이다.

출처 : 이태광. 2018. 한국도시주거지 재생사업의 활성화 방안에 관한 연구. 한국주거학회

C-3. 소결론 및 시사점

한국도 지역특성을 반영할 수 있는 「도시재생법」 개정 필요 한국에서도 2013년 「도시재생법」이 제정되어 도시재생에 대한 시책이 본격적으로 추진될 수 있는 기반이 마련되었다. '국가도시재생기본방침수립' 및 '도시재생전략계획'과 '도시재생활성화계획수립'에 따른 지자체의 전략대상지역(도시재생활성화지역)을 지정해, 세부사업실행계획을 수립하는 데까지 빠른 속도로 추진되고 있다. 이렇게 급속도로 추진될 수 있었던 배경에는 하나의 법으로 전체 도시재생을 정의하고, 여기에 따라 일원화된 구조로 관련 정책 및 사업을 일체적으로 수행하고 있다는 점이 작용한 것이라 생각된다. 그러나 '재생 및 활성화'가 필요한 지역에는 각각 그들만의 고유한 지역적 특성과 문제를 가지고 있고, 여기에 따른 니즈 또한 다르게 작용하는 것이 현실인 것을 감안하면, 좀 더 다양한 측면에서의 선택이 가능하도록 정책을 수립하고, 이를 추진하는 방안에 대한 고려가 필요하다. 이러한 관점에서 일본에서 추진되고 있는 '도시재생 및 활성화 관련 정책'을 교훈으로 향후 한국에서 벤치마킹으로 활용해야 할 시사점은 다음과 같은 것들이 있다.

첫째, 일본의 경우 지역의 특성 및 니즈에 따라 다양한 선택이 가능할 수 있도록 법체계를 구성하고, 이에 따른 정책이 다원적이고, 중첩적인 구조를 가지고 추진되고 있다는 점이다. 기존에 추진되어 왔던 '마을만들기'를 기반으로 하는 중앙 또는 지역의 도시정책 기조를 유지하면서도, 당시 국가의 사회적 경제적 상황에 맞춘 여러 가지 시책이 순차적으로 수립되어, 중앙정부의 각 부처와 지자체에서 추진할 수 있는 고유의 범위와 특성에 맞도록 정책을 추진하고 있다. 이는 경제적 상황, 시기별 중점과제, 지역별 특성 및 현안 등 각각의 사안에 따라 개별적으로 추진되기도 하지만, 주로 기존의 시책에 다른 시책이 중첩적으로 적용되어 추진되는 구조를 보이고 있다. 이러한 구조는 유사한 정책들의 중복적 추진으로 자칫 복잡하게 보일 수도 있다는 단점을 가지고 있다. 그러나 지역이 가지고 있는 복잡하고 다양한 니즈를 수용하기 위해서는 여러 가지 정책을 거시적 관점에서부터 미시적인 관점까지 폭넓게 대응해야 한다는 점에서 유리하게 작용한다고 해석할 수 있다.

둘째, 복잡해지기 쉬운 다원적 중첩적 구조의 단점을 관계 부처의 각종 시책을 유기적으로 활용할 수 있도록 다양한 지역 활성화 관련 정책을 패키지화해 제시함으로써 보완하고, 관계되는 기관과의 연계방안을 마련하고 있다는 점이다. '지역 활성화 플랫폼' 또는 최근에 설치된 '지방창생 콘시어지(Consierge)' 등 내각 산하의 지원 조직을 통해, 다양한 정책을 '패키지형'으로 수립해 그 세부적인 항목을 지자체가 선택할 수 있도록 설정했다. 여기에 관계 각료들의 회합 및 조정회의를 통해 지자체에 대한 지원 방법을 구체화하거나, 실무적인 조정을 할 수 있도록 '정책 대응팀' 및 관련 '사무국'을 설치해 필요한 시책에 대한 제안 및 각종 지원방안을 실현하고 있다.

셋째, 도시재생 및 활성화의 실질적인 사업 추진에 있어 '민간의 활력'을 중심으로 하는 규제 완화 및 지원방안에 대해 다양성 및 구체성을 갖췄다는 점을 들 수 있다. 중앙정부 또는 지자체가 자체적으로 추진해야 하는 사업도 다수 존재하지만, 공공이 '도시재생 및 활성화'에 관련한 모든 사업에 대한 재정투입 또는 지원을 추진하는 데에는 한계가 존재한다. 따라서 '도시재생 및 활성화'가 성공적으로 추진되기 위해서는 각 지역에 필요한 공공사업의 추진뿐만 아니라, 민간의 개발사업의 원활한 추진을 유도하기 위해서 보다 많은 공공의 지원과 배려가 필요하다. 이에 따라 최근 기존의 특구제도(구조개혁특구)를 보완하고, 보다 강력한 규제개혁을 위한 '총합특구', '국가전략특구'제도 등을 도입했다. 기존의 지자체 또는 민간 기업이 추진하는 사업에 대해 장애로 작용하던 각종 규제를 완화해 민간이 주도적인 역할을 할 수 있도록 유도하고, 이에 대한 구체적인 방안을 논의함에 있어서도 민간이 참여할 수 있는 협의체계 및 지원 방안을 적극적으로 마련해 추진하고 있다(서울시 지역특화발전특구 운영 실태와 개선방향, 2016).

이상에서 일본에서 추진되고 있는 '도시재생 및 활성화 관련 정책'이 주는 시사점으로는 지역의 특성 및 니즈에 따라 다양한 선택이 가능할 수 있도록 법체계를 구성하고, 이에 따른 정책이 다원적이고, 중첩적인 구조를 가지고 추진되어야 한다는 점이다. 또한 다양한 지역 활성화 관련 정책을 패키지화해 제시함으로써 보완하고, 관계되는 기관과의 연계방안을 마련해야 한다는 점이다. 그리고 도시재생 및 활성화의 실질적인 사업 추진에 있어 '민간의 활력'을 중심으로 하는 규제 완화 및 지원방안에 대해 다양성 및 구체성을 갖춰야 한다는 점이다. 기존의 지자체 또는 민간 기업이 추진하는 사업에 대해 장애로 작용하던 각종 규제를 완화해 민간이 주도적인 역할을 할 수 있도록 유도하고, 이에 대한 구체적인 방안을 논의함에 있어서도 민간이 참여할 수 있는 협의체계 및 지원 방안을 적극적으로 마련해 주어야 한다(서울시 지역특화발전특구 운영 실태와 개선방향, 2016).

III

한국과 일본의 도시재생사업(경제)적 비교

[그림 III-1] 일본의 도시재생 추진체계도

(도시재생본부)

본부장: 내각총리, 부본부장, 내각관방장관, 지방창생담당, 국토교통대신
본부원: 본부장 및 부본부장 이외의 모든 국무대신

도시재생 기본방향(각의 결정)

민간의 활력을 중심으로 하는 도시재생	관민의 공익의 시설 정비 등에 관한 도시재생	토지이용의 유도 등에 의한 콤팩트 시티 추진

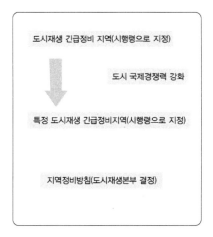

도시재생 긴급정비 지역(시행령으로 지정)

도시 국제경쟁력 강화

특정 도시재생 긴급정비지역(시행령으로 지정)

지역정비방침(도시재생본부 결정)

도시재생
계획(시정촌작성)

사회자본정비종합
교부금 활용

(재정 지원)

활력창출 등 법제도
도시 편의성 증진 협정,
도로점용 특례 등

민간 도시재생 정비
사업계획(국토교통대신
인가)

(금융 지원)

1. 거주유도 구역
도시계획/경관계획
(도시기능 유도구역)
특정용도 유도구역

2. 민간 유도 시설 등
정비사업 계획
(국토 교통대신 인가)
금융지원과 세제혜택

3. 유도시설의 건축 등
신고/ 일정 이상의
주택건축 등 신고/
거주 조정지역
나대지 등 관리 협정

출처 : 이태광. 2018. 한국도시주거지 재생사업의 활성화 방안에 관한 연구. 한국주거학회

A. 일본의 도시재생사업에 대하여

A-1. 일본의 도시재생사업에 대한 구조

일본은 기본적으로 도시재생사업이 「도시재생기본방침」과 「도시재생특별법」에 근거하여 진행된다. 먼저, 「도시재생기본방침」은 도시재생에 있어서 내각 결의로 결정된다. 도시재생에 필요한 조직의 공통지침을 정하고 있다. 「도시재생기본방침」은 2002년 7월 19일 제정되어 총 8차례 일부개정이 진행되었다. 「도시재생기본방침」으로 「도시재생특별법」에서 제4조 제1항에 총리대신은 도시의 재생에 대한 시책 중점적과 계획적 추진하기 위해서 기본적으로 방침 안을 작성하여 각의 결의를 요청하여야 한다. 「도시재생기본방침」에는 「도시재생특별법」에 근거하여 도시재생사업에 대해서 첫째, 특정도시재생긴급정비지역을 지정하는 정령 및 도시재생긴급정비지역을 지정하는 정령의 입안에 관한 기준과 기타 기본적인 사항이 있다. 둘째로 도시재생정비계획서 작성에 관한 기본적인 사항이 있고, 셋째에서 입지적정화계획에 따른 작성에 관한 기본적인 사항 등으로 크게 3가지가 규정되어 있다.

구체적 내용을 보면 「도시재생특별법」은 2002년 4월에 제정되었고, 일본 도시재생사업은 기본적 동법에 의거하여서 추진되고 있으며, 「도시재생특별법」은 총 10장 131조로 구성이 되어 있다. 도시재생사업에 대하여 제4장~제6장에 규정되어 있고, 「도시재생특별법」은 도시재생에서 일본은 첫째로 도시재생 긴급정비지역에 대한 것으로 '특별조치에 관한 규정'에 의한 사업이 있고, 둘째로 '도시재생정비계획에 의한 특별조치에 관한 규정'에 의한 사업이며, 셋째에서는 '입지적정화계획에 관한 특별조치에 의한 사업' 등으로 3가지로 크게 규정되어 있다. 일본의 도시재생사업은 「도시재생특별법」을 「도시재생의 기본방침」에 근거로 하여 크게 3가지 방식으로 구분된다.

A-2. 일본의 도시재생사업 특징

A-2-a. 민간 활력을 중심으로 한 도시재생사업

(1) 민간 활력의 도시재생긴급정비지역 등 지정 기준

일본에서의 도시재생은 민간의 참여와 주체의 중심으로 「도시재생기본방침」 제3장과 「도시재생특별법」과 제4장에서 근거를 볼 수 있다. 특히 「도시재생특별법」의 제4장은 도시재생긴급정비지역에 대해서 특별조치에 있다. 도시재생긴급정비지역으로 「도시재생특별법」 제4장의 제2조 제3항에서 근거를 볼 수 있는데 금융·도시계획 등 전반적인 정책에서 집중적인 추진으로 시가지정비에서 집중적 또는 긴급으로 추진해야 될 필요가 있다고 결정이 되거나 판단되는 대상지에서는 지정기준에 해당하고, 「도시재생기본방침」 제3장의 제1조 및 제2조에서는 도시재생의 추진이 필요한 대상지를 지정한다. 첫 번째 조기사업의 실시가 예상되는 도시개발사업 등 구역에 추가하여, 그 주변의 토지소유자들의 의견과 지방공공단체가 정한 계획에 근거로 하여 도시개발사업의 가능성이 있다고 인정되는 지역이다. 두 번째 도시 전체에 파급효과를 지니고 있어서 「도시재생기본방침」 제3장의 제1조와 제2조 내용으로 도시재생의 거점이 예상되는 적절한 토지이용 전환으로 장래에 기대되는 지역이다. 또한 「도시재생특별법」에서는 도시재생긴급정비지역 내에 있는 특정도시재생긴급정비지역을 지정하고 있다. 특정도시재생긴급정비지역은 「도시재생특별법」 제4장의 제2조 제5항에 근거하며 도시재생긴급정비구역 내에 있는 대상지는 도시의 국제경쟁력 강화에 연계가 되어 도시개발사업 추진이 예상되고 지역의 지방공공단체에서 관여하는 사업으로 국제적 경쟁력 거점으로서의 구체성과 실현성이 충분지역으로 국제경쟁력 강화를 위해 도시의 구상과 전략으로 수립·공표되어 있다. 지방공공단체에서 대상지역이 도시재생으로 관련된 제도로 적절한 운용 등 국가경쟁력 위해서 조직이 적절히 운영되고 있다고 평가 또는 인정되는 지역에 대해서도 역시 지정기준이 되고 「도시재생기본방침」 제3장의 제1조와 제2조에 맞추어 도시 국제경쟁력 강화를 위한 도시재생으로 기대되는 지역에 대해서 지정된다.

예를 들면 국제선과 국내선과 연계하는 신간센역에 위치하여 시설과 교통의 접근성이 좋아 국내와 국제의 교통망이 원활하고 왕래가 수월한 지역이 되어서 기업들의 활동을 경제적으로 활발하게 움직일 수 있는 지역이 향후 가치를 창출하거나 상승시킬 수 있는 지역이 지정이 된다.

(2) 민간 활력의 도시재생긴급정비지역 추진

우선 도시재생긴급정비지역과 함께 추진하는 것은 첫 번째 사업에 있어서 도시의 기능을 효율적, 효과적으로 다른 지역과 함께 도시의 기능을 향상시키는 지역으로 예상이 되는 징역을 추진하는데 산업의 고도화로 인하여 주의와 환경, 주변의 변화까지 효과적 파급효과가 나타날 수 있는 지역으로 추진한다. 두 번째로 주민의 안전에 중심이 되어야 하기 때문에 주민의 안전을 확보하기 위하여 방재의 대책을 마련해야 할 필요성으로 긴급하게 도시재생긴급으로 정비지역을 추진한다. 세 번째 지역의 국제적 경쟁 강화를 위하여 도시의 전략적 수립과 계획을 가지고 추진하는 데 앞서 지정지역과 정비방재에 있어서 내용상 상풍이 되거나 대립이 되지 않도록 하기 위하여 일체형이 되도록 지정과 함께 추진한다. 네 번째 「도시재생기본방침」 제3장의 제1조와 제2조 내용을 바탕으로 민간업체의 사업을 유도하고 독려하기 위하여 이를 응용하는 데 민간업체의 제안을 최대한 적용시켜 줄 뿐만 아니라 민간업체의 아이템 역시 인정해 주고 운영하고 사업을 하는 데 노력을 한다. 다섯 번째 민간업체에서 지원이 있어서 금융뿐만 아니라 각종 혜택과 사업에 필요한 특례를 적용하고 운영하는데 인허가로 인한 공·공익의 시설까지 확보하는 정비를 하는 데 있어서 중앙정부와 지방정부가 최선을 다해 적극적으로 지역의 정비를 신속하고 안전하게 추진하고 있다. 도시재생긴급정비지역은 민간사업자, 지방공공단체, 도시재생추진법인, 기타 등의 제안을 최대한 반영하고, 국가와 지방공공단체 이외에 다른 지역 관계자까지 구성된 도시재생긴급정비협의회를 형성하고 조직화하여 사업에 대한 조율과 신속한 결정으로 한다. 도시재생긴급정비지역으로 지정된 지역에 대해서는 사업추진 시 도시의 국제경쟁력 강화를 위해 필요한 시책을 신속하고, 중점적으로 추진하고 있으며, 시책의 효과를 사후 평가하여 상시적으로 수정과 보완을 진행하고 있다.

　도시재생긴급정비지역에서는 「도시재생기본방침」 제3장 제1조와 제2조의 내용 외에 국토의 이용 및 개발과 보전에 관한 국가의 종합계획과 일치하여야 하며, 동일본 대지진을 통해 얻은 경험을 바탕으로 방재기능의 충실, 녹지, 물, 대기, 생물의 다양화, 에너지와 경관 등의 도시환경의 보전과 개선, 종전 거주자의 거주확보 등을 중점적으로 배려하고 있다. 도시재생긴급정비구역으로 지정된 지역에 대해서는 글로벌하게 업무를 진행할 수 있는 것을 고려하여 국제경쟁력 강화와 경관 형성과 대규모 재해에 대비하는 피해의 발생억제, 행정 및 업무 기능의 지속성이 가능한 정비를 중점적으로 하는 데 있어서 「총합특별지구법」에 의한 '국제전략총합특구제도'와 산업 국제경쟁력 강화에 관해서 시책과 연관성의 제휴를 하고 있다. 이때 중앙정부와 지방정부 그리고 각 부처의 공공단체 이외에 도시개발사업을 시행하는 민간업체 등이 포함된 도시재생긴급정비협의회를 조직화하여 정비계획을 작성하고 사업을 추진한다. 도시 전체 기능상 경제적, 사회적, 지리적으로 관련 있다고 예상되어 겹치는 도시재생긴급정비지역의 경우 도시재생을 효율적으로 하기 위하여 도시의 전체 균형을 위해 각 지역 간의 장점을 살리고, 단점을 보완하여 지역 간의 역할분담을 하고 상호적으로 연동하여 추진하고 있다. 또한 특정도시재생긴급정비지역 지정 이후 일정기간이 지나면 지역의 민간업체, 지방정부와 공공단체가 도시재생 조직의 상황을 정기적으로 평가하여서 결과를 바탕으로 정비방침 등을 보완, 수정하고 있으며, 도시재생긴급정비지역도 마찬가지다.

A-2-b. 민간의 공익시설 정비 등에 의한 전국도시재생사업

(1) 민간 공·공익시설의 전국도시재생사업 추진

전국도시재생사업에 있어서 전국 도시를 대상이 「도시재생기본방침」 제3장의 제1조와 제2조에 근거로 추진된다. 전국도시재생사업의 목적은 지역경제 및 사회 활성화, 일상생활의 질 향상을 도모하는 것이고, 시정촌 (市町村)과 주민을 포함하여 다양한 주체로 구성되어 국가적 지원으로 추진된다. 전국도시재생사업이 시정촌(市町村) 「도시재생특별법」 제46조 제1항의 규정으로 작성된 도시재생정비계획에 의해서 수행이 된다. 시정촌(市町村)은 도시재생에 공·공익시설의 정비를 중점적으로 실시해야 할 지역으로 「도시재생기본방침」 근거해서 해당 공·공익시설의 사업과 정비에 관해서 계획을 작성한다. 도시재생정비계획이 주민을 포함한 다양한 주체들의 창의와 아이템을 최대한 살린 조직으로 구성하면서, 시정촌(市町村) 자율성에 대하여 존중하고, 고령화·저출산 등 해당사회의 변화, 지역의 생물의 다양화/역사·풍토·경관산업구조/교통안전과 시가지 안정/방재 등 다양한 지역특성에 맞는 지역의 유·무형 자원이 최대한 활용되는 창의와 아이템을 최대한 발휘하는 것을 목적으로 한다.

(2) 민간 공·공익시설의 도시재생정비계획 주요 내용

도시재생정비계획사업 추진함에 있어서 얻게 되는 결과를 중요시하면서 소프트웨어에 대한 충실을 기하여 사업이 효율적·전략적으로 실시하는 것이다.첫째, 사업을 통해 얻게 될 결과를 중시하고, 계획에 기초하여 실시되는 사업·시책에 대해서 가능한 한 객관적으로 투명성이 높은 적정한 평가가 얻어져야 한다. 둘째, 기존 시설의 활용과 소프트웨어 시책과의 제휴, 그리고 민간을 시작으로 한 다양한 주체에 의한 적극적 조직 등을 중시함을 물론, 사업·시책의 효율적 실시와 문화, 환경, 식물다양화, 거주 등 도시 기능의 증진이 도모되어야 한다. 셋째, 구조개혁특별구역, 지역재생계획, 중심시가지활성화기본계획, 역사적 풍치유지향상 계획, 관광시책 등의 활용을 포함하여, 관련 있는 제 시책과 일체적으로 제휴하여, 상승효과의 발휘를 도모해야 한다. 넷째, 장래에 지속적이고, 일체적으로 도시의 다양한 기능을 확보하는 시책의 추진관리가 도모되어야 한다(김준환, 2018).

[표 III-1] 도시재생정비계획의 기재 사항

① 도시재생정비계획의 구역 및 면적
② 구역 내 도시재생에 필요한 다음의 사업에 관한 내용 - 공공 · 공익시설 정비에 관한 사업 - 시가지재개발사업 - 방재가구정비사업 - 토지구획정리사업 - 주택시설 정비에 관한 사업 - 그 외 국토교통성령에서 정한 사업
③ ②의 사업과 일체적으로 수행하는 것이 효과적이라 판단되며, 이를 위해 필요한 사무 또는 사업에 관한 사항
④ ②의 사업에 의해 정비된 공공 · 공익시설의 적절한 관리를 위해 필요한 사항
⑤ 계획기간
⑥ 도시재생에 필요한 공공 · 공익시설 정비 등에 필요한 방침

출처: 「도시재생특별법」 제5장 46조 2 김준환, "일본의 도시재생 사업방식에 관한 고찰", 대한부동산학회,

김준환(2018)은 도시재생정비계획은 민간 마치즈쿠리(まちづくり)의

활용과 제휴·협동을 사업의 중요한 수단으로 하고 있다. 세부 내용으로는 첫째, 계획·사업·운영에 지역단체 등의 적극적인 참가와 민간을 시작으로 다양한 조직에 따른 추진과 아이디어·노하우 등의 활용이 필요하다. 또한 시정촌(市町村)에 의한 도시재생추진법인의 지정을 적극 추천하는 것 외에 필요에 따라 시정촌(市町村)도시재생협의회를 조직함으로써, 민관제휴 조직의 강화를 모색해야 한다. 이때 시정촌(市町村)도시재생협의회 구성원에 관련 도로관리자, 공원관리자, 기타 행정기관 등이 포함되며, 교통사업자와 물류사업자 등의 협력을 구하는 등 조직의 유연한 운영을 도모해야 한다.

둘째, 마치즈쿠리에 관한 민간, 산·학, NPO, 일반사단법인과 일반재단법인, 마치즈쿠리회사, 전문가 등에 의한 주체적인 활동과 시정촌(市町村)에 의한 활동과 협동 등 유연성 있게 사업이 진행되어야 한다.

셋째, 계획지역에서 도로점유특례를 적절히 활용하고, 도로 공간의 오픈스페이스화와 적절한 유지관리가 필요하다. 또한 도시재생정비기본계획에 도로점용특례에 관해 기재 시 도시재생, 도로통행자 또는 이용자의 편리증진에 도움이 되도록 점용주체가 수행하는 도로교통환경의 유지 및 향상을 도모하기 위한 조치를 계획에 반영해야 한다.

넷째, 계획지역에서 도시공원 점용특례를 적절이 활용하여, 도시의 번화함 창출 및 적절한 유지관리가 도모되어야 한다. 도시재생정비계획에 도시공원 점용특례에 관한 기재를 할 때 도시 거주자, 방문자 또는 체재자의 편리증진에 기여하도록 점용주체가 수행하는 도시공원환경의 유지 및 향상을 도모하기 위한 조치를 계획에 반영하여야 한다.

다섯째, 계획지역에 있어서 도시공간의 유효활용, 활성화를 도모함과 동시에 도시재생정비 보행자경로협정 및 도시편리증진협정 등을 활용하고, 도시재생추진법인을 포함한 다양한 주체에 의한 활동과의 제휴 아래, 공용공간의 적절한 유지관리가 도모되어야 한다.

여섯째, 계획지역에서 저이용·미이용 토지의 전략적인 유효활용과 활기 창출을 도모함과 동시에 저이용·미이용 토지이용촉진협정 등을 활용하고, 도시재생추진법인 등의 아이디어· 노하우 등을 활용한 공지와 빈 점포 등의 재생을 도모하여야 한다.

일곱째, 도시재생정비계획에 도시재생추진법인, 민간기업 등이 수행하는 마치즈쿠리 활동과 도로통행자 또는 이용자, 도시거주자 등의 편리증진에 도움이 되는 조치 등을 종합적으로 계획에 반영하여, 민간을 시작으로 다양한 주체에 의해 조직이 움직일 수 있도록 해야 한다(김준환, 2018).

A-2-c. 토지이용유도 등에 의한 콤팩트시티(집약도시) 추진 사업

김준환(2018)에 따르면 시정촌(市町村)은 「도시계획법」 제4조 제2항의 규정에 의해 도시계획구역 내의 구역에 대해 「도시재생기본방침」에 근거하여 주택 및 도시기능증진시설의 입지 적정화를 도모하기 위해 계획(이하 입지적정화계획이라 함)을 작성할 수 있다. 입지적정화계획은 일정한 인구밀도를 유지하기 위한 생활서비스 기능의 유지와 인프라 비용의 억제 등에 의한 지속가능한 도시경영의 실현을 도모하기 위해 도시전체의 관점에서 도시기능과 의료·복지 등 도시기능의 입지, 공공교통의 충실 등에 관한 포괄적인 마스터플랜으로 작성된 것이며, 「도시재생기본방침」 제1조 1항 도시의 기본적 구조와 자세와 제2조 2항 도시의 콤팩트화 추진 등에 나타난 이념을 현실에 실현하기 위해 작성된 것이다. 입지적정화계획에는 장래 인구동태와 인구밀도 등을 감안하여, 중기적으로 도시의 생활을 지지하는 것이 가능하도록 도시구조에 대한 계획을 포함시킴과 동시에 마치즈쿠리 이념, 장래에 목표로 하는 콤팩트시티의 구체화된 모습, 그리고 이를 실현하기 위한 주요 과제와 시책 등이 담겨져 있다. 콤팩트시티의 구체적 계획에는 입지적정화계획에 있어서 거주유도구역과 도시기능유도구역 등의 지역을 설정한다. 이때 지역의 실정과 역사·연혁 등의 특성을 배려하고, 거주유도구역에 있어 주거의 상태와 도시기능유도구역에 유도되는 시설의 배치를 포함해야 하며, 어느 정도 구체적·정량적인 장래 도시의 모습을 나타내야 한다. 이처럼 입지적정화계획은 도시전체의 관점에서 마치즈쿠리 이념과 장래 도시의 모습을 담아야 하며, 도시재생정비계획을 작성하는 경우에도 입지적정화계획의 내용을 기본으로 하여야 한다. 입지적정화계획에 있어서는 「도시재생기본방침」 제1조 1항과 제2조 2항에 나타난 이념을 현실에서 실현하기 위해 다음의 내용에 기초하여 계획을 작성하고, 운용하여야 한다. 김준환(2018)에 의하면 첫째, 합의형성 과정이다. 입지적정화계획의 작성, 특히, 거주유도구역과 도시기능유도구역의 설정에 있어서는 공청회와 설명회 등 주민설명과 정보공개를 통해 주민의 합의형성 프로세스를 거치고, 도시기능에 관계된 민간사업자와 방재관계기관 등의 의견을 폭넓게 청취하면서 수행해 나가야 한다. 둘째, 입지적정화계획의 내용을 실현하기 위해서는 인접 시정촌(市町村) 등과의 제휴와 조정이 중요하다. 셋째, 입지적정화계획은 10년 후, 20년 후 중기적인 도시의 모습을 구체적으로 나타내고, 이를 달성하기 위해 각종 유도조치를 활용하여 거주와 생활서비스 기능을 중기적으로 일정한 지역에 유도해 가는 것이기 때문에 계획의 책정 후에도 지역의 실정과 시대의 변화에 맞게 계획을 부단히 수정해 나가야만 한다. 넷째, 입지적정화계획에 있어서는 계획의 실시상황 조사, 분석 및 평가를 수행하는 것이 중요하기 때문에 시정촌(市町村)에 의한 자기평가, 시정촌(市町村) 도시계획심의회 등 전문성·중립성을 가진 조직을 활용한 제3자 평가 등을 실시해야 한다. 다섯째, 입지적정화계획은 토지이용규제의 지침이 되는 동시에 유도적 수법의 플랜도 되는 성격을 모두 가지고 있기 때문에 도시계획과의 유기적인 제휴를 도모해야 한다(김준환, 2018).

이상에서 일본의 민간 활력을 중심으로 한 도시재생사업은 「도시재생특별법」에는 도시재생긴급정비지역 내에 특정도시재생긴급정비지역을 지정하고 있다. 도시재생긴급정비지역은 전국 도시재생의 움직임과 도시개발사업과 함께 추진되는 도시기능 고도화를 위한 조직의 성숙도에 대응하여, 조기에 효과를 보일 것으로 예상되는 지역에 대해 지정한다. 더불어 「도시재생특별법」에는 도시재생긴급정비지역 내에 특정도시재생긴급정비지역을 지정하고 있다. 특정도시재생긴급정비지역은 도시재생긴급정비구역 내에 해당 도시의 국제경쟁력 강화에 연계되는 도시개발사업 등의 추진이 예상되고, 지역의 지방공공단체가 관여하는 사업으로 국제경쟁력 강화 거점으로서 실현성과 구체성이 충분한 지역에 국제경쟁력 강화를 위해 도시구상과 전략이 수립·공표되어 있고, 지방공공단체에 의해 해당 지역이 도시재생에 관련된 제도의 적절한 운용 등 국가경쟁력 강화를 위해 조직이 적절히 운영되고 있다고 인정되는 지역에 대해 도시 국제경쟁력 강화를 위해 도시재생이 기대되는 지역에 대해 지정한다(김준환, 2018). 또한 민관의 공공·공익시설 정비 등에 의한 전국도시재생사업은 전국도시재생사업의 추진이 대표적이다. 전국도시재생사업은 전국의 도시를 대상으로 일상생활의 질 향상과 지역경제 및 사회 활성화를 도모하는 것을 목적으로 하며, 시정촌(市町村)과 민간을 포함한 다양한 주체에 의해 구성된 조직과 국가의 지원에 의해 진행된다. 그리고 토지이용유도 등에 의한 콤팩트시티 추진 사업을 위해 입지적정화계획을 활용하고 있다. 입지적정화계획에는 장래 인구동태와 인구밀도 등을 감안하여, 중기적으로 도시의 생활을 지지하는 것이 가능하도록 도시구조에 대한 계획을 포함시킴과 동시에 마치즈쿠리 이념, 장래에 목표로 하는 콤팩트시티의 구체화된 모습, 그리고 이를 실현하기 위한 주요 과제와 시책 등이 담겨져 있다(김준환, 2018).

A-3. 일본의 도시재생사업 시사점

A-3-a. 일본식 도시재생 '민관 상생'의 경험

강민이(2018)에 의하면 일본식 도시재생이 성공한 이유로 민관 상생의 경험을 꼽는다. 관은 용적률 상향을 통한 '당근'으로 기업의 인프라 투자를 독려하고 기업은 상향된 용적률로 사업성을 보상받아 지역발전을 이끄는 선순환 구조가 작동한다는 설명이다. "도쿄와 달리 서울의 특정 지역, 특정 프로젝트 용적률을 1,800%로 높여 준다면 특혜 시비가 끊이지 않겠죠. 민간을 최대한 끌어들여 개발비용을 줄이고 정부는 그만큼 수익을 환수해 임대주택을 공급하면 되는데 상생의 경험이 없다 보니 서로 믿질 못하는 것이죠. 도시재생을 정부나 공기업이 직접 하려는 게 문제입니다."

A-3-b. 일본 도시재생사업의 구조와 방식의 시사

김준환(2018)에 의하면 일본 도시재생사업의 구조와 방식이 우리나라 도시재생사업에 주는 시사점은 다음과 같다. 첫째, 일본의 도시재생사업이 도시재생긴급정비지역에 관한 특별조치에 관한 규정에 의한 민간의 활력을 중심으로 한 도시재생사업, 도시재생정비계획에 의한 특별조치에 관한 규정에 의한 관민의 공공·공익시설정비 등에 의한 전국도시재생사업, 입지적정화계획에 관한 특별조치에 의한 토지이용유도 등에 의한 집약도시정비사업 등 크게 3가지가 있다.

둘째, 민간의 활력을 중심으로 한 도시재생사업은 도시재생긴급정비지역과 특정도시재생긴급정비지역 내에서 수행된다. 도시재생긴급정비지역은 도시계획·금융 등 제반 시책의 집중적인 추진이 예상되고, 시가지정비를 긴급 또는 집중적으로 추진할 필요가 있다고 판단되는 지역이 해당된다. 특정도시재생긴급정비지역은 도시재생긴급정비구역 내에 해당 도시의 국제경쟁력강화에 연계되는 도시개발사업 등의 실시가 예상되고, 또한 지역 지방공공단체가 관여하는 사업으로 국제경쟁력 강화 거점으로서 실현성과 구체성이 충분한 지역에 국제경쟁력 강화를 위해 도시구상과 전략이 수립·공표되고, 지방공공단체에 의해 해당 지역에서 도시재생과 관련된 제도의 적절한 운용 등 국가경쟁력 강화를 위해 조직이 적절히 운영되고 있다고 인정되어 있는 지역이 해당된다.

　셋째, 관민의 공공·공익시설정비 등에 의한 전국도시재생사업은 일상생활의 질 향상과 지역경제 및 사회 활성화를 도모하는 것을 목적으로 하며, 시정촌(市町村)과 민간을 포함한 다양한 주체에 의해 구성된 조직과 국가의 지원에 의해 수행된다. 전국 도시재생사업은 도시재생정비계획에 따라 수행되는데, 시정촌(市町村)은 도시재생에 필요한 공공·공익시설의 정비를 중점적으로 실시해야 할 지역에 대해서 해당 공공·공익시설의 정비에 관한 계획을 작성해야 한다.

　넷째, "토지이용유도 등에 의한 콤팩트시티 정비사업"은 도시계획구역 내의 구역에 대해 주택 및 도시기능 증진시설의 입지적정화를 도모하기 위해 작성된 입지적정화계획에 의해 수행된다. 입지적정화계획은 일정한 인구밀도를 유지하기 위한 생활서비스 기능의 유지와 인프라 비용의 억제 등에 의한 지속가능한 도시경영의 실현을 도모하기 위해 도시전체 관점에서 도시기능과 의료·복지 등 도시기능의 입지, 공공교통의 충실 등에 관한 포괄 적인 마스터 플랜으로 작성된 것이며, "도시의 콤팩트화 추진 등"에 나타난 이념을 현실에 실현하기 위해 작성된 것이다. 콤팩트시티의 구체적 계획에는 입지적정화계획에 있어서 거주유도구역과 도시기능유도구역 등의 지역을 설정한다. 문재인 정부는 주요 정책과제로 도시재생뉴딜정책을 책정하고, 도시재생사업을 중점적으로 추진하였다. 이러한 시점에 지역의 특성과 상황, 환경에 맞게 사업방식을 나누고, 사업의 핵심 추진주체를 달리하는 일본의 도시재생사업 방식에 대한 시사점은 크다고 할 수 있다. 특히, 저출산·고령화로 인한 인구감소로 지방도시의 쇠퇴에 적극적으로 대응하기 위해 2014년 법 개정을 통해 입지적정화 계획에 관한 제도를 도입하여 지방도시의 축소와 집적화, 개발의 제한 등을 추진하는 콤팩트시티사업은 적극적으로 도입을 검토할 시점이라고 생각된다.

B. 한국의 도시재생사업에 대하여

B-1. 한국의 도시재생사업 구조

B-1-a. 한국의 도시재생이란?

인구의 감소, 산업구조의 변화, 도시의 무분별한 확장, 주거환경의 노후화 등으로 쇠퇴하는 도시를 지역역량의 강화, 새로운 기능의 도입·창출 및 지역자원의 활용을 통하여 경제적·사회적·물리적·환경적으로 활성화시키는 것을 말한다.

(도시재생 활성화 및 지원에 관한 특별법 제2조)

[그림 Ⅲ-2] 한국의 지속가능한 도시발전의 순환도

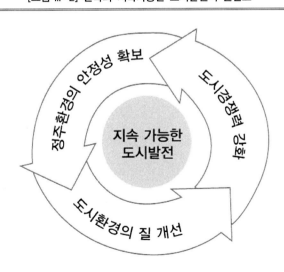

(1) 도시 쇠퇴지표

도시재생 대상지역은 인구감소, 사업체 수 감소, 생활환경 악화와 관련된 5개 법정지표를 기준으로 선정한다.
(도시재생 활성화 및 지원에 관한 특별법 제13조 및 시행령 제17조)

◈ **인구감소**

지난 30년 중 가장 많았던 시기에서 20% 이상 감소

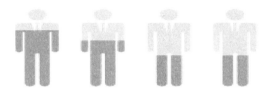

• 최근 5년간 3년 연속 감소

◈ **사업체 수 감소**

지난 10년 중 가장 많았던 시기에서 5% 이상 감소

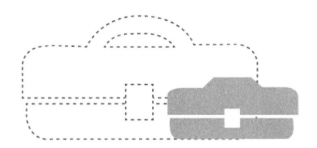

• 최근 5년간 3년 연속 감소

◈ 생활환경 악화

- 20년 이상 노후건축물 50% 이상

(2) 도시재생 추진절차

[그림 III-3] 한국의 도시재생 추진체계도

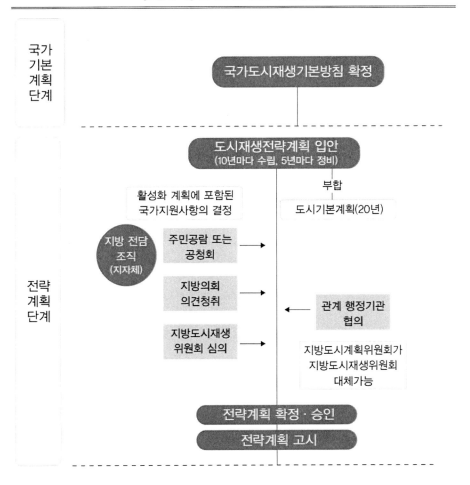

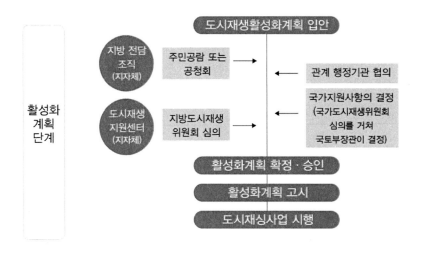

(3) 추진배경

저성장, 저출산, 고령화 등으로 외곽개발 위주 도시정책이 한계에 도달하고, 생활밀착형 도시재생정책의 중요성 증대

: 전국 3,470개 읍·면·동 중 2,239개(65%)가 도시쇠퇴 징후

: 역사성과 문화가치를 내포하고, 다양한 계층이 모이는 기성시가지의 재생을 통한 경쟁력 강화

도시재생은 도시문제 해결과 경쟁력 강화를 위한 국가적 과제

: 주요 선진국도 국내와 비슷한 시점인 1인당 GDP 2~3만 달러, 도시화율 80%대 진입 시기에 도시정책을 도시재생정책 위주로 전환

(4) 국가 도시재생 비전 및 목표

(비전): 국민이 행복한 경쟁력 있는 도시 재창조

(목표)

① 일자리 창출 및 도시경쟁력 강화

② 삶의 질 향상 및 생활복지 구현

③ 쾌적하고 안전한 정주환경 조성

④ 지역 정체성 기반 문화 가치, 경관 회복

⑤ 주민역량 강화 및 공동체 활성화

(5) 국가 도시재생 중점 시책

① (도시정책 패러다임 전환) 신규 용지수요는 기성시가지재생을 통해 공급하고, 기존도시 정주여건·매력 극대화

② (재정지원 확대) 각 부처의 도시재생 관련사업 예산을 쇠퇴지역에 집중 지원하고, 추가로 마중물 예산 지원

③ (금융지원·규제완화) 주택기금을 도시재생사업에 지원하고, 다양한 금융기법 도입, 맞춤형 규제특례 및 국·공유지 활용

④ (역량 강화 및 공동체 활성화) 협동조합, 마을기업 등을 도시재생의 주체로 육성, 주민교육·전문가 양성 등

(6) 도시재생 선도지역 지정 기준 등

사업구상의 적정성, 지역의 쇠퇴도, 지자체의 추진역량, 파급효과, 국정과제 연계성 등을 종합적으로 고려·지정

(7) 도시재생에서 각 주체별 역할

① 주민의 역할

주민은 도시재생계획 수립 과정에서 지역 자원을 새롭게 발굴하고, 독창적이고 특색 있는 아이디어를 제안하며, 사업 시행과 이후 운영·유지관리 단계에서 적극적으로 참여한다. 또한, 주민협의체를 구성하고, 지방자치단체, 정부, 민간투자자 및 기업 등과 협력체계를 구축한다.

② 지방자치단체의 역할

주민의 아이디어를 바탕으로, 도시재생전략계획과 도시재생활성화계

획을 수립하고 도시재생사업을 추진하다. 이 과정에서 부서 간 칸막이를 제거하고 협업함으로써 다양한 사업들이 목표한 효과를 낼 수 있도록 관리하고 도시재생사업의 각 참여 주체간의 이해관계와 갈등을 조정한다. 또한, 도시재생특별회계를 설치하는 등 재정적으로 지원하고, 건축규제 완화 특례의 부여, 주민교육과 전문가 파견 등을 통해 도시재생사업을 촉진한다.

③ 국가의 역할

관계 법령 정비 및 특례·금융지원 등 도시재생을 지원하기 위한 정책과 제도를 마련하고, 유형별 사업모델을 제시하며, 주민·지방자치단체가 활용할 수 있는 도시재생기술·기법을 개발하고 보급한다. 재정 지원을 통해 민간투자를 견인하고, 각 부처의 도시재생 관련 예산을 쇠퇴지역에 집중 지원하는 체계를 마련함으로써 동일한 재원으로 예산지원의 효과를 극대화한다.

④ 민간투자자 및 기업의 역할

다양한 투자·개발기법을 발굴하여 지방자치단체와 정부에 제안하고, 저평가된 도시공간의 가치를 증진시키기 위한 도시재생사업을 시행함으로써 쇠퇴한 도시에 상업, 업무, 첨단산업 등 고용기반을 창출한다. 또한, 지역의 경제, 복지, 문화 발전을 위한 후원 활동과 기부 등 사회적 공헌을 통해 도시재생에 기여한다.

⑤ 도시재생지원기구/ 도시재생지원센터의 역할

주민교육 프로그램을 개발하고 교육을 시행함으로써 주민의 도시재생 역량을 증진하고, 도시재생전문가를 양성하고 파견하는 것을 지원한다. 주민의 아이디어를 도시재생사업으로 구현하기 위한 계획 수립 등을 지원하고, 마을기업의 창업·운영 등에 대한 컨설팅을 시행한다.

B-1-b. 도시재생 뉴딜사업 유형

문재인 정부의 도시재생 뉴딜사업은 사업의 성격과 규모 등에 따라 5가지 유형으로 구분하고 각 유형에 따라 국비를 차등하여 지원(50억~250억)할 계획이었다. 5가지 유형으로는 우리동네살리기(소규모 주거), 주거지지원형(주거), 일반근린형(준주거), 중심시가지형(상업), 경제기반형(산업) 등이다. 2017년도는 사업시행 첫해인 만큼 사업성과가 빨리 나타날 수 있도록 주민협의나 계획수립 등이 잘 준비된 사업을 우선 선정하였다. 또한 선정사업을 향후 우수사례로 발전시킬 수 있도록 지역 특성을 잘 활용한 특화사업을 중점 선정할 계획이었다. 아울러 부동산 시장 안정을 최우선으로 고려하여 사업을 선정하였으며, 부동산시장 과열을 초래하지 않도록 지속 관리한다는 것이었다. 선정규모는 총 70곳 내외로 이 중 45곳을 광역지자체가 선정토록 하며, 그 외에 중앙정부 선정 15곳, 공공기관 제안형 10곳 수준으로 한다는 계획이었다. 사업선정을 위한 평가는 서면평가 → 현장실사 및 컨설팅 → 종합평가 단계로 이루어지며, 사업의 시급성과 필요성, 사업계획의 타당성, 사업효과 항목을 평가지표로 확정했다.

[표 III-2] 뉴딜사업 유형별 특징

유형	내용	대상지역	면적규모(㎡)	평가주체	사업 수
우리동네살리기	기초적 기반시설 있는 생활권 내로 주거지의 노후로 인구유출이 발생하는 지역 생활편의시설 공급 및 소규모 주택정비사업 등으로 마을 공동체 회복	소규모 저층 단독주택지역	5 만 이하	광역지자체	45곳 (광역지자체별 최대 3곳) ·지자체 규모 등 고려 (세종, 제주2)
주거지 지원형	골목길 정비와 소규모 주택 정비를 위한 주택개량 사업을 통해 생활편의시설 공급 및 소규모 주택정비사업 등으로 주거지 전반의 여건 개선	저층 단독주택지역	5~10만		
일반근린형	마을가게운영, 보행환경 개선 등을 지원하는 사업. 지역의 대상 중 골목상권과 주민공동체를 위한 목표로 주민공동체 거점 조성.	골목상권과 주거지 혼재	10~15만		

중심시가 지형	문화와 역사 그리고 관광으로 활력증 진을 위한 상권을 지원하는 사업과 공 공서비스지역 중 원도심이 쇠퇴한 지 역이 대상이다.	상업, 창업, 역사, 관광, 문화예술 등	20만 내외	중앙 (국 토 교 통 부)	15곳(경쟁방 식) ·경제기반형 2곳 내외
경제 기반형	복합앵커시설 등 신경제거점을 형성하 고, 일자리를 창출하는 상업, 도시와 국가 차원의 경제적 쇠퇴가 심각한 지 역 대상.	역세권, 산 단, 항만 등	50만 내외		

출처 : 국토교통부, 2017 도시재생 뉴딜사업 선정 가이드라인김민지(2020).[blog.naver.com] 도시재생
뉴딜사업이란?

B-1-c. 기존 도시재생과 문재인 정부의 도시재생 뉴딜과의 차이점

기존 도시재생과 문재인 정부의 도시재생 뉴딜과의 차이점은 다음과
같다.

첫째, 주거문제 해결에 집중되어 있다. 주거사업 중에서 도시재생의
유형을 세분화 하면서 제시를 하였는데 주로 공공임대 주택 공급으로 토지
임대부와 환매조건부 등이다. 둘째, 권장사업에서 소규모의 사업을 중심으
로 하는데 면적을 5만㎡에서 50만㎡ 이하로 줄였다. 셋째, 개발 사업에
있어서 농어촌과 도시 활력 회복을 도시재생의 뉴딜사업으로 포괄하고 있
다. 넷째, 광역자치단체의 권한을 대폭 확대하였다. 우리동네살리기, 주거
지원형, 일반근린형의 경우 광역자치단체가 시군구의 신청을 받을 수 있도
록 하였고, 평가와 선정 권한을 위임하였다. 다섯째, 젠트리피케이션을 강
화하였다. 원주민들의 내몰림 현상을 방지하기 위해 원도심, 전통산업 집적
지, 전통시장 등의 집약적 정비를 통해 일자리를 창출하며, 저소득층을 위
한 주거공간, 영세소상공인을 위한 상업공간 확보 의무화 등의 조항을 추
가하였다(이완건 외, 2017).

B-2. 한국의 도시재생사업 구조

B-2-a. 도시재생사업의 정의

한국의 「도시재생법」에서 정의하는 도시재생사업은 도시재생활성화지역에서 도시재생활성화계획에 따라 진행하는 다음에 해당하는 사업을 말한다. 국가 차원에서 지역발전 및 도시재생을 위하여 추진하는 일련의 사업, 지방자치단체가 지역발전 및 도시재생을 위하여 추진하는 일련의 사업, 주민 제안에 따라 해당 지역의 물리적·사회적·인적 자원을 활용함으로써 공동체를 활성화하는 사업이다. 또한 「도시 및 주거환경정비법」에 따른 정비사업 및 「도시재정비 촉진을 위한 특별법」에 따른 재정비촉진사업, 「도시개발법」에 따른 도시개발사업 및 「역세권의 개발 및 이용에 관한 법률」에 따른 역세권개발사업, 「산업입지 및 개발에 관한 법률」에 따른 산업단지개발사업 및 산업단지 재생사업, 「항만법」에 따른 항만재개발사업이다. 그리고 「전통시장 및 상점가 육성을 위한 특별법」에 따른 상권활성화사업 및 시장정비사업, 「국토의 계획 및 이용에 관한 법률」에 따른 도시·군계획시설사업 및 시범도시(시범지구 및 시범단지를 포함한다) 지정에 따른 사업, 「경관법」에 따른 경관사업, 「빈집 및 소규모주택 정비에 관한 특례법」에 따른 빈집정비사업 및 소규모주택정비사업, 「공공주택특별법」에 따른 공공주택사업, 그 밖에 도시재생에 필요한 사업으로서 대통령령으로 정하는 사업이다.

B-2-b. 도시재생사업의 구조

한국 「도시재생법」 제4장 도시재생사업 시행에 따르면 도시재생사업의 구조는 다음과 같다.

첫째, 도시재생사업의 시행에 따르면 도시재생사업은 이 법에서 정한 사항 외에는 해당 사업의 시행에 관한 사항을 규정하고 있는 관계 법령에 따라 시행한다. 도시재생활성화계획이 고시되기 전부터 도시재생활성화지역에서 시행 중이거나, 그 시행이 확정된 제2조 제7호 각 목의 사업이 도시재생활성화계획에 포함된 경우에는 해당 사업을 이 법에 따른 도시재생사업으로 본다(「도시재생법」제25조).

둘째, 도시재생사업의 시행자에 따르면 도시재생사업 중 다른 법률에서 사업시행자에 대하여 별도로 규정하지 아니한 사업의 경우에는 다음의 자 중에서 전략계획수립권자 또는 구청장 등이 사업시행자를 지정할 수 있다([gwangjuse.softedu.co.kr] 법률, 조례 도시재생 활성화 및 지원에 관한 특별법 [일부개정 2017. 12. 26]).

지방자치단체, 대통령령으로 정하는 공공기관, 「지방공기업법」에 따라 설립된 지방공기업, 도시재생활성화지역 내의 토지소유자, 마을기업, 「사회적 기업 육성법」 제2조 제1호에 따른 사회적 기업, 「협동조합기본법」 제2조 제3호에 따른 사회적 협동조합 등 지역주민단체 등이다. 또한 도시재생활성화계획이 고시되기 전부터 도시재생활성화지역에서 시행 중이거나, 그 시행이 확정된 제2조 제7호 각 목의 사업이 도시재생활성화계획에 포함된 경우 해당 사업의 시행자를 도시재생사업의 시행자로 본다(「도시재생법」제26조).

B-3. 「도시재생법」 제정 이전의 도시재생사업

B-3-a. 살고 싶은 도시 만들기 사업과 시범마을 만들기 사업

한국의 경우 「도시재생법」 제정 이전에는 2005년부터 참여정부에서 추진한 균형발전정책으로 '살고 싶은 도시 만들기 사업'이 있었다. 이 사업은 도시를 사람들의 일터, 삶터, 놀이터로 정의하고, 일터에 해당하는 일자리, 삶터에 해당하는 주거·교통·교육·안전, 그리고 놀이터에 해당하는 환경·문화·경관 8개 핵심요소로 규정하여 8개 핵심요소를 바탕으로 살고 싶은 도시 만들기 사업을 추진하였다. 주민주도의 마을 단위계획, 자치단체별 특화발전 등이 특징적이며, 정책기반 구축과 시범사업의 형태로 정책이 추진되었다. 주요 사업추진 실적은 2007년~2009년 사이에 94개 지역을 대상으로 시범도시 18개, 시범마을 61개, 계획비용 지원도시 12개, 성공모델 지원 사업 3개 등 4가지 유형으로 구분되어 추진되었다. '시범마을 만들기 사업'은 2007년도 25개, 2008년도 20개, 2009년도 16개 등 총 61개 사업지가 선정되었다. 연속적으로 사업이 추진된 곳을 제외하면 57곳의 대상지에서 진행되었다. 「국가균형발전특별법」을 통해 매년 150억 원의 예산을 편성하여 지자체나 마을에 사업비의 50%를 보조하는 방식으로 추진되었다(황보상원, 2019). 살고 싶은 도시 만들기 사업은 도시재생정책의 신패러다임으로 부각되어 성과도 있었다. 예를 들어 시범마을 만들기 사업의 경우 마을 만들기에 대한 국민적 관심 확산, 마을 만들기의 촉발, 마을 만들기 지원사업의 모델 제시 등이 대표적인 성과로 평가받고 있다(성균관대학교 산학협력단, (주)이락, 2013). 그러나 1년이라는 사업기간과 비용의 집행방식에 대한 경직성으로 인해 비용이 단기간에 많이 소요되는 물리적 공간환경 개선을 중점적으로 추진하는 결과를 유발하였다. 그 결과 주민조직의 역량을 확보하면서 사업을 추진한다는 측면에서는 충분하지 못하였다.

B-3-b. 지역행복생활권사업 내에서의 도시 활력 증진사업

2009년 「국가균형발전특별법」 개정에 따라 특성화와 광역화를 기조로 하는 새로운 지역발전 정책이 수립되었다. '살고 싶은 도시 만들기 사업' 및 '주거환경개선사업'을 포함하여 농촌생활환경 정비, 어촌종합개발사업, 전원마을 조성 등 17개 시·군·구의 자율편성사업을 통폐합하여 포괄보조금지원방식으로 변경되었다. 박근혜 정부는 지역발전위원회사업을 지역행복생활권사업으로 명칭을 변경하고, 중추도시생활권(대도시, 중소도시 연접

지역), 도농연계생활권(도시, 인근농어촌), 농어촌생활권(농어촌, 배후마을) 등 3가지로 유형화하였다. 지역특성에 따라 도시활력증진지역, 일반농산어촌, 성장촉진지역, 특수상황지역으로 구분하여 최소 50%에서 최대 100%까지 국고보조금이 지원되었다. 2016년 이후부터는 「도시재생법」에 따른 도시재생사업이 도시활력증진지역 개발 사업에 통합되어 경제기반형, 일반근린형, 중심시가지근린재생형, 지역역량강화사업, 도시생활환경개선사업 등 5개 사업으로 개편되었다(황보상원, 2019).

[표 Ⅲ-3] 도시활력증진지역 개발사업 유형

구분	사업 명	사업 내용
도시재생사업	경제기반형	• 사업비: 500억 원 이하(국비 50%, 지방비 50%) • 사업기간: 6년간 • 공공의 선투자를 통해 민간투자를 유인하여 민·관 합동으로 경제거점을 형성하여, 주변의 노후 도시지역과 상생도모
	중심시가지 근린재생형	• 사업비: 200억 원 이하(국비 50%, 지방비 50%) • 사업기간: 5년간 • 원도심등 중심시가지의 업무·상업·도심주거·행정·역사·관광·문화·공공복지 등의 기능증진과 회복
	일반근린형	사업비: 100억 원 이하(국비 60%, 지방비 40%) • 사업기간: 5년간 • 낙후된 주민생활환경 개선과 상권 활성화를 기반으로 지역 주민의 삶의 질 향상과 지역공동체 회복
기타사업	도시생활 환경개선사업	사업비: 60억 원 이하(국비 50%, 지방비 50%) • 사업기간: 4년간 • 소규모 마을 단위의 생활기반시설 확충, 주거환경개선, 골목상권 개선 등과 함께 공동체 활성화
	지역역 강화사업	사업비: 4억 원 이하(국비 50%, 지방비 50%) • 사업기간: 4년간 • 지속가능한 지역공동체·거버넌스 구축을 위한 지역주민 등의 역량강화 프로그램을 개발·운영하는 사업

출처 : 국토교통부, 2017 도시업무편람. p. 184. 국토교통부 공공주택건설추진단(2014)

B-3-c. 새뜰 마을사업

일반적 도시재생 대상 지역보다 더욱 취약한 주거취약지역, 다시 말해 도시빈곤계층이 밀집된 지역을 대상으로 시행한 사업이다. 2014년 지역발전위원회가 신설한 '주거취약지역 생활여건 개조사업'으로 도시지역과 농촌지역으로 구분하여 진행하였다. 그중 도시지역을 대상으로 하는 새뜰마을사업은 3가지 기준 중 2개 기준 이상이 해당된 낙후지역이 선정된다. 3가지 기준은 불량도로(4m 미만)에 접한 주택비율 50% 이상, 30년 이상 된 노후주택비율 70% 이상, 하수도 및 도시가스 미설치 비율 30% 이상인 지역을 말한다. 주요사업으로는 일자리·문화·복지 등 휴먼케어, 생활·위생 인프라, 주민역량 강화, 집수리 등 주택정비 등이 있다. 건물 신축 지양, 토지 매입 및 보상지원 지양, 공·폐가·기존 건축물 등 유휴 공간 활용, 기반 시설 확충은 총 사업비의 30%로 제한하는 원칙이 있다. 지자체 공모를 통해 2015년도에는 30곳을 선정하고, 4년간 총 1,100억 원 규모를 지원하였다. 또한, 2016년도에는 22곳을 선정하고, 4년간 총 532억 원 규모를 지원하였다. 그리고 2017년도에는 17곳이 선정되는 등 총 68개 사업이 선정되었다(이완건 외, 2017).

B-3-d. 국가도시재생 기본방침 2013년 12월 31일 공고

「국가도시재생 기본방침」

본 기본방침은 「도시재생 활성화 및 지원에 관한 특별법(2013.6.4. 제정)」제4조에 따라, 향후 10년간(2014~2023) 도시재생을 종합적·계획적·효율적으로 추진하기 위하여 수립하는 국가도시재생전략이다.

국 토 교 통 부

국토교통부 공고 제2013 - 호
도시재생 활성화 및 지원에 관한 특별법 시행령 제6조에 따라 「국가도시재생기본방침」을 다음과 같이 공고합니다.   2013년 12월 31일   국토교통부장관
〔주요내용〕 가. 추진배경
○ 저성장, 저출산·고령화 등으로 외곽개발 위주 도시정책이 한계에 도달하고, 생활밀착형 도시재생정책의 중요성 증대 * 전국 3,470개 읍·면·동 중 2,239개(65%)가 도시쇠퇴 징후
- 역사성과 문화가치를 내포하고, 다양한 계층이 모이는 기성시가지의 재생을 통한 경쟁력 강화가 창조경제의 기초
○ 도시재생은 도시문제 해결과 경쟁력 강화를 위한 국가적 과제

    * 주요 선진국도 국내와 비슷한 시점인 1인당 GDP 2~3만 달러, 도시화율 80%대 진입 시기에 도시정책을 도시재생정책 위주로 전환
나. 국가 도시재생 비전 및 목표
ㅇ (비전) 국민이 행복한 경쟁력 있는 도시 재창조
ㅇ (목표) ① 일자리 창출 및 도시경쟁력 강화 ② 삶의 질 향상 및 생활복지 구현
            ③ 쾌적하고 안전한 정주환경 조성   ④ 지역 정체성 기반 문화 가치·경관 회복
            ⑤ 주민역량 강화 및 공동체 활성화
다. 국가 도시재생 중점 시책
① (도시정책 패러다임 전환)
신규 용지수요는 기성시가지재생을 통해 공급하고, 기존도시 정주여건·매력 극대화
② (재정지원 확대)
각 부처의 도시재생 관련사업 예산을 쇠퇴지역에 집중 지원하고, 추가로 마중물 예산 지원
③ (금융지원·규제완화)
주택기금을 도시재생사업에 지원하고, 다양한 금융기법 도입, 맞춤형 규제특례 및 국·공유지 활용
④ (역량 강화 및 공동체 활성화)
협동조합, 마을기업 등을 도시재생의 주체로 육성, 주민교육·전문가 양성 등
라. 도시재생선도지역 지정 기준 등
ㅇ 사업구상의 적정성, 지역의 쇠퇴도, 지자체의 추진역량, 파급효과, 국정과제 연계성 등을 종합적으로 고려·지정

차   례
국가도시재생기본방침

1. 도시재생의 배경 및 의의
우리 도시는 국민 10명 중 9명이 거주하는 삶의 터전이다. 급격한 산업화·도시화 시기에는 빠르게 늘어나는 도시 거주자에게 주택을 공급하고 업무·상업·공업 등 활동에 필요한 용지를 공급하는 데 도시정책이 초점이 맞춰져 있었고, 이에 따라 도시 외곽에 대규모 신도시와 산업단지 등이 건설되었다. 그러나 저 출산·고령화로 인구유입이 정체되고, 경제가 선진국형 저성장 기조로 들어서면서 이러한 외곽 개발 위주의 도시 확장정책은 한계에 도달하였다. 양적 팽창 위주의 도시의 무분별한 확장은 도시 관리에 필요한 비용의 증가 등 사회적 비효율을 초래하고 있다.
또한, 문화·여가, 경관·디자인 등 삶의 질에 대한 국민적 요구가 증대되고 있으나, 국내 도시환경은 이를

수용하지 못하는 실정이다. 주택보급률이 100%를 상회하는 등 양적으로는 성장했지만, 도시내부의 생활환경과 매력도 등은 선진국 수준에 비교할 때 미흡하다. 따라서 높아진 국민적 기대에 부응하도록 기존에 형성된 도시의 환경을 개선하고 삶의 질을 높이기 위한 생활밀착형 도시정책이 요구된다. 국가경영 관점에서도, 도시재생은 '창조경제'를 공간적으로 실현할 수 있는 핵심적 수단이다. 현재 정부는 저성장 기조의 구조적 한계를 극복하기 위하여 창의성을 경제의 핵심가치로 두고 새로운 부가가치·일자리·성장 동력을 만들어내는 창조경제 체제로 전환하고 있다. 도시는 이러한 창조경제에 필수적인 사람, 자본, 정보가 집결되는 공간으로서, 혁신과 아이디어가 생성되는 공간이다. 특히 역사성과 문화적 가치를 내포하고 있으며 다양한 계층과 인재들이 모이는 기성시가지야말로 융·복합을 통한 창조경제가 이루어지는 현장이라고 할 수 있다. 그러나 최근 인구성장의 정체와 급속한 고령화를 경험하고 있는 우리나라 대부분의 도시는 외곽 위주의 개발과 산업경쟁력의 약화 등으로 심각한 쇠퇴현상이 나타나고 있다. 특히 저소득층이 주로 거주하는 쇠퇴 기성시가지는 노후·불량주택의 난립, 부족한 기반시설 등으로 생활환경이 매우 열악하며 범죄와 재해로부터 취약하여 각종 사회적 문제가 빈번하게 발생하고 있는 실정이다. 그럼에도 불구하고, 이러한 도시쇠퇴 문제를 치유하기 위한 정책적 대응은 미흡한 것이 사실이다. 저출산·고령화 등 정책 환경 변화에도 불구하고 많은 지방자치단체가 여전히 인구성장을 가정하고 도시 외곽 개발 위주로 도시계획을 수립하고 있다. 도시 내부를 재생하는 것이 복잡하고 어렵기 때문에, 외곽 개발 위주의 쉬운 길을 택하는 기존 관행을 유지하는 것이다. 또한 도시쇠퇴 문제에 대한 공공의 체계적인 지원정책이 매우 미흡하다. 재개발 등 민간의 활력에 의존하는 도시정비사업 제도가 있지만, 이러한 수익성 기반의 물리적 정비 사업은 수도권과 대도시를 제외하고는 추진이 어려웠고, 대도시 등에서도 낮은 주민 재정착 및 공동체 훼손 등의 문제가 있다. 따라서 물리적 사업과 함께 경제·사회·문화 등 도시의 종합적 재생을 지원하기 위한 공공 차원의 지원정책이 필요하다. 이미 많은 해외 선진국은 도시쇠퇴를 국가 차원의 문제로 보고, 재정지원, 특례 부여, 지원조직의 운영 등 종합적인 지원체계를 갖추고 있다. 이제 과거의 양적 팽창, 외곽 확산 위주의 도시정책에서 쇠퇴한 기성시가지 위주로 도시정책을 전환하고, 상대적으로 열악한 쇠퇴도시지역의 재생을 국가 차원에서 종합적으로 지원하는 도시재생지원정책을 마련하는 획기적인 패러다임의 전환이 필요하다. 또한 이를 위해 국가와 지방자치단체, 주민과 기업 등이 인식을 함께하고, 공동의 목표를 달성하기 위해 노력할 필요가 있다.

2. 도시재생의 비전·목표·원칙

2.1 도시재생의 비전: '국민이 행복한 경쟁력 있는 도시 재창조'
가. 소외·배제되는 사람 없이 '국민' 모두가 체감할 수 있는 '행복'한 도시재생을 추구한다.
나. 도시의 창조적 역량 증진을 통한 '창조경제'형 일자리가 창출되도록 한다.
다. 유·무형적 가치를 재발견하여 '경쟁력' 있는 새로운 '도시'로 재창조한다.

2.2 도시재생의 목표
(1) 창조경제 중심의 일자리 창출 및 도시경쟁력 강화
도시재생 과정에서 새로운 도시기능 도입, 지역자산 활용, 산업구조의 변화 등을 통해 고용기반을 창출하고 소득을 증대시킨다.
(2) 국민 삶의 질 향상 및 생활복지 구현
국민 모두가 최소한의 생활수준을 누릴 수 있도록, 저소득층·노후주거 밀집지역 등의 기초생활 인프라 등을 적정수준으로 공급한다.
(3) 쾌적하고 안전한 정주환경 조성
환경 친화적이고 건강한 도시를 지향하고, 범죄 및 재해로부터 안전한 생활환경을 조성한다.
(4) 지역 정체성 기반의 문화 가치와 경관 회복
과거 번성했던 쇠퇴 구도심 등이 보유하고 있는 역사적·문화적 정체성을 활용하여 품격 있는 공간을 조성하고 문화서비스를 확충한다.
(5) 주민역량 강화 및 공동체 활성화
살고 있는 도시의 쇠퇴 문제를 직접 고민하고 해결책을 도출하는 '역량 있는 주민'을 육성하고, '참여하는 주민공동체'를 구현한다.

2.3 도시재생의 추진전략
(1) 기성시가지 중심으로 도시정책의 전환
무분별한 신시가지 개발을 지양함으로써 도심의 공동화를 사전에 예방하는 도시정책으로 패러다임을 전환한다.
(2) 지역·주민의 창의성을 바탕으로 자율적으로 추진
계획수립과 사업시행은 지방자치단체와 주민의 몫으로 두고, 국가는 재정지원·제도개선 등을 통한 포괄

적 지원 역할로 한정한다.
　지역상황을 잘 아는 주민, 민간단체, 기업, 지방자치단체 등이 협조체계를 이루어, 지역자원에 기반을 둔 자율적 재생을 추진한다.
(3) 부처 간 협업을 통해 재생이 시급한 지역에 집중 지원
　도시재생 관련 지원제도·사업을 소관 하는 중앙부처 간, 지방자치단체 부서 간 협업을 통해 쇠퇴 도시 지역에 집중적으로 지원하고, 물리적 정비 사업뿐 아니라, 경제·사회·문화 등 다양한 부문 사업을 도시공간에서 연계·융합한다.
(4) 지역별 맞춤형 특례, 재정·금융지원 등 복합적 정책수단 활용
　지역별 특성을 고려하여 도시계획 특례, 재정·세제·금융지원 등 다양한 정책수단을 효과적으로 조합하여 맞춤형으로 지원한다.
(5) 시혜적 복지가 아닌 자생적 공간적 복지의 달성
　쇠퇴도가 심각한 지역의 공간 및 환경을 우선 개선함으로써 일자리 등 지역경제 활성화 및 주민 소득 창출 등을 지원한다.

2.4 도시재생에서 각 주체별 역할
　도시재생이 성공하려면, 주민, 지방자치단체, 민간투자자 및 기업, 정부 등 각 주체 간의 연계·협력·소통이 필수적이다.
(1) 주민의 역할
　주민은 도시재생계획 수립 과정에서 지역 자원을 새롭게 발굴하고, 독창적이고 특색 있는 아이디어를 제안하며, 사업 시행과 이후 운영·유지관리 단계에서 적극적으로 참여한다. 또한, 주민협의체를 구성하고, 지방자치단체·정부·민간투자자 및 기업 등과 협력체계를 구축한다.
(2) 지방자치단체의 역할
　주민의 아이디어를 바탕으로, 도시재생전략계획과 도시재생활성화계획을 수립하고 도시재생사업을 추진하다. 이 과정에서 부서 간 칸막이를 제거하고 협업함으로써 다양한 사업들이 목표한 효과를 낼 수 있도록 관리하고 도시재생사업의 각 참여 주체 간의 이해관계와 갈등을 조정한다. 또한, 도시재생특별회계를 설치하는 등 재정적으로 지원하고, 건축규제 완화 특례의 부여, 주민교육과 전문가 파견 등을 통해 도시재생사업을 촉진한다.
(3) 국가의 역할
　관계 법령 정비 및 특례·금융지원 등 도시재생을 지원하기 위한 정책과 제도를 마련하고, 유형별 사업모델을 제시하며, 주민·지방자치단체가 활용할 수 있는 도시재생기술·기법을 개발하고 보급한다. 재정지원을 통해 민간투자를 견인하고, 각 부처의 도시재생 관련 예산을 쇠퇴지역에 집중 지원하는 체계를 마련함으로써 동일한 재원으로 예산지원의 효과를 극대화한다.
(4) 민간투자자 및 기업의 역할
　다양한 투자·개발기법을 발굴하여 지방자치단체와 정부에 제안하고, 저평가된 도시공간의 가치를 증진시키기 위한 도시재생사업을 시행함으로써 쇠퇴한 도시에 상업·업무·첨단산업 등 고용기반을 창출한다. 또한, 지역의 경제·복지·문화 발전을 위한 후원 활동과 기부 등 사회적 공헌을 통해 도시재생에 기여한다.
(5) 도시재생지원기구/도시재생지원센터의 역할
　주민교육 프로그램을 개발하고 교육을 시행함으로써 주민의 도시재생 역량을 증진하고, 도시재생전문가를 양성하고 파견하는 것을 지원한다. 주민의 아이디어를 도시재생사업으로 구현하기 위한 계획 수립 등을 지원하고, 마을기업의 창업·운영 등에 대한 컨설팅을 시행한다.

3. 국가가 중점적으로 시행해야 할 도시재생 시책

3.1 도시정책 패러다임의 전환

3.1.1 기성시가지 위주로 도시·공간계획 수립
(1) 도시계획 제도 개선
　신규 도시용지 수요에 대해 도시 외곽의 개발보다는 기성시가지 재생을 통해서 우선 공급하고, 기존 도시계획 수립기준에 도시재생을 지원하는 사항을 추가·보완한다. 공공청사, 터미널, 대형 판매시설, 병원 등 인구집중 유발시설을 가급적 기성시가지 내에 우선 입지토록 유도한다.
(2) 신규 외곽개발 이익의 도시재생 환원
　개발 부담금 등을 지방자치단체 도시재생특별회계로 적립하는 등 신도시 등에서 환수된 개발이익을 기성시가지의 재생에 환원·투자할 수 있도록 하고, 도시 외곽에 일정 규모 이상의 신규 토지 개발계획 수립 시에는 지방자치단체가 구도심 재생계획을 함께 수립하도록 유도한다.

(3) 주민참여형 도시계획의 제도화
 주민이 스스로 도시재생 등 마을 현안을 도출·제시하고, 해결하기 위한 마을 단위 재생계획을 수립토록
하고, 이를 도시계획에 반영할 수 있는 법적·제도적 근거를 마련한다.

3.1.2 도시 내부 토지이용의 융·복합화 및 고도화
(1) 도시 내부에 대한 복합적 토지이용·개발 추진
 이용수요가 높은 도심지에 대해서는 중심업무·주거·상업·첨단산업 기능 등 복합적인 토지이용이 가능
하도록 개선한다. 특히, 역세권, 복합환승센터, 터미널 등 대중교통 중심지 위주로 중심상업지역을 지정하
는 등 개발밀도를 높이고 복합용도를 허용한다. 도시재생활성화지역에 있는 기존 도시계획시설 부지에
다양한 시설의 복합적 입지를 활성화하여 융·복합 개발을 유도한다.
(2) 도시 내부에 다양한 계층의 주거기능 확보
 신혼부부·대학생·청년 등을 위한 임대주택과 1〜2인 가구, 노인 등을 위한 주택을 도시 내 교통이 편리
한 지역 위주로 공급하도록 하여 도시 내부의 주거기능을 강화한다.
(3) 노후공단·항만, 이전적지 등을 창조적 경제·문화공간으로 전환
 과거 도심 인근에 형성되어 입지여건이 좋은 노후공업단지를 도시첨단산업단지로 전환하고 열악한 기반
시설을 개선한다. 항만 기능이 약화된 항만부지, 군사시설·공공기관 등 이전적지 등에 주거·업무·상업
기능을 유치하고, 문화·예술 창작공간을 조성한다. 또한, 항만, 철도, 이전적지 등을 개발하는 경우 관련
기관과 관할 지방자치단체 등으로 협의체를 구성하여 통합적인 계획을 수립하도록 유도한다.

3.1.3 기존 도시의 정주여건 및 매력 극대화
(1) 지역자산을 활용한 매력적인 문화도시 조성
 근대 산업유산, 한옥 등 지역의 역사·문화적 건축물을 창의적으로 활용하여 특색 있는 경관을 조성하고
머무르고 싶은 공간을 창출한다. 또한, 창고, 폐공장 등 기존 건물을 재활용하여, 도시민이 필요로 하는
도서관과 전시·공연장 등의 문화·여가 공간 등을 공급한다.
(2) 복지시설, 사회서비스 및 기초생활 인프라의 확충
 국공립 보육시설, 각급 병원 등을 도심부 위주로 설치하도록 하여, 노약자·장애인·저소득층의 이용 편
의성을 제고하고, 도서관, 공원, 놀이터 등 국민생활에 밀접한 기초생활 인프라의 국가적 최저기준을 설정
한 후 이를 단계적으로 확충하도록 노력한다.
(3) 쾌적한 생태형 도시공간 확충
 장기 미집행 도시계획시설, 공·폐가 등 유휴부지를 활용하여 생활 공원을 정비하고, 실개천 습지, 복개
천 등 도심하천의 생태복원을 추진한다. 도시재생사업 추진 시에는 빗물관리, 자원순환 등 친환경적 기술
을 적용한 시스템 등을 도입하도록 하여 도시의 지속가능성을 제고한다.
(4) 공간환경 디자인의 품질 제고를 통한 아름다운 도시 전략
 도시 내 중요한 가로에 대한 경관을 개선하고, 특히 시 청사, 도서관, 주민자치센터 등 공공시설 건축디
자인을 정비한다. 벤치, 가로등 등 가로환경시설물의 디자인 품격을 제고하고, 경관을 저해하는 지상전선
·통신선 등에 대한 지중화사업 등을 우선적으로 실시하도록 한다.

3.2 도시재생사업 재정지원 확대

3.2.1 부처 협업지원을 통한 재정지원 효율화
(1) 장소 중심적 부처 협업지원
 각 부처의 재정지원 사업 중 도시재생과 연계가 가능한 다양한 사업들을 도시재생활성화지역에 우선
지원하도록 배려한다. 이를 통해, 부처별 분산투자에 따른 비효율을 해소하고 장소 중심적으로 종합적
지원을 통해 쇠퇴도시의 재생효과를 극대화한다. 이러한 부처 협업체계 구축을 위해 부처 간에 도시재생
협업지원 활성화를 위한 포괄적 업무협약 체결 등을 추진한다. 도시재생과 연계된 사업의 지원 및 관리에
있어, 해당 사업과 관련된 법률 및 지침 등에 따른다.
(2) 도시재생특별위원회의 운영 등
 도시재생특별위원회를 운영하여 각 부처 도시재생 관련사업의 협업을 지원한다. 지자체의 재생계획에
포함된 각 부처의 유관사업에 대해 기획재정부장관 및 관계 중앙행정기관의 장과 협의하여야 하며, 협의
후 특별위원회의 심의를 거쳐 지원여부를 결정하고 지원한다.

3.2.2 도시재생 활성화를 위한 마중물 지원
(1) 마중물 예산 지원
 지방자치단체가 도시재생 활성화를 위해 직접 시행하는 사업(이하 "재생지원사업"이라 한다.)에 대해, 사
업초기 민간활력을 유도하기 위한 예산을 지원하도록 한다. 동 예산은 국토교통부 예산으로 편성하여 연차

별·단계별로 지원하되, 부처 협업을 통해 지원되는 예산과 별도로 지방자치단체 재생사업에 지원한다. 재생지원사업 예산지원의 기본원칙은 다음과 같다.

첫째, 민주적 거버넌스, 명확한 비전을 갖춘 준비된 지방자치단체부터 지원한다.

둘째, 외곽신규개발 등 과도한 도시 확장 계획이 있는 지방자치단체에 대한 지원은 지양한다.

셋째, 지방자치단체 책임성 제고를 위해 국가와 지방자치단체가 사업비를 분담하여 추진한다.

넷째, 한정된 국가재원을 고려하여 지원 금액의 상한선을 설정한다.

단계별 지원전략을 채택하여, 2014년 선정하는 도시재생선도지역을 대상으로 우선 추진하고 성공모델을 창출한 후 다른 지역(이하 "일반지역"이라 한다.)으로 지원을 확산하도록 한다.

또한, 매년 도시재생활성화계획 추진실적을 평가하고, 그 평가 결과를 다음 연도 재정지원과 연계하도록 하여 재정지원의 효율화를 도모하도록 한다. 아울러 지방자치단체의 정책방향·노력 등을 재정지원과 연계함으로써 바람직한 도시정책을 유도하도록 한다. 가령, 기성시가지 우선으로 도시정책을 수립한 지방자치단체에 대해 보다 많은 재정지원을 고려할 수 있다. 평가결과에 따른 재정지원 차등 방안은 재정 중립적으로 시행한다.

3.2.3 도시재생 지원을 위한 재원 확충

(1) 국가지원예산

국가는 재생지원사업에 필요한 예산을 안정적으로 지원할 수 있는 방안을 마련하여야 한다. 이를 위해, 광역·지역발전특별회계로 지원하고 있는 도시활력증진지역개발사업(특별시·광역시·일반시·인구 50만 이상 도농통합시 지원)을 도시재생사업과 연계·활용하는 방안, 국민주택기금을 활용한 도시재생사업 융자 방안 등을 추진한다.

(2) 지방자치단체 소요재원

현재 도시재생특별회계의 재원으로 재산세·개발 부담금·수도권 과밀부담금 일부 등을 활용할 수 있도록 되어 있으나, 도시재생특별회계에 활용할 수 있는 추가재원을 발굴하도록 노력한다. 도시개발특별회계, 재정비촉진특별회계, 도시·주거환경정비기금 등 지방자치단체에 설치된 개발·정비 관련 특별회계를 도시재생의 활성화를 위하여 통합적으로 운영하는 방안을 추진한다. 기반시설 설치비용을 현금으로 대납하고, 그 금액을 도시재생특별회계에 적립하여 재생을 지원하는 방안 등도 추진한다.

(3) 민간기부 등

공유지, 기부채납 받은 부지 등에 도서관·복지센터 등의 시설을 건설하고, 그 건설비용은 시민·기업 등으로부터 모금을 받는 국민신탁 제도를 활용하는 방안을 활성화한다. 또한, 지역에 필요한 시설 등을 건설·기부한 기업 등에 대해 향후 도시재생사업 참여시 가점을 부여하는 등의 우대방안을 추진한다.

3.3 민간 활력 유입을 위한 금융지원 및 규제완화

3.3.1 조세 및 금융기법을 활용한 도시재생사업 지원

(1) 조세 및 부담금 감면 특례

조세·지방세 및 각종 부담금 관련 법령·제도를 개선하여 도시재생사업 활성화를 위한 세금 및 부담금 감면을 관계 부처와 협의하여 추진한다.

(2) 국민주택기금을 활용한 투자 및 융자 지원

주거지역 노후주택 개량 등에 대한 국민주택기금 융자사업을 확대한다. 또한 변화하는 사회·경제적 환경을 고려하여, 국민주택기금의 지원 대상을 주택뿐만 아니라 도시재생사업까지 확대한다.

(3) 한국형 경제기반형 도시재생 모델 정립

공공성이 높은 적정한 규모의 도시재생사업에 국가, 지방자치단체, 민간투자자등이 함께 참여하는 경제기반형 도시재생사업모델을 마련한다.

(4) 새로운 도시재생금융 지원제도 도입

도시재생사업 이후 지역의 세수증대분을 담보로 지방자치단체가 재원을 조달하는 방안의 도입을 추진한다.

3.3.2 맞춤형 규제특례 지원

(1) 도시재생 활성화를 위한 건축규제의 완화

도시재생활성화계획을 수립하면, 특별건축구역 등 건축규제가 완화되는 구역으로 함께 지정이 되도록 한다. 블록 단위, 필지 단위로 소규모 맞춤형 재생사업을 시행할 수 있도록 관련 법령·규정 등을 정비한다.

(2) 도시계획 제안제도 도입

경제기반형 도시재생의 경우, 역세권·이전적지 등 일정규모 이상 사업의 민·관 합동시행자에게 도시계획을 제안할 수 있도록 허용한다. 다만, 이 경우 도시계획위원회와 경관위원회 등의 심의를 받도록 하여 주변 도시계획과 정합성을 최대한 확보하도록 조치한다.
(3) 지역자산 및 한옥 밀집지역에 대한 건축 특례
 근대건축물, 역사적 장소, 한옥 등 보존이 필요한 자산을 활용하여 복합문화공간을 신축할 경우 용적률·건폐율 등을 완화하는 방안과 지역자산·한옥 밀집지역을 하나의 단지로 보아, 필지별 건축 인·허가가 아닌 여러 건축물 일괄 인·허가를 통해 기준을 완화하는 방안 등을 추진한다.
(4) 행정절차의 간소화
 도시재생사업에 대해 지방자치단체의 장이 사업 유형별로 목표 인·허가 기간을 정하고, 최대한 그 기간 내에 관련 인·허가를 처리할 수 있도록 하는 등 행정절차의 간소화도 추진한다.
(5) 지역특화발전특구 중복 지정을 통한 다양한 규제 특례 활용
 경제·산업·교통 등 다양한 특례를 맞춤형으로 부여할 수 있는 지역특화발전특구를 도시재생활성화지역에 중복 지정하여 건축규제와 함께 다양한 규제 특례를 함께 부여할 수 있도록 하는 방안을 추진한다.
(6) 규제 특례·완화 사항 지속적 발굴
 국토교통부와 지방자치 단체 간 제도개선 협의회를 정례화하고, 국토교통부가 단일 창구가 되어 법·제도적 개선사항 발굴 및 협의를 추진하도록 한다.

3.3.3 국·공유지를 활용한 도시재생 활성화
(1) 도시재생사업에 필요한 국·공유재산 처분 특례 등 적용
 국·공유 재산에 대해서는 타 법률에도 불구하고 도시재생사업의 시행자 등에게 우선적으로 수의계약으로 매각·임대를 하도록 하는 구체적인 방안을 마련한다.
(2) 공공기관을 활용한 국·공유재산에 대한 위탁개발
 도시재생활성화지역 내에 활용도가 낮고 저평가된 국·공유재산에 대해 공공기관이 개발에 참여하여 효용가치를 높이고, 도시재생에 촉매가 될 수 있도록 활용한다.
(3) 공유지를 소규모 도시재생사업 등에 활용
 종전부동산 등 행정목적이 종료된 부지 및 행정목적에 활용이 곤란한 소규모 공유지 등을 도시재생사업에 활용하고, 비어 있는 공유지 등을 활용하여 순환형 정비 사업을 추진한다.

3.4 지역역량 강화 및 공동체 활성화

3.4.1 주민·지방자치단체 역량에 의한 사회적 자본 형성
(1) 사회적 경제 활성화를 통한 일자리 창출
 취약계층을 위한 일자리 및 사회서비스를 제공하고 주택개량 등을 시행하는 협동조합, 사회적 기업, 마을기업 등 사회적 경제 법인을 육성한다. 사회적 경제 법인에 대한 재정지원과 대출보증 등 지원제도를 발굴·지원하고, 지역 사회적 경제법인의 공동브랜드 사업화, 공익광고 등 미디어 홍보, 대기업과 지역 사회적 법인을 연결해 주는 캠페인 등을 전개한다.
(2) 도시재생 현장지원 전문가 조직 구성·운영 지원
 도시재생 제도·조사연구, 도시재생 교육프로그램 개발·운영 등 업무를 위해 공공기관에 도시재생지원 기구를 지정한다. 지방자치단체 단위에 도시재생 사업현장에서 계획수립·이해관계 조정·사업 컨설팅을 담당할 도시재생지원센터를 설치한다. 전국 단위의 도시재생지원센터 간 협의체 등을 구성·운영하여 다양한 지역별 성공사례 및 노하우 등을 공유·확산하도록 한다.
(3) 자생적 주민역량 강화 프로그램 개발 및 활성화
 기존에 시행 중인 도시재생대학 등 주민교육 프로그램을 토대로 표준교육과정을 개발하고, 전문 강사를 양성·관리한다. 상인대학, 창업학교 등 실무 중심의 교육프로그램을 활용하여, 쇠퇴상가 등의 소상공인의 기획 및 사업추진 역량을 강화할 수 있도록 한다. 지역별로 자격·역량을 갖춘 기관을 도시재생 교육기관으로 인증하여 지역별 맞춤형 교육을 시행 및 확산한다.
(4) 도시재생전문가(코디네이터) 양성
 도시재생지원센터 등에서 대민지원, 주민교육 등을 담당할 도시재생 코디네이터(활동가, 전문가) 양성 표준 프로그램 개발하여 운영하고, 기존의 도시재생 현장 활동가들을 체계적인 교육, 인증 등을 통해 마을계획가로 육성하고 관련 일자리를 창출한다. 또한, 도시재생지원기구를 통해 지방자치단체 등에 전문가를 파견하여 지원한다.
(5) 지방자치단체의 도시재생 계획수립 등을 위한 가이드라인 제공
 지방자치단체가 도시재생전략계획 및 활성화계획 수립 시에 참고할 수 있는 가이드라인 및 세부 매뉴얼을 작성하여 제공한다.
(6) 도시재생종합정부체계를 통한 과학적인 쇠퇴진단
 인구, 사업체수, 주거환경, 재정, 보건, 교육 등 도시 관련지표에 대해 매년 실태조사 등을 통해 데이터베이스를 구축한다. 지방자치단체의 여건에 따라 쇠퇴 정도 및 양상을 다각적으로 진단할 수 있는 복합쇠퇴

지수를 단계적으로 개발한다.

3.4.2 첨단기술과 도시재생과의 연계

(1) 도시재생 R&D를 통해 개발된 신기술·기법 보급

1차 도시재생 R&D(2006년~2014년)로 개발된 다양한 기술을 지방자치단체·주민이 사업에 활용할 수 있도록 기술을 이전하고 매뉴얼을 보급한다. 2014년부터 2차 도시재생 R&D를 추진하여, 생활권 단위 근린재생 실증모델 및 도시경제기반형 도시재생 기법을 개발한다.

(2) 첨단 U-City 기술을 활용한 구도심 재생 추진

노인 및 저소득층을 위한 U-복지서비스를 도시재생에 적용하여 주민복지를 향상시킨다. 전통시장 활성화, 역사·문화자산의 관광자원 활용 등 도시재생사업에 U-City 기술을 활용하여 도시경제를 활성화한다.

4. 도시재생전략계획 및 도시재생활성화계획 작성 방향 및 원칙

4.1 도시재생전략계획

가. (진단) 도시의 성장·쇠퇴의 원인 및 배경 등을 명확히 진단하고, 도시재생의 필요성, 당위성에 대하여 정확히 파악하여야 한다.

나. (전략) 지역의 역사·문화 자산, 지리적 특성, 산업의 비교우위 등 잠재력을 발굴하고, 도시재생을 위한 핵심 목표 및 과제를 도출하여야 한다.

다. (기본구상) 목표를 달성하기 위한 과제들을 도시공간상에 배치하여 도시의 재생 개념과 방향성을 제시하여야 한다.

라. (활성화지역) 도시재생의 공간적 범위(도시재생활성화지역)를 과도하게 설정하는 것을 지양하고, 지역 역량을 고려하여 적정한 개수로 지정하여야 한다.

마. (우선순위) 쇠퇴도, 각종 관련계획과의 정합성, 기대효과, 주민 역량 등을 종합적으로 고려하여 활성화지역별 우선순위를 정하여야 한다.

바. (추진체계) 주민(협의체), 지원조직(지원센터), 지방자치단체(전담조직) 등에 재생을 추진하기 위한 조직을 구성하고 상호간 협력 방안 강구하여야 한다.

사. (재원조달) 도시재생에 필요한 예산소요를 정확히 산출하고, 국가보조금·지방비·민간투자 등 연차별 재원조달계획을 제시하여야 한다.

아. (자원·역량의 집중) 지방자치단체의 도로·공원 등 도시계획시설사업 등을 쇠퇴지역에 집중하고, 지방자치단체 보유자산의 양여·임대 등 적극 지원하여야 한다.

자. (성과관리) 도시재생 목표에 부합하는 평가지표를 제시하고, 주기적으로 모니터링하기 위한 계획을 수립하여야 한다.

4.2 도시재생활성화계획

가. (진단) 도시재생전략계획에서 도출된 도시재생활성화지역에 대한 보다 세밀하고 상세한 쇠퇴 원인 및 현황 등을 진단하여야 한다.

나. (전략) 지역자산, 특성 등 여건을 분석하고, 해당 활성화지역의 특성을 반영한 비전과 목표를 제시하여야 한다.

다. (사업의 발굴) 이미 관련계획에 반영된 사업, 시행 중인 사업 등을 최대한 활용하고, 도시재생에 활용이 가능한 신규 사업 등을 발굴하여야 한다.

라. (사업계획 수립) 희망하는 사업을 나열하는 것이 아니라, 구체적으로 실현가능한 사업 위주로 실행계획을 수립하여야 한다.

마. (다양한 수법 활용) 개별 사업별로 가장 최적의 사업시행방식을 도출하고, 다양한 개발수법·재원조달 방식을 활용하여야 한다.

바. (기반시설의 정비) 활성화계획의 실현을 위해 필요한 기반시설의 정비 계획을 수립하고, 향후 운영·관리방안까지 제시하여야 한다.

사. (중앙부처 지원 사업 활용) 도시재생에 활용이 가능한 다양한 중앙부처 사업을 발굴하여 활성화계획과 연계시키는 방안을 마련하여야 한다.

아. (재원조달 및 예산집행) 사업별로 국가보조금, 지방비, 민간투자 등의 비율·금액을 명확하게 제시하고 연차별 투자계획을 마련하여야 한다.

자. (위험 관리) 전반적인 경기 상황 등을 충분히 고려하여 과도한 계획수립을 지양하고, 개발 수요 등에 맞는 적정한 계획을 수립하여야 한다.

차. (주민 참여) 지역 주민이 계획수립에 적극적으로 참여토록 하며, 주민 역량강화 프로그램 등 운영계획을 병행하여 수립하여야 한다.

카. (추진체계) 주민협의체·지원센터·지방자치단체 전담부서간 협력체계를 구축하여야 한다.

타. (평가·환류) 추진실적에 대한 주기적 평가·환류계획을 수립하여야 한다.

5. 도시재생선도지역 지정 기준

5.1 도시재생선도지역 의의 및 목적
  국가는 도시재생을 긴급하고 효과적으로 실시해야 할 필요가 있고 주변지역에 대한 파급효과가 높은 지역에 대해 도시재생선도지역으로 지정한 후, 국가와 지방자치단체의 시책을 중점 시행함으로써 도시재생활성화를 도모한다. 도시재생선도지역을 통하여 도시재생의 성공 가능성을 보여주는 시범적 효과 및 주변지역 및 후속 사업으로의 파급효과를 기대할 수 있다.

5.1.1 지정원칙: 도시재생선도지역은 다음과 같은 원칙에 따라 지정한다.
  첫째, 최대한 객관적이고 투명한 절차와 기준에 따라 지정한다.
  둘째, 선도 지역 지정의 목적에 최대한 부합하는 기준을 마련한다.
  셋째, 국가의 재정상황을 고려하여 효과성이 높은 사업을 선별하여 지원한다.

5.1.2 지정절차: 도시재생선도지역은 다음과 같은 절차에 따라 지정한다.
「도시재생 선도 지역 지정 추진계획」 심의·의결
선도 지역 지정 공모/선도 지역 평가/도시재생특별위원회 의결/선도 지역 지정결과 발표 및 지원·사후관리/도시재생선도지역 지정 추진계획(안) 작성(국토교통부장관)
 ·심의 후 의결(도시재생특별위원회)
 ·평가기관 지정(국토교통부장관) 및 공모 착수
 ·평가위원회 구성, '예비검토→평가'의 2단계 진행 (국토교통부장관)
 ·평가 결과에 대한 검토 및 의결 (도시재생특별위원회)
 ·지정결과 및 지원 방안 발표 (국토교통부장관)
(1) 「도시재생선도지역 지정 추진계획」 작성 및 배포
  국토교통부장관은 도시재생선도지역 지정이 필요한 때에, 「도시재생선도지역 지정 추진계획」을 작성하고 도시재생특별위원회의 심의 및 의결을 거쳐 확정한다.
「도시재생선도지역 지정 추진계획」에는 도시재생선도지역의 응모자격 및 응모방법, 평가항목, 평가방법, 기타 지정을 위해 국토교통부장관이 필요하다고 판단되는 항목 등에 대한 내용을 포함한다.
(2) 도시재생선도지역 평가
  국토교통부장관은 원칙적으로 다음과 같은 단계로 도시재생선도지역 지정을 위한 평가를 시행한다. 세부 내용은 「도시재생선도지역 지정 추진계획」에 포함한다.
 • (1단계−예비검토) 평가기관은 지정요건 충족여부 등과 함께 서류누락 및 기재오류 등을 확인한다.
 • (2단계−평가) 평가위원회는 지정 요청서를 토대로 각 유형별 평가기준에 따라 평가한 후 도시재생선도지역 지정안을 마련한다. 이때, 필요에 따라 도시의 규모 등을 분류하여 평가할 수 있다.
(3) 도시재생특별위원회 심의
  국토교통부장관은 평가결과를 도시재생특별위원회 심의를 거쳐 최종 도시재생선도지역 지정안을 확정한다.
(4) 선도 지역 지정결과 발표 및 지원·사후관리
  국토교통부장관은 최종 지정결과를 발표하고, 지정된 도시재생선도지역에 대한 지원방안을 마련한다.

5.2 도시재생선도지역 평가항목
  도시경제기반형 및 근린재생형 모두 '사업의 적정성', '추진역량', '사업의 파급효과'를 기본적으로 평가하고, 도시경제기반형 선도지역의 평가항목은 공통분야 외에 '경제거점화 가능성'을, 근린재생형은 '사업의 시급성'에 대하여 평가한다.
  평가항목 및 주요 평가내용 등은 〈별표 1〉을 참조한다.

6. 도시쇠퇴기준 및 진단기준

6.1 쇠퇴기준

6.1.1 쇠퇴기준으로서의 쇠퇴지표
  도시쇠퇴란 일반적으로 물리적 노후화, 경제적 쇠퇴, 사회적 문제 등이 도시공간에 집중되어 나타나는 현상으로 그 원인 및 양상은 복합적·상대적이어서 쇠퇴여부를 판단할 수 있는 절대적인 기준을 제시하기는 어렵다. 다만, 지방자치단체가 인구·사회, 산업·경제, 물리·환경적 측면의 쇠퇴실태를 시간적·공간적

관점에서 파악할 수 있는 쇠퇴기준으로서 쇠퇴지표를 활용할 수 있다.

6.1.2 쇠퇴지표의 설정

쇠퇴지표는 인구·사회, 산업·경제, 물리·환경적 측면의 각 영역별 쇠퇴를 합리적이고 객관적으로 설명할 수 있어야 한다. 또한, 지표로서의 일반원칙, 즉 대표성, 방향성, 이론적 근거, 측정의 단순성, 지속적자료취득 가능성 등 5가지 원칙을 충족해야 한다. 쇠퇴지표는 읍·면·동을 기준으로 조사하여 구축하는것을 기본으로 하며, 향후 구체적·실증적인 현황파악을 위해 집계구, 필지 등 최소공간단위 기준으로 지표 조사 및 자료 구축이 가능하다. 지방자치단체는 기본적으로 도시재생종합정보체계에서 제공하는 지표를 활용한다. 영역별로 제시된 지표군 이외에 지역고유의 쇠퇴특성을 보다 심층적이고 종합적으로 파악하기 위하여 지방자치단체 내부자료, 현장조사 및 설문 조사 등을 통해 추가적으로 쇠퇴지표를 발굴·조사할 수 있다.

〈영역별 쇠퇴지표 예시〉

대분류	중분류	쇠퇴기준으로서 쇠퇴지표 예시
인구·사회	인구	인구변화율, 순이동률, 노령화지수, 독거노인가구 비율 등
	사회	기초생활보장수급자수, 소년소녀가 장수, 평균 교육년수, 범죄율, 주야간 인구비율, 통행량 등
산업·경제	산업	사업체수증감률, 종사자수증감률, 고차사업종사자비율 등
	재정	1인당 지방세액, 의료보험료, 재정자립도, 지가변동률 등
	소득	평균소득, 실업률, 사업체별 매출액 등
물리·환경	건축물	노후건축물 비율, 노후주택비율, 공가율, 최저주거수준 미달가구 비율 등
	환경	토지이용현황, 과소필지 비율, 1인당 도로연장, 접도율 등 공공시설 및 도시기반시설 접근성 등

6.2 진단기준

6.2.1 진단기준의 필요성

지방자치단체는 쇠퇴지표를 활용하여 해당 도시의 쇠퇴실태를 객관적이고 효과적으로 진단하고, 도시재생 관련 계획의 수립 및 지원을 위해 쇠퇴 진단기준을 마련할 필요가 있다.

지방자치단체는 지방자치단체 여건, 도시특성 및 자료 구축 가능성을 고려하여 진단기준으로서 개별 쇠퇴기준을 활용하거나, 복합쇠퇴지수를 활용할 수 있다.

6.2.2 진단기준 예시

(1) 개별 쇠퇴기준을 활용한 진단기준 예시

가장 간단하고 용이한 방법으로 도시·지역 간 상대적 비교가 용이하다는 장점이 있으나 한 가지 속성을 통한 진단 기준이므로 쇠퇴실태의 복합적 특성을 진단하기에는 한계가 있다.

도시재생활성화지역의 지정 등을 목적으로 해당 지역의 쇠퇴여부를 진단하기 위하여 인구감소율, 사업체수 및 종사자수 감소율, 노후건축물의 증가율 등 개별 쇠퇴기준을 활용하여 해당 지역의 쇠퇴실태를 진단하기 위한 기준으로 활용이 가능하다.

(2) 개별 쇠퇴기준의 교차분석을 통한 진단기준 예시

서로 상관성이 있는 개별 쇠퇴기준의 교차분석을 통해 도시쇠퇴 특성의 진단이 가능하다. 교차분석 결과의 산포도 작성 등 시각화를 통해 도시쇠퇴실태를 보다 객관적으로 진단할 수 있다.

(3) 다양한 쇠퇴기준의 복합화를 통한 진단기준 예시: 복합쇠퇴지수

인구·사회, 산업·경제, 물리·환경 영역별로 여러 개의 쇠퇴기준을 종합화한 복합쇠퇴지수를 진단기준으로 활용할 경우, 다양하고 복합적으로 나타나는 도시쇠퇴의 종합적인 진단이 보다 용이하다.

인구·사회, 산업·경제, 물리·환경 영역별로 지역의 특성에 맞는 쇠퇴기준을 활용하되, 개별 쇠퇴기준들 간의 상대적 중요도를 고려하여 기준별 가중치를 부여하고 이를 종합한 복합쇠퇴지수를 산출·활용한다. 지표선정 및 영역별 가중치는 지역특성에 따라 전문가 자문, 지방자치단체 내 자원배분 우선순위 등을 고려하여 결정한다.

6.2.3 진단기준의 활용

다양한 도시쇠퇴 진단기준에 따른 쇠퇴진단 결과는 도시내부의 쇠퇴수준과 양상을 확인하고, 공공의 역할과 지원이 시급한 지역을 도출하는 등 도시재생이 우선적으로 필요한 지역선정에 활용할 수 있다.

구체적으로는 도시재생활성화계획 수립 시 해당 지방자치단체 내에서 도시재생이 필요한 쇠퇴지역의

진단 및 해당 쇠퇴지역에 필요한 도시재생사업의 유형, 쇠퇴지역 간의 도시재생사업 추진 시급성 여부, 우선 지원 여부 등을 결정하는 과정에 활용이 가능하다.

　다만, 도시재생활성화 및 지원에 관한 특별법의 도입 초기인 점을 감안하여, 단기적으로는 인구·사회, 산업·경제, 물리·환경 각 영역의 쇠퇴특성을 대표할 수 있는 인구감소율·총 사업체수·노후건축물 비율 등의 개별지표를 쇠퇴진단기준으로 활용하고, 중장기적으로 복합쇠퇴지수를 활용함으로써 지방자치단체 고유의 쇠퇴 특성을 진단할 수 있도록 점진적으로 보완할 필요가 있다.

7. 기초생활 인프라의 범위 및 국가적 최저기준

7.1 기초생활 인프라의 범위

　과거 주택의 양적공급에 치중한 개발과 제조업 및 대도시 성장위주의 정책은 주거 이외 공원, 복지·교육시설 등 생활환경을 이루는 다양한 측면에 대한 종합적인 고려가 부족하였고 인프라의 지역 간 공급불균형을 초래하였다. 기초생활 인프라는 국민행복을 위한 삶의 질 향상의 기반이 되는 기초서비스시설 및 지역공동체 회복의 거점공간이 될 공동이용시설로, 이에 대한 범위 및 최저기준 설정은 도시의 팽창·성장 시기에 통용되던 주요 기반시설의 범위와 적정수준을 변화된 시대 흐름과 다양한 수요변화에 따라 재조정하여 제시함으로써 구도심을 비롯한 쇠퇴지역의 생활여건 개선 및 활성화의 토대를 마련하는데 의의가 있다. 기초생활 인프라의 범위는 주민 다수가 공동으로 이용하는 시설 여부, 공공 공급의 필요성, 생활밀착형 시설 여부 등을 감안하여「국토의 계획 및 이용에 관한 법률」에 따른 생활 인프라와의 정합성을 기준으로 6개 부문 11개 시설로 정의한다.

〈 기초생활 인프라의 범위 〉
① 교통시설　　　　　　　: 주차장
② 공간시설　　　　　　　: 생활권공원, 근린광장
③ 유통·공급시설　　　　 : 상수도
④ 공공·문화체육시설 : 어린이집·유치원, 초등학교, 공공체육시설, 도서관, 노인의료복지시설
⑤ 방재시설　　　　　　　: 저류시설
⑥ 환경기초시설　　　　　: 하수도

7.2 국가적 최저기준

　6개 부문 11개 기초생활 인프라에 대하여 국내법령 및 국제기준 등을 고려하여 국가적 최저기준을 설정한다. 국가 및 지방자치단체는 도시주민의 생활편의를 증진하고 삶의 질을 일정한 수준으로 유지하거나 향상하기 위하여 다음에 제시한 국가적 최저기준 수준으로 기초생활 인프라를 유지 또는 단계적으로 확충할 수 있도록 노력한다. 생활권 규모, 지역 여건, 시설수요, 기존 유사시설의 유무 등을 고려하여 지방자치단체별로 기준을 적용하도록 한다. 행정구역이 읍·면인 경우는「농업인 삶의 질 향상 및 농어촌지역 개발촉진에 관한 특별법」제44조에 따른 농어촌서비스기준 이상으로 지방자치단체가 기준을 적용하도록 한다.

[별표 1] '도시경제기반형' 및 '근린재생형' 선도 지역 평가항목
⑴ 도시경제기반형
평가항목: 도시재생사업으로서의 적정성
주요 평가내용
■ 사업규모·비용·기간 등 사업내용의 현실성 등
■ 세부사업 간 기능적·내용적 연계의 적절성 등
■ 단계적·점진적 사업추진방식 채택 여부
평가항목: 지방자치단체의 추진역량
주요 평가내용
■ 전담조직 및 부서 간 협업체계 구축의 적정성 및 운영실적의 우수성 등
■ 이해관계자 등에 대한 의견수렴체계 구축 등
■ 지방비 등 자체 재원조달 가능성 등
평가항목: 사업의 파급효과
주요 평가내용
■ 신규 질 좋은 일자리 창출 및 적정성
■ 건강한 주민생활 영위를 위한 쾌적성, 편리성 등 보다 나은 생활을 향유하는 데에 미치는 효과 등
■ 사업주변지역과의 기능적·내용적 연계성
■ 모도시 및 대상지역의 거점성·중심성 및 사업이 주변지역에 미치는 효과 등
평가항목:

주요 평가내용 경제거점화 가능성
- 산업단지, 철도, 항만 등 주요 국가핵심시설/중추시설과의 연관성 등
- 국토종합계획 및 기타 상위계획과의 연계성
가점 : 국정과제와의 연계성
(2) 근린재생형
평가항목: 도시재생사업으로서의 적정성
주요 평가내용
- 사업규모·비용·기간 등 사업내용의 현실성 등
- 세부사업 간 기능적·내용적 연계의 적정성 등
- 단계적·점진적 사업추진방식 채택 여부
- 지역자산 발굴, 활용 등 지역특화노력
- 기존 공동체 보존·활용을 위한 구상
평가항목: 지방자치단체의 추진역량
주요 평가내용
- 전담조직 및 부서 간 협업체계 구축의 적정성 및 운영실적의 우수성 등
- 이해관계자 등에 대한 의견수렴체계 구축 등
- 해당 지방자치단체 내 유사 사업 추진실적 보유 여부 및 성공적 수행 정도
- 주민 등 주요 추진주체의 역량강화를 위해 유사 프로그램 실적 보유 여부 및 성과
- 지방비 등 자체 재원조달 가능성 등
평가항목: 사업의 파급효과
주요 평가내용
- 신규 질 좋은 일자리 창출 및 적정성
- 건강한 주민생활 영위를 위한 쾌적성, 편리성 등 보다 나은 생활을 향유하는 데에 미치는 효과 등
평가항목: 지역의 쇠퇴도
- 사업지역의 인구, 사업체수, 노후건축물 등 주요지표상 쇠퇴정도
가점 : 국정과제와의 연계성

출처 : 국토교통부

B-3-e. 2020년 소규모재생사업 75곳 선정

□ 국토교통부(장관 김현미)는 두 달에 걸쳐 2020년 소규모재생사업 공모절차를 진행한 결과, 5월 21일 사업 대상지 75곳을 선정하였다.

ㅇ 소규모재생사업은 주민이 단기간(1~2년) 내 완료 가능한 단위사업 (3~4개 내외)을 발굴하여 지자체가 신청하면, 국토부가 평가·심사를 거쳐 국비(1곳당 최대 2억 원)를 지원하는 사업이다.

□ 이번 선정은 사업을 신청(4.20)한 총 138곳의 기초지자체 중에서, 도시재생 전문가로 구성된 평가위원회의 3단계 평가절차(서면질의·응답→ 서면평가→발표평가)를 거쳐 이루어진 것이다(평균경쟁률 1.8:1).

[표 Ⅲ-4] 광역지자체별 선정 현황

지역	선정	지역	선정	지역	선정	지역	선정	지역	선정	지역	선정
서울	3	대구	1	세종	1	강원	10	전남	7	경북	6
부산	3	광주	3	울산	1	충북	3	전북	6	제주	1
인천	3	대전	1	경기	11	충남	6	경남	9	총계	75

출처 : 국토교통부

⇒ 선정된 사업은 평가과정에서 지적된 사항에 대해 사업계획을 수정·보완하고, 6월부터 본격적인 사업 추진에 나설 예정으로 국비 총 100억 원(사업지당 평균 1.3억 원)을 지원받게 된다.

□ 본 사업은 주민과 지자체가 협력하여 지역 내 소규모 사업을 직접 발굴하고 추진해 보는 경험을 축적함으로써 향후 뉴딜사업을 원활히 추진할 수 있는 역량을 키워내는 데 의의가 있는데,

⇒ 실제로 2018~2019년까지 선정된 총 145곳 가운데 32곳이 도시재생 뉴딜사업지 선정으로 이어지는 등 성과를 창출하고 있다.

〈 도시재생 뉴딜 발전 사례 〉

① 문경시 'Play 점촌! Joy 문경!'[2018년 선정, 총 사업비 3.1억 원(국비 1.55억 원)]

☞ 놀이와 문화콘텐츠 도입을 통해 점촌1·2동의 슬럼화에 대응하고 마을활동가·실버인형극단·마을 DJ 양성 등 다양한 재생역량 축적

② 부산중구 '육아나눔터' [2018년 선정, 총 사업비 3억 원(국비 1.5억 원)]

☞ 노후주택 밀집 및 도시공동화, 육아시설 부족 등으로 젊은 층 정착이 어려운 지역에 공동육아시설을 만들어 주민 주도 운영 중

□ 올해 선정에서는 다양한 지역특색을 반영하고 뉴딜사업으로 발전할 수 있는 잠재력과 연계가능성을 갖추고 있는지를 중점 심사하여,

⇒ 주민 주도집단이 없거나 단순한 시설·환경 정비에 치우친 곳은 신정을 지양하고, 마을공방 운영(강원 고성), 골목길 특색가로 조성(경북 성주)

등 지역자원을 충분히 활용하고, 협동조합(경기 군포) 양성 등 사업의 지속 가능성을 확보하려는 노력이 엿보이는 곳을 중점적으로 선정하였다.

〈 '20년도 선정사업 소개 〉

① 강원 고성군 '화목한 희망공작소 블랙우드'[총 사업비 2억 원(국비 1억 원)]

⇒ 산불피해를 역이용하여 불에 탄 목재를 활용한 굿즈 상품제작 공방 조성, 목공체험지도사 양성, 목공기술을 활용한 지역경관개선 등의 사업을 수행

② 전북 전주시 '서서학동 청춘 STAY 사업'[총 사업비 2억 원(국비 1억 원)]

⇒ 또르락공방(거점공간)을 조성하여 관리사무소 등으로 사용하고, 집 수리단 운영, 공유책방 조성, 마을정원사 육성 등 역량강화 사업 추진

③ 경북 성주군 '성주 읍성 동문 밖 어귀길 조성사업'[총 사업비 3억 원(국비 1.5억 원)] ⇒ 좁고 오래된 골목길을 테마 특색가로 조성하여 안전한 보행환경 구축, 골목 상권의 활성화를 위한 '별의별 디자인단(협동조합)' 구성·운영

④ 충북 영동군 '고향역 문화플랫폼을 도시재생의 거점으로'[총 사업비 2억 원(국비 1억 원)]

⇒ 오래된 고향역을 문화 플랫폼화 하여 문화페스티벌 시행, 지역주민 마실자전거 운영 및 안내지도 제작을 통해 공동체 활성화 도모

□ 올해 선정된 사업지에 대해서는 6월 내 국비를 교부하여 사업계획대로 신속히 추진·집행될 수 있도록 하며

⇒ 국토부·LH지원기구·지자체간 간담회, 현장방문, 전문가컨설팅 등 다양한 측면 지원을 통해 사업 추진을 적극 도울 계획이다.

□ 또한 내년 사업부터는 올해 하반기(11~12월)에 대상지를 미리 선정하여 지자체의 예산 집행기간을 충분히 확보하고 사업의 완성도를 높일

계획이다.

⇒ 나아가 체계적인 뉴딜사업 준비를 위해 소규모재생사업이 뉴딜 전
(前)단계 사업으로 자리매김할 수 있도록 뉴딜 선정과의 연계도 강화하는
등 제도발전 방향도 검토해 나갈 계획이다.

□ 국토교통부 조성균 도시재생역량과장은 "올해 소규모재생사업에
지역주체들의 적극적 참여로 의미 있는 많은 사업들이 선정되었다"고 말하
며, "향후 본 사업들이 도시재생 뉴딜로 이어질 수 있도록 사업관리 또한
빈틈없이 해 나가겠다"라고 덧붙였다.

[표 Ⅲ-5] 광역지자체별 선정 현황2020년도 소규모재생사업 선정 결과(17개 시·도 75곳)

	구분		사업명	국비(천 원)
	광역	기초 대상지		
1	서울	성동	송정10길 골목길 정비사업	200,000
2		성동	뭐든지 해보고 가게/뭐해가 project	50,000
3		용산	경리단길 복덕방, 경리단길 새로이	155,000
4	부산	부산진구	삶의 불빛을 잇다. 호천르네상스	140,600
5		해운대구	속닥속닥삼어발전소	51,000
6		금정	부산대학로 생생활력 UP！	200,000
7	인천	미추홀구	마을이야기 정겨운 독정골마을	100,000
8		강화	동문안 사람들이야기	190,870
9		연수	어서와 함박마을은 처음이지	80,000
10	대구	달성	눈꽃처럼 밝은 설화마을 만들기 프로젝트	85,000
11	광주	동구	소태동 소통꽃담을 피우다	200,000
12		동구	역사와 문화가 흐르는 지산이음	150,000
13		북구	에코(eco)-허브(hub) 운암마을	50,000
14	대전	서구	수밋들의 어울림, 함께 그리는 꿈	53,400
15	세종	=	교평마을 공동체 도시재생으로 문화를 품다	200,000
16	울산	북구	정자, 바닷마을 다이어리	198,500
17	경기	군포	군포역세권 마을관리협동조합 기반구축	30,750
18		동두천시	상부상조(相扶相助)으로 상생하는 중앙동	150,000
19		부천	고리울선사숲공동체만들기	80,000
20		오산	작은소통의 시작, 새장터마을 "뚝딱이공작소"	113,500
21		용인	북적북적 김량장 르네상스	66,120
22		이천	내손으로 만드는 행복 삶터 마전터마을	81,500
23		평택	Our Safety First Village, 안중	118,300

24		포천	분단의 아픔과 수복의 역사가 함께하는 굴울마을	200,000
25		하남	하남다움 신장 디자인	50,000
26		화성	100년 삶터 사강시장과 도시재생 포도송이	166,800
27		화성	솔뫼 옛길을 품은 화산동 화수분마을	165,000
28	강원	춘천	소양강 햇살 머금은 50호마을	200,000
29		강릉	주문진 도시재생 경제생태계 조성 프로젝트 줌	99,790
30		삼척	다시부는 미풍(美風), 도계 전두시장	200,000
31		홍천	홍천시장 손잡 G O! [신장개업]	132,000
32		횡성	아동친화마을로 되살아난 쇠목골	142,700
33		평창	평창 공동체 미디어 프로젝트	66,850
34		정선	빛의 요정으로 사계절 꽃피우는 야생화마을	150,000
35		정선	새골마을 작소단이 키워가는 맛있는 도시정원	170,000
36		고성	화목(Burning Tree)한 희망공작소 블랙우드	100,000
37		양양	Level Up! 남문리 마을계획단	75,000
38	충남	공주	거리에 多가치 모이자	200,000
39		보령	울도 담도 쌓지 않은 정원마을 관촌	100,000
40		당진	거산 아동돌봄	86,200
41		금산	너나우리 중도하옥 마을 공동체프로젝트	52,000
42		서산	번화로 랑만(朗漫)작당 반상회	71,500
43		예산	사과향 솔솔, 달콤한 행복마을 응봉	93,000
44	충북	옥천	이원면 재생을 위한 이원 인근 활성화 사업	143,000
45		영동	고향역 문화 플랫폼을 지역의 거점으로	100,000
46		진천	모두를 위한 가치 더하기 생거진천 YOU+	60,000
47	전남	순천	덕연동, 다시 뛰는 마을활력 프로젝트	200,000
48		곡성	1973 REVIVAL 함께 만드는 우리 돌실마을	200,000
49		곡성	곡성 신나夜	200,000
50		고흥	행복을 쏘아올리는 고흥 어울림센터 만들기	200,000
51		강진	일터와 삶터를 잇는 달무릇 행복마을	200,000
52		해남	해남에서 나누는 음식, 이야기, 정 '나눌샘'	200,000
53		신안	천사섬 별빛 스튜디오 조성사업	200,000
54	전북	전주	서서학동 청춘 STAY 사업	100,000
55		전주	금암1동 금빛마을(Golden Village) 만들기	30,000
56		전주	물왕멀 CCBL 도시재생 챌린지	110,000
57		익산	금마 "백제야 놀자" 프로젝트	49,000
58		임실	'개팔자가 상팔자여~'오수애견마을 만들기	60,000
59		순창	창림에서 시작하는 주민들의(窓)(틈)(創)(窓)	137,355
60	경남	사천	삼천포의 역사 숨터, 갈대새미 공유마당 회복	200,000
61		김해	내외(內外) 땅심 살리기, 함께 배우는 문화마을	130,000
62		거제	재생–업, 할매들의 소소하고 확실한 행복	200,000
63		밀양	마을과 더불어살대(밀양 마·더센터 조성사업)	197,000
64		양산	청춘과 함께, 동행해 주남	200,000

65		의령	청춘마실방앗간	180,000
66		고성	무학마을 소통·소가야 플랫폼 조성	200,000
67		남해	수리수리 마을수리	132,500
68		거창	공유! 자생! 죽전 만당 공작소	175,000
69	경북	경주	성건동, 책놀자 프로젝트	70,000
70		김천	노실고개 따라 피어나는 다락(多樂)방송	100,000
71		영주	인삼인해(人蔘人海) 풍기골 건강골목길 조성사업	200,000
72		청송	참되고 보배로운 이야기, 진보미담(美談)	100,000
73		성주	성주읍성 동문밖 어귀길 조성사업	200,000
74		봉화	"소통하길·행복하길·안전하길"동네,다함께하길	60,765
75	제주	제주		200,000
합계 금액				10,000,000

출처 : 국토교통부

B-4. 문재인 정부의 도시재생 뉴딜정책

B-4-a. 도시재생 뉴딜정책 공약 및 추진

① 3대 추진전략

도시혁신공간/도시재생 경제활성화/주민, 지역주도

② 정책4대 목표

주거복지와 삶의 질 향상/도시 활력 회복/일자리창출/공동체 회복 및 사회통합

③ 5대 추진과제

노후 저층거주지의 주거환경정비/구도심의 혁신거점으로 조성/도시 재생 경제 생태계 조성/풀뿌리 도시재생 거버넌스 구축/상가 내몰림 현실 에 선제적 대응

④ 도시재생지원센터 현황

전국에 384개소가 있다.

⑤ 도시재생 지원체계

1. 중앙부처는 도시재생 특별위원회를 통해 범부처 협업사업을 패키지로 지원.

2. 지자체는 도시재생지원센터와 주민과 함께 경쟁력 있는 사업을 추진.

3. 도시재생 지원기구는 지자체와 주민이 도시재생을 추진하는 과정에서 맞춤형 지원을 제공.

⑥ 중앙정부와 지방정부의 심의, 행정, 지원, 실행의 조직

[그림 III-4] 중앙정부와 지방정부의 심의, 행정, 지원, 실행의 조직

출처 : 국토교통부

⑦ 뉴딜 도시재생

[그림 III-5] 도시재생의 흐름도

출처 : 국토교통부

▶ 주민 참여: 내가 원하는 도시를 직접 설계하라: 주민은 사업의 주체이자 파트너입니다.

▶ 지역 특화: 경쟁력! 차별화로 승부하라!: 지역특화 핵심콘텐츠를 발굴해야 합니다.

▶ 부처협업: 저비용! 고효율!: 부처 간의 벽을 허물고 협력해야 합니다.

▶ 민간협력: 공공지원! 민간은 투자!: 민관협력 사업전략이 필요합니다.

[그림 Ⅲ-6] 도시재생의 주체와 지원간의 교류 흐름도

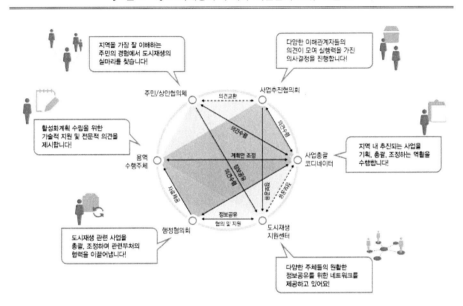

출처 : 국토교통부

문재인 정부의 도시재생 뉴딜사업은 사업의 성격과 규모 등에 따라 5가지 유형으로 구분하고 각 유형에 따라 국비를 차등하여 지원(50억~250억)할 계획이다. 5가지 유형으로는 우리동네살리기(소규모 주거), 주거지지원형(주거), 일반근린형(준주거), 중심시가지형(상업), 경제기반형(산업) 등이다. 2017년도는 사업시행 첫해인 만큼 사업성과가 빨리 나타날 수 있도록 주민협의나 계획수립 등이 잘 준비된 사업을 우선 선정하였다. 또한 선정사업을 향후 우수사례로 발전시킬 수 있도록 지역 특성을 잘 활용한 특화사업을 중점 선정할 계획이었다. 아울러 부동산 시장 안정을 최우선으로 고려

하여 사업을 선정하였으며, 부동산시장 과열을 초래하지 않도록 지속 관리
한다는 것이었다. 선정규모는 총 70곳 내외로 이 중 45곳을 광역지자체가
선정토록 하며, 그 외에 중앙정부 선정 15곳, 공공기관 제안형 10곳 수준
으로 한다는 계획이었다. 사업선정을 위한 평가는 서면평가 → 현장실사
및 컨설팅 → 종합평가 단계로 이루어지며, 사업의 시급성과 필요성, 사업
계획의 타당성, 사업효과 항목을 평가지표로 확정했다.

B-4-b. 도시재생 뉴딜사업 유형

[표 Ⅲ-6] 뉴딜사업 유형별 특징

유형	내용	대상지역	면적규모(㎡)	평가주체	사업 수
우리 동네 살리기	기초적 기반시설 있는 생활권 내로 주거지의 노후로 인구유출이 발생하는 지역 생활편의시설 공급 및 소규모 주택정비사업 등으로 마을 공동체 회복	소규모 저층 단독주택지역	5만 이하	광역지자체	45곳 (광역지자체별 최대 3곳) ·지자체 규모 등 고려 (세종, 제주2)
주거지 지원형	골목길 정비와 소규모 주택 정비를 위한 주택개량 사업을 통해 생활편의시설 공급 및 소규모 주택정비사업 등으로 주거지 전반의 여건 개선	저층 단독주택지역	5~10만		
일반 근린형	마을가게운영, 보행환경 개선 등을 지원하는 사업, 지역의 대상 중 골목상권과 주민공동체를 위한 목표로 주민공동체 거점 조성.	골목상권과 주거지 혼재	10~15만	중앙 (국토교통부)	15곳(경쟁방식) ·경제기반형 2곳 내외
중심시가지형	문화와 역사 그리고 관광으로 활력증진을 위한 상권을 지원하는 사업과 공공서비스지역 중 원도심이 쇠퇴한 지역이 대상이다.	상업, 창업, 역사, 관광, 문화 예술 등	20만 내외		
경제 기반형	복합앵커시설 등 신 경제거점을 형성하고, 일자리를 창출하는 상업, 도시와 국가 차원의 경제적 쇠퇴가 심각한 지역 대상.	역세권, 산단, 항만 등	50만 내외		

출처 : 국토부, 2017 도시재생 뉴딜사업 선정 가이드라인 김민지(2020).[blog.naver.com] 도시재생 뉴딜
사업이란?

B-4-c. 기존 도시재생과 문재인 정부의 도시재생 뉴딜과의 차이점

기존 도시재생과 문재인 정부의 도시재생 뉴딜과의 차이점은 다음과 같다.

첫째, 주거문제 해결에 집중되어 있다. 주거사업 중에서 도시재생의 유형을 세분화하면서 제시를 하였는데 주로 공공임대 주택 공급으로 토지임대부와 환매조건부 등이다. 둘째, 권장사업에서 소규모의 사업을 중심으로 하는데 면적을 5만㎡에서 50만㎡ 이하로 줄였다. 셋째, 개발 사업에 있어서 농어촌과 도시 활력 회복을 도시재생의 뉴딜사업으로 포괄하고 있다. 넷째, 광역자치단체의 권한을 대폭 확대하였다. 우리동네살리기, 주거지원형, 일반근린형의 경우 광역자치단체가 시군구의 신청을 받을 수 있도록 하였고, 평가와 선정 권한을 위임하였다. 다섯째, 젠트리피케이션을 강화하였다. 원주민들의 내몰림 현상을 방지하기 위해 원도심, 전통산업 집적지, 전통시장 등의 집약적 정비를 통해 일자리를 창출하며, 저소득층을 위한 주거공간, 영세소상공인을 위한 상업공간 확보 의무화 등의 조항을 추가하였다(이완건 외, 2017).

B-4-d. 2020년 신규 사업은 3단계 절차를 거쳐 선정

(1) 먼저, 광역 시·도가 지자체로부터 제출받은 사업계획을 평가하여 선정 후보사업을 마련하였다.

(2) 이에 대해 국토부가 전문가로 구성된 평가단을 통해 사업의 실현가능성과 타당성을 평가하고, 선정 후보사업을 엄선하였다.

(3)) 도시재생특별위원회에서 선정 후보사업의 사업계획 적정성, 국비 지원의 타당성 등을 심의하여 최종 47개 사업을 선정하였다.

□ 이번에 선정된 47개 사업에는 2024년까지 총 1.7조 원이 순차 투입되고, 총 616만㎡의 쇠퇴지역에서 도시재생이 이루어질 예정이다. 일자

리는 마중물 사업을 기준으로 약 9천 개(건설단계: 약 7천 개, 운영·관리단계 약 2천 개)가 창출될 전망이다.

* 국비 3.7천 억, 지방비 3.0천 억, 부처연계 2.7천 억, 지자체 4.5천 억, 공기업 2.4천 억, 기금·민간 1.0천 억

○ 47개 사업지에서 노후저층 낙후된 주거지의 주거환경 개선을 위해 1,972호에 대한 집수리, 36호에 대한 빈집정비가 추진되고 공공임대주택 741호가 공급된다. 전선 지중화는 10개 사업지(총 9.05km)에서 추진된다.

○ 또한, 구도심의 도시공간 혁신 및 상권 활성화를 위해 마을 주차장·문화시설 등 98개의 생활 SOC 시설이 공급되고, 로컬 푸드 판매·청년 창업공간 등 57개의 산업·창업지원시설이 건립될 계획이다.

□ 특히, 도시재생 뉴딜사업을 통해 위험건축물 정비 등으로 도시문제를 해결하고, 그린뉴딜·디지털뉴딜 정책을 구현하는 데 역점을 두었다.

○ △위험건축물정비(전남해남·고흥), △방치 건축물 리모델링(대구중구 등 5곳), △노후·미활용 공공시설 활용(경기용인 등 12곳) 등을 통해 지역에 필요한 SOC가 공급된다.

○ 총 37개의 사업지에서 제로에너지건축 또는 그린 리모델링을 적용하여 환경 친화적인 도시재생이 되도록 계획하고, 서울 양천과 경기 용인은 스마트기술요소(주차공유시스템, 스마트 가로등 등)를 적용하여 지역 문제를 더욱 효과적으로 해결할 예정이다.

□ 올해 1차로 선정(2020.9)한 23개 사업에 이어, 이번 2차 선정으로 47개 사업이 추가됨에 따라 올해 선정된 사업 수는 총 70개가 되었다. 또한, 연말 3차 선정을 통해 50개 내외의 사업을 추가 선정할 예정으로, 금년 선정 물량은 총 120개 내외가 될 전망이다.

○ 도시재생뉴딜사업을 시작한 2017년부터 작년까지 선정된 사업은 총 284개로 전국 157개 지자체에서 활발하게 사업을 추진하고 있다. 이를 통해 공공임대주택공급 1.5만 호(170개 사업지), 빈집 정비 1.2천 호(185개 사업지),

주차장·도서관·공원 등 생활 SOC 919개소 공급 등이 이루어질 계획이다.

○ 특히, 올해 말에는 최초로 전체 마중물사업이 완료되는 사업지가 탄생하는 등(총 13개 : 2016년도 선정 8개, 2017년도 선정 5개) 사업의 성과가 점차 본격화될 예정이다.

□ 백원국 국토교통부 도시재생사업기획단장은 "도시재생뉴딜사업이 181개 지자체, 354개 사업으로 확대되어, 이제는 전국사업으로 자리매김하게 되었다"면서, "사업수가 증가하는 만큼 국민이 체감하는 성과를 창출할 수 있도록 지자체와 함께 사업을 보다 세밀하게 관리해 나가겠다"고 밝혔다.

B-4-e. 2020년 주요 사례와 활성화계획도 · 실행계획도

[일반근린형]

① 경기 용인시

☞용인시 신갈로 상인 ㄱ씨는 요새 하루가 바쁘다. 가게 앞 차 없는 거리축제로 방문객이 늘고 스마트 공유주차로 주차문제가 해결되면서 더 많은 손님들이 방문하기 시작했기 때문이다. ㄱ씨 아버지 ㄴ씨 일상에도 변화가 생겼다. 일주일에 두 번 신갈오거리 공유플랫폼을 방문하여 순환자원 회수로봇에 분리수거를 하고 포인트를 적립 받아, 돌봄 센터에서 방과 후 수업을 듣는 손녀와 함께 집으로 돌아온다. 어린이 안심골목이 조성되며 손녀가 혼자 하교하는 날에도 안심할 수 있다. 또한, 분리수거로 적립된 포인트로 온라인 스마트 상점에서 필요한 물건을 주문하면서 개인시간이 늘어 실버케어 센터에서 만난 친구들과 시간을 보내곤 한다.

□ 경기 용인시 재생사업은 스마트기술을 접목한 지역공동체 거점 조성과 안전하고 편리한 주거환경조성·상권 개선으로 지역에 활력을 공급하는 사업이다.

＊ 면적: 210천㎡/사업비: 484억(마중물 200억(스마트 50억), 지자체 39.3억, 공기업 235억 등)

○ 사업지인 신갈로 일대는 구청 이전, 우회도로 개통, 인근 지역 대규모 개발 등으로 상권이 침체되고 주거환경이 쇠퇴되고 있다.

○ 이에 장기 방치된 상가를 다문화가족 소통 공간, 돌봄 교실, 북카페 등이 있는 신갈오거리 공유플랫폼으로 조성하고, 노후 공공시설(관골 노인정)을 실버케어센터로 리모델링하여 주민들이 교류할 수 있는 복지·커뮤니티 공간을 마련한다.

○ 신갈초등학교 주변은 교통사고방지 시스템 적용, 안전난간 설치 등으로 어린이 안심골목을 조성하고, 주거지역에는 CCTV, 비상벨 등 안전시설과 쓰레기공동배출시설, 공유주차 시스템, 스마트전력모니터링 등을 설치하여 안전하고 편리한 생활환경을 조성한다.

○ 중심가로(신갈로58번길) 주변은 상권 활성화를 위해 주차공간을 정비하고, 플리마켓 등 거리축제, 스마트상점(온라인 장보기)시스템 운영할 계획이다.

② 강원 정선군

☞강원도 정선 고한 18번가에 살고 있는 ㄷ씨는 매일 마을공방으로 출근을 한다. 이웃과 함께 LED 야생화를 만들어 판매하는데, 주문이 많아 주문량을 맞추기 바쁘다. 더욱이 오늘은 인근 도시의 중학생들이 체험 견학을 온다. 도시재생사업으로 바뀐 골목길을 걸으며 구 탄광지역의 변화된 얘기들을 들려줄 예정이다. 오후에는 내일부터 개최되는 오즈로드 축제 주민회의가 있고, 저녁에는 야생화어울림카페에서 우쿨렐레 동아리 강습이 있다. 은퇴 후의 삶이 더욱 바쁘고 보람된 나날이다.

□ 강원도 정선군 재생사업은 지역 특색인 야생화를 활용하여 야생화 수공예 마을기업을 육성하고, 골목길을 관광자원으로 이용하여 상권을 활성화함과 동시에 노후화된 주거환경을 개선하는 사업이다.

　* 면적: 186천㎡/사업비: 271억(마중물 170억, 지자체 94억, 부처연계

5억 등)

○ 석탄생산이 주산업이던 고한은 1980년대 말부터 추진된 석탄산업 합리화 정책 이후 지역경제 위축, 인구감소, 건축물 노후화를 겪고 있다.

○ 지역경제 활성화를 위해, 해당지역의 대표 자원인 함백산 야생화를 중심으로 주민 공예가를 양성하고, 야생화 수공예 마을기업을 육성할 계획이다. 마을을 잇는 2.5km 구간의 골목길은 야생화로드로 조성하여 관광자원화한다.

○ 또한, 60여 년의 역사를 지닌 지역 전통시장인 구공탄시장 주변의 장기 방치된 여관을 철거한 후 야생화어울림플랫폼으로 조성하여 주민의 문화·예술·여가 거점 공간으로 활용할 수 있도록 하고, 시장 안의 공가는 공유주방으로 탈바꿈하여 지역 먹거리 개발과 창업 지원을 돕는다. 20년 이상 된 노후주택 정비와 마을 중심하천인 지장천의 환경개선과 안전시설 개량 등을 통해 주변 환경도 개선할 예정이다.

③ 전남 해남군

☞전북 해남군에 사는 청년 ㄹ씨 가족은 요즘 전통시장을 방문하는 일이 부쩍 많아졌다. ㄹ씨는 시장 내에 조성된 창업플랫폼에서 창업 관련 교육을 받고 있는데, 교육 수료 후 플랫 폼 내 상생상가에 들어가 자신의 꿈을 펼칠 수 있다는 생각에 매일이 즐겁다. ㄹ씨의 할아버지, 할머니는 시장 내 커뮤니티센터에서 꾸준히 건강관리를 받는 덕에 활력이 넘친다. 이번 주말에 ㄹ씨 가족은 마을축제가 열리는 전통시장에서 시간을 보낼 계획이다.

□ 전남 해남군 재생사업은 전통시장(매일시장 및 5일 시장)을 지역 커뮤니티·창업·관광 거점으로 활용하고, 이와 연계한 특화거리를 조성하여 지역 상권을 활성화하고 노후 주거환경을 개선하는 사업이다.

* 면적: 154천㎡/사업비: 1,153억(마중물 142억, 부처연계 304억, 지자체 708억 등)

○ 해당 사업지는 주거환경이 노후화되고 인근에는 남악 신도시가 조성되면서 인구가 유출되고 상권이 침체되는 등 쇠퇴를 겪고 있다.

○ 이에 매일시장의 노후화된 위험건축물(D등급) 정비를 통해 창업 플랫폼을 조성하여 일자리를 창출할 계획이다. 5일 시장에는 건물 증축을 통해 주민들이 여가 시간을 보낼 수 있는 복합커뮤니티공간을 제공하고, '해남 오거든 정원' 및 '땅 끝 시작 정보센터'를 조성할 계획이다.

○ 아울러 노후주택·골목길을 정비하여 주거환경을 개선하고, 출산율(1.89명, 전국평균: 0.92명)이 높은 지역임을 고려하여 안심하고 아이를 키울 수 있도록 아이 돌봄 공간도 조성할 계획이다.

[주거지지원형]

① 충북 제천시

☞ 충북 제천시 행복주택에 사는 신혼부부 ㅁ씨는 이곳으로 이사 온 후 건강한 생활로 행복하다. 같은 건물 1층 어울림센터 상생상가에서 신선한 식자재를 저렴하게 구입하여 건강 식단을 차려 먹고, 서부동 열린마당 다목적 운동장에서 인근 대학의 생활체육학과 연계 건강 프로그램에 참여하고 있다. 마을에 수시로 열리는 문화예술관 전시회, 이벤트 광장 축제 등은 부부의 삶에 새로운 생활 활력소가 되고 있다.

□ 충북 제천시 재생사업은 구)서부시장 및 공·폐가 밀집지역을 철거하여 생활 SOC를 조성하고 노후화된 주거지를 개선하여 지역의 가치를 향상하고 생활안전을 확보하는 사업이다.

* 면적: 87천㎡/사업비: 361.2억(마중물 134억, 지자체 32.6억, 공기업 70억 등)

○ 서부시장은 1950년대 피난민들에 의해 형성되고 1964년 공설시장이 되었으나 상권 변화, 시설개선 지연 등으로 점차 축소되어 왔다. 2000년도에는 공설시장에서 해지되며 지역상권 몰락, 청·장년층 유출도

가속화되고 있다.

○ 이에, 노후 시장 일부와 공·폐가 밀집구역의 건축물을 철거하여 도서관·문화예술관 등 생활 SOC와 이벤트 광장(평상시 주차장)을 조성하고, 임대주택을 공급(42호)할 계획이다. 인근 노후주택밀집지역은 집수리와 마을정원을 조성을 통해 거주환경을 개선한다.

○ 또한, 우체국 소유의 폐쇄적인 운동장과 노후 건축물을 매입하여 열린 다목적 운동장·산책로·공동창고로 리모델링하고, 이렇게 재생된 공간에 지역대학의 생활체육학과와 연계한 건강 프로그램을 운영하여 공동체 활성화를 이끌어 낼 예정이다.

② 경남 하동군

☞ 하동읍 읍내리에 사는 ㅂ씨는 지리산 아랫자락, 섬진강 동쪽 구릉지에 자리 잡은 이 마을을 사랑한다. 하지만 주택은 노후화되고, 주변사람들이 하나둘 떠나가자 평생 살아온 이 마을을 떠날 생각도 했었다. 그러나 최근 도시재생 뉴딜사업으로 복합커뮤니티 센터 등 새 건물이 들어서고, 주택과 거리가 정비되며, 마을쉼터가 생기자 마을에 활기가 넘친다. ㅂ씨는 오늘도 아침을 먹고 뉴딜사업으로 조성된 마을길을 걸어 북카페에서 이웃들을 만난다. 다른 곳으로 이주하지 않기를 정말 잘했다고 생각한다.

□ 경남 하동군 재생사업은 화전민 집단 이주 촌에 안전골목길·주차장 조성 등 생활 SOC를 공급하고, 임대주택 공급 등 주거환경정비를 통해 정주환경을 개선하는 사업이다.

* 면적: 100천㎡/사업비: 267.7억(마중물 133.3억, 부처협업 90억, 공기업 33.5억 등)

○ 이곳은 다수의 기초생활수급자가 거주하는 화전민 집단 이주 촌으로, 건축물의 노후화가 심하고 공공청사(군청, 교육지원청 등)의 외곽 이전으로 인해 급속하게 주거지 공동화가 진행되고 있다.

○ 이에 5평 규모의 낡은 주택(21동)과 공동화장실(3동)을 철거하여 복합커뮤니티 센터를 조성하고, 공공임대주택을 공급(30호)하여 주거약자의 정주환경을 개선할 계획이다. 어르신들의 보행사고가 우려되었던 급경사지의 계단 길과 좁은 골목길에는 안전펜스 및 자투리 쉼터를 설치하고, 단절되었던 마을길도 연결하여 안전하고 편리한 보행환경을 조성할 예정이다.

○ 더불어 마을 출신 문인과 관련된 공간을 설치하고, 마을해설사단을 운영하는 등 마을의 역사·문화자원을 활용하는 주민주도사업을 통해 마을의 활력과 성장을 이끌어 낼 계획이다.

[우리동네살리기]

① 서울 구로구

☞ 개봉1동에 사는 人씨는 2008년 재개발 정비구역 지정 이후 10여 년 동안 삶의 터전을 지키고자 노력해 왔다. 그 결과 정비구역은 2017년 3월 직권 해제되었으나 마을은 주민갈등과 노후화된 환경으로 인해 점차 활력을 잃어갔다. 그러나 도시재생사업 시행 후 3년이 지난 지금, 마을엔 생기가 돈다. 쓰레기가 방치되어 있던 땅에는 편히 쉴 수 있는 쉼터 공간이 생겼다. 노후주택 개량으로 경관은 깔끔해졌다. 주민들은 어울림 플랫폼에서 진행되는 프로그램을 통해 서로 소통을 한다. 人씨는 오늘도 동네를 산책하며 절로 미소를 짓는다.

○ 서울 구로구 재생사업은 재개발 정비구역이 해제된 지역에 노후주택개량과 골목길 환경개선, 공공임대주택 조성을 통해 주민의 삶의 질을 향상시키고 마을의 활력을 회복하는 사업이다.

* 면적: 51천㎡, 사업비: 149.8억(국비 50억, 지방비 75억, 지자체 자체 8억, 공기업 16.8억)

○ 사업지인 개봉1동 일원은 주택재개발 정비구역으로 지정되면서 노후주택 및 마을기반시설이 정비되지 못한 상황이 오랜 기간 지속되었다.

골목상권은 쇠퇴하고, 주변의 대규모 아파트단지와 상대적 박탈감이 심화되어 물리적·경제적·사회적 문제에 대한 대안 마련이 시급한 상황이었다.

○ 이에 구로구는 마을의 방치된 자투리땅과 유휴공간을 주민소통 및 교류공간으로 탈바꿈하고, 20년 이상 경과된 노후주택을 대상으로 주택개량을 지원하여 주거환경을 개선할 계획이다. 취약계층을 위한 공공임대주택도 공급(7호)할 예정이다.

○ 주민교류 공간 확대, 어울림센터의 주민참여 프로그램 운영으로 주민공동체 문화 형성 및 마을 활력 창출이 기대된다.

② 경남 고성군

☞ㅈ씨는 오늘도 아침 일찍 마을에서 보이는 고분군을 가리키며 관광객을 대상으로 역사해설을 하고 있다. ㅈ씨가 속해 있는 마을관리협동조합은 관광객들을 위한 게스트하우스도 운영하며 수익을 창출하고 있다. ㅇ씨는 도시재생사업으로 마을환경이 개선되고, 마을을 위해 일하며 돈도 벌 수 있어 보람을 느낀다.

○ 경남 고성군 재생사업은 국가지정문화재(송학동 고분군)와 연접되어, 오랜 기간 노후 건축물 정비와 기반시설 확충이 이루어지지 못했던 지역의 주거환경을 개선하고, 역사자원을 활용한 주민주도사업으로 지역의 활력을 도모하는 사업이다.

* 면적: 50천㎡/사업비: 185.3억(국비 40억, 지방비 26.7억, 지자체 자체 33.1억 등)

○ 사업지인 고성군 고분군 일대는 문화재보호구역으로 지정되어 건축행위가 제한되어 왔다. 그에 따라 노후주택과 공·폐가가 증가하였으며, 정주인구는 감소되고 마을주민은 고령화되어 마을의 기능이 상실될 수도 있다는 심각한 우려가 있어 왔다.

○ 이에 고성군은 도시재생사업을 통해 지역의 노후주택과 공·폐가를

정비하고 주차공간을 확보하여 주거환경을 개선할 계획이다. 마을관리협동조합에서는 관광객을 위한 게스트하우스를 운영하여 수익을 창출하고, 주민 마을해설사를 양성할 계획이다.

○ 이렇듯 고성군은 물리적 재생뿐 아니라 문화적 재생을 함께 추진하고 있어 마을의 정주 여건이 개선되고, 관광객 증가로 마을의 활력이 제고될 것으로 기대된다.

B-4-d. 20.11월 도시재생 뉴딜사업과 그린도시재생 선정 주요내용

[표 Ⅲ-7] 뉴딜사업 유형별 특징최초선정 지자체 17개, 그린뉴딜 37개소(ZE : 제로에너지 건축, GR : 그린리모델링)

	광역	기초	사업유형	기간	주요내용
1	서울 (3개)	구로구 ZE	우리동네살리기	'21~'23	정비구역 해제지역을 대상으로 주택개량지원과 골목길환경개선 등을 통한 주민의 삶의 질 향상과 마을활성화 도모
2		양천구 ZE	주거지 지원	'21~'24	주택개량, 생활 SOC확충, 청년주택커뮤니티를 조성하고, CCTV 사각지대 제로화 등 스마트 도시재생 시행(스마트 도시재생)
3		중랑구ZE, GR	일반 근린형	'21~'24	공동체 거점 조성, 지역 비즈니스 아이템 발굴(도시농업 등), 주거환경 개선 등을 통한 공동체 회복 및 상권 활성화
4	부산 (3개)	북구 ZE	일반 근린형	'21~'24	숙등 어울림공원 및 오름길 생활가로 정비 등 주거환경 개선과 덕천시장 청춘먹거리 조성사업 등 골목상권 활성화
5		연제구 GR	우리동네살리기	'21~'23	저지대 경사지의 노후주거에 한이불 마을센터 조성, 골목 가드닝 추진으로 공동체 활성화 및 생활 인프라 확충
6		해운대구 GR	일반 근린형	'21~'24	노후된 정책이주지에 폐교를 활용한 여가공간 및 반여상권활력소 조성, 일자리 창출 등으로 지역활력 회복
7	대구 (2개)	달서구 ZE	우리동네살리기	'21~'23	마을주차장, 복합 문화센터 조성을 통한 부족한 생활 SOC 공간 확보, 안전한 보행환경 조성을 통한 공동체 활성화
8		중구 GR	우리동네살리기	'21~'23	복합 커뮤니티센터 조성을 통한 마을공동체 강화, 마을골목 정비, 남산 주거문화 복합공간 조성 등 정주 여건 개선
9	인천	연수구 ZE	일반 근린형	'21~'24	정착외국인(고려인)이 증가하는 지역으로 상생교류소, 세계문화상품 창작소 조성 등으로 내외국인 상생 도모
10	광주	남구 ZE	우리동네살리기	'21~'23	집수리·안심 골목 만들기 등 주거환경 개선, 먹거리 체험관 등 문화·복지시설 확충을 통한 주민활력 공간창출

11	대 전 (2개)	동구 ZE	일반 근린형	'21~'24	재개발사업 지정 해제 지역(낭월동)으로, 행복주택 공급 및 지역의 산(식장산)과 목재문화를 연계한 특성화 사업추진
12		서구 ZE	일반 근린형	'21~'24	인근 신도시개발로 인구이탈 등 침체된 지역으로 복합 생활 SOC(돌봄, 문화공간 등), 안전거리, 생태공원 조성 등 재생추진
13	울산	울주군 GR	일반 근린형	'21~'24	산업단지 배후 이주민 거주 지역에 마을문화 창작 거점공간, 창업플랫폼 조성 등을 통해 공동체와 일자리 재생
14	경기 (5개)	군포시 ZE	일반 근린형	'21~'24	군포역 및 역전시장 등 지역 공공자산을 활용한 역세권 활성화와 생활 SOC 확충 등을 통한 주거환경 개선
15		오산시 ZE,GR	주거지 지원	'21~'24	뉴타운 해제지역으로서, 공공부지를 활용한 어울림 거점조성과 노후주거정비, 골목가로환경개선을 통한 마을재생
16		오산시 ZE,GR	일반 근린형	'21~'24	신갈오거리 공유플랫폼 등 커뮤니티 거점조성, 태양광 시스템 등 스마트 도시재생을 통하여 마을 활력 공급(스마트 도시재생)
17		평택시	우리동네살 리기	'21~'24	뉴타운 해제 이후 지속적인 침체지역으로 거점공간 조성을 통한 지역 커뮤니티 강화와 역량강화를 통한 지속성 확보
18		화성시 ZE	우리동네살 리기	'21~'24	역사·문화자원을 활용한 3·1운동 역사기억 거리 및 어울림센터 조성, 송산리본센터 등 상권 활성화 거점 조성
19	강원 (2개)	정선군	일반 근린형	'21~'24	석탄산업 합리화 이후 경제가 침체된 지역으로 지역 특산품의 관광자원화, 노후 주거지 정비와 생활환경 개선 등 추진
20		철원군 GR	우리동네살 리기	'21~'23	쇠퇴한 마을의 주거환경정비와 생활 SOC 공급 및 외국인 근로자 쉼터조성 등 상생방안을 통한 마을활력 창출
21	충북 (3개)	영동군	주거지지원 형	'21~'23	황간역 주변 노후주택정비, 골목길 정비를 통한 마을 쾌적화 및 올뱅이 국밥거리, 어울림센터 조성을 통한 마을 활성화
22		제천시 ZE	주거지 지원	'21~'24	공적임대 주택, 안전한 생활가로 조성 등 주거환경 개선과 쉼터조성 등을 통한 서부시장 활성화로 지역가치 향상
23		진천군 ZE	일반 근린형	'21~'24	전통시장 이전부지를 활용하여 생활 SOC 복합화를 통한 평생 배움, 세대별 돌봄, 지역밀착형 상권 조성 기반 마련
24	충남 (3개)	금산군 ZE	일반 근린형	'21~'24	'인(人)간 중심적 재생, 삼(蔘)과 함께 성장'을 기치로, 공동체 거점 조성, 지역상권 살리기, 안전인프라 구축 추진
25		서천군 ZE	일반 근린형	'21~'24	신도시 개발과 서천군청 이전('22년)으로 인한 쇠퇴 지역을 주변지역과 연계하는 복합거점 조성과 가로 정비 추진
26		천안시	일반 근린형	'21~'24	천안의료원 이전으로 인한 쇠퇴지역에 순천향 대학병원, 철도공단, LH 등이 참여하여 지역사회 통합돌봄 및 재생실현

27	전북 (3개)	고창군	일반 근린형	'21~'24	원도심 지역에 거점조성(음식, 소리, 어울림)을 통해 특화 산업육성, 주민케어 기반 구축, 정주여건 개선 추진
		순창군 ZE	일반 근린형	'21~'24	청년들이 참여하는 어울림센터 및 매운맛거리 조성 등을 통한 골목상권 활력 제고 및 집수리 등 주거환경 개선
28		진안군 ZE	일반 근린형	'21~'24	지역특화 요소를 활용하여 생활·문화·복지시설 확충 및 지역청년 맞춤형 창업지원 공간 조성 및 노후주택 수리
29	전남 (6개)	고흥군 ZE,GR	일반 근린형	'21~'24	커뮤니티 거점구축(고유의 빛), 창업육성 공간조성(다시 빛), 주민역량강화(함께 빛)를 축으로 문화경제 재생실현
30		곡성군 ZE	일반 근린형	'21~'24	생활 SOC 확충 등 주거환경개선, 흑돼지 센터 조성 등 지역상권 활성화, 돌실 어울림센터 조성 등 공동체 기반 마련
31		영암군 ZE,GR	일반 근린형	'21~'24	어울림복합센터, 새싹돌봄센터 등을 조성하여 주민공동체를 활성화하고, 특화상점가 등을 통한 골목상권 활성화 도모
32		완도군 ZE,GR	일반 근린형	'21~'24	중앙시장 활성화(장보고존), 정주여건 개선(미소로존), 공동체 활동기반 조성(해치유존) 등으로 원도심 활성화
33		진도군	일반 근린형	'21~'24	아라리 청년창작소 등을 조성 하여 지역고유의 문화예술을 접목하여 지역을 활성화하고, 주거환경정비 등을 통해 정주 여건 개선
34		해남군 GR	일반 근린형	'21~'24	노후주택 정비, 안심마을 조성으로 주거환경을 개선하고, 복합커뮤니티센터, 창업 플랫폼 조성 등을 통해 도심 활력회복
35	경북 (5개)	경주시	일반 근린형	'21~'24	공공 상생점포 조성으로 상권 활성화, 생활 SOC 확충으로 마을활력 증진, 주민주도 프로그램을 통한 공동체 활성화
36		구미시	일반 근린형	'21~'24	구미역 원도심 주민 거주여건 개선 및 금리단길 골목상권 활성화 및 공동체 회복을 위한 금리단 상생마을 조성
37		성주군 ZE,GR	일반 근린형	'21~'24	어울림복합센터 등을 통한 공동체 활성화, 문화마당 조성 등 상권 활성화, 주차장 등 생활 인프라 개선
38		예천군 ZE,GR	일반 근린형	'21~'24	특화자원(한우 등)을 활용한 전통시장 활성화, 아이돌봄 케어 등 생활 SOC 확충 및 커뮤니티시설 조성추진
39		청송군 ZE,GR	일반 근린형	'21~'24	객주보부상문화, 진보향교 등 역사·문화를 반영한 지역 정체성 구축과 객주 안심마을 조성 등 주거 인프라 개선
40	경남 (6개)	거창군 ZE,GR	우리동네살리기	'21~'23	만당 어울림센터 등 소통 거점 조성, 마을호텔·공유마켓 등 공유거점 조성 및 노후주택 정비로 경쟁력 강화
41		고성군 ZE	우리동네살리기	'21~'23	집수리 지원 및 역사문화터(송학동 고분 등) 조성, 어울림 샛터 조성을 통한 주민참여공간 확충 등 공동체 활성화

42		진주시 ZE	일반 근린형	'21~'24	공예를 테마로, JAR 어울림센터, 공예·민속 예술거리 등을 조성하여 지역 문화·예술 활성화 및 주거환경개선
43		통영시 ZE	일반 근린형	'21~'24	고용위기 지역으로 집수리지원사업, 안심마을 조성 등 주거환경 개선과 지역자원(윤이상)을 활용한 골목상권활성화
44		하동군	주거지 지원	'21~'24	화전민 거주지역에 동광임대주택 및 순환형 공유주택공급, 주차장 등 생활 SOC 공급을 통한 정주환경 개선
		함안군 ZE	일반 근린형	'21~'24	다옴 나눔센터 조성, 남두육성 별밤 특화거리(가야시장) 조성, 노후주택 수리 등을 통해 공동체 및 골목상권 활성화
45	제주	서귀포시	일반 근린형	'21~'24	혼디모영 커뮤니티센터 조성, 생활 체육 SOC 확충, 기술창작소 구축 등 골목 경제 활성화로 원도심 재생

출처 : 국토교통부

C. 한국과 일본의 도시재생 사업(경제)적 비교결과

C-1. 한·일 도시재생사업의 현황비교

한국과 일본의 도시재생사업은 한국은 2013년 「도시재생법」 제정 후 6년간 216곳, 일본은 2002년 「도시재생특별법」 제정 후 16년간 2,380곳이 지정되었다. 먼저, 한국의 경우 박근혜 정부의 선도 지역으로 2014년에 16곳, 일반지역으로 2016년에 33곳이 지정되었다. 문재인 정부의 뉴딜지역으로 2017년 68곳, 2018년 99곳이 선정되었다. 「도시재생법」 제정 후 2018년까지 총 216곳이 지정되었다. 또한 일본의 경우 도시재생 63곳, 구조개혁특구 48곳, 지역재생 1,961곳, 총합특별지구 183곳, 국가전략특별지구 125곳 등 총 2,380곳의 도시재생사업이 진행되고 있다. 한국의 경우에도 하나의 도시재생법보다는 대도시, 중도시, 소도시 등 지역의 특성과 도시의 규모, 유형 등에 따라 다양하게 적용될 수 있는 세분화된 법체계가 필요하다. 즉, 도시 및 지역 상황에 맞는 도시재생법이 제정되어 각각 적용이 되어야 한다.

[표 III-8] 한국과 일본의 도시재생사업 현황비교

한국	사업지역	통계기준	일본	사업지역	통계기준
선도 지역 도시재생	16	2014까지	지역재생	1,961	2015까지
일반지역 도시재생	33	2016까지	구조개혁특구	48	2015까지
뉴딜지역 도시재생 (2017년)	68	2018까지	도시재생	63	2015까지

뉴딜지역 도시재생 (2018년)	99	2018까지	국가전략지구	125	2015까지
			총합특별지구	183	2015까지
합계	약 216		합계	약 2,380	

한국 6년간 216 곳 / 일본 16년간 2,380 곳

출처 : 이태광. 2018. 한국도시주거지 재생사업의 활성화 방안에 관한 연구. 한국주거학회

C-2. 한·일 도시재생사업의 구조비교

C-2-a. 한국의 도시재생사업 구조

한국의 도시재생사업의 구조는 법에서 정한 사항 외에는 해당 사업의 시행에 관한 사항을 규정하고 있는 관계 법령에 따라 시행한다. 도시재생활성화계획이 고시되기 전부터 도시재생활성화지역에서 시행 중이거나, 그 시행이 확정된 제2조 제7호 각 목의 사업이 도시재생활성화계획에 포함된 경우에는 해당 사업을 이 법에 따른 도시재생사업으로 본다(「도시재생법」 제25조). 또한 도시재생사업의 시행자에 따르면 도시재생사업 중 다른 법률에서 사업시행자에 대하여 별도로 규정하지 아니한 사업의 경우에는 다음의 자 중에서 전략계획수립권자 또는 구청장 등이 사업시행자를 지정할 수 있다. 지방자치단체, 대통령령으로 정하는 공공기관, 「지방공기업법」에 따라 설립된 지방공기업, 도시재생활성화지역 내의 토지 소유자, 마을기업, 「사회적 기업 육성법」 제2조 제1호에 따른 사회적 기업, 「협동조합기본법」 제2조 제3호에 따른 사회적 협동조합 등 지역 주민 단체 등이다. 또한 도시재생활성화계획이 고시되기 전부터 도시재생활성화지역에서 시행 중이거나 그 시행이 확정된 제2조 제7호 각 목의 사업이 도시재생활성화계획에 포함된 경우 해당 사업의 시행자를 도시재생사업의 시행자로 본다(「도시재생법」 제26조).

C-2-b. 일본의 도시재생사업 구조

　　일본의 도시재생사업은 기본적으로 「도시재생기본방침」과 「도시재생특별법」에 근거하여 진행된다. 「도시재생기본방침」은 도시재생에 있어서 조직의 필요성으로 공통지침을 내각의 결의에 의해서 정하고 있다. 「도시재생기본방침」에 대해서는 「도시재생특별법」에 "총리대신은 도시의 재생에 관한 시책을 중점적이며 기본적 방침의 안을 작성하면서 추진하기 위해서는 내각의 결의에 요청을 해야 한다"라고 규정하고 있다. 「도시재생기본방침」에는 「도시재생특별법」에 근거하여 도시재생사업에 대해서 첫째, 특정도시재생긴급정비지역 지정 및 도시재생긴급정비지역을 지정하는 정령정령의 입안에 관한 기타 기본적인 사항 및 기준이다. 둘째, 기본적인 사항으로 도시재생정비계획의 작성에 관한 내용이다. 셋째, 크게 3가지로 규정되어 있는데 입지적정화계획 작성에 대한 기본적인 사항이다. 일본의 도시재생사업은 기본적으로 「도시재생특별법」에 따라 운영되고 있으며 도시재생사업 관련법은 제4장과 제5장, 제6장에 규정되어 있다. 「도시재생특별법」상 일본의 도시재생사업은 첫째, 도시재생긴급정비지역에 관한 특별조치에 관한 규정에 의한 사업, 둘째, 도시재생정비계획에 의한 특별조치에 관한 규정에 의한 사업, 셋째, 입지적정화계획에 관한 특별조치에 의한 사업 등 크게 3가지로 규정되어 있다. 일본 국토교통성은 이러한 관련법에 근거하여 도시재생사업을 민간의 활력이 중심이 되는 도시재생사업, 관민의 공공·공익시설정비 등에 의한 전국도시재생사업, 집약도시 정비 사업으로 토지이용유도 등에 의해서 넓게 총 3가지로 규정하고 있으며 도시재생사업 중 민간 활력이 중심이 되는 도시재생사업을 「도시재생기본방침」 제3장과 「도시재생특별법」 제4장에 관민의 공공·공익시설정비 등에 의한 전국도시재생사업은 「도시재생기본방침」 제4장과 「도시재생특별법」 제5장, 그리고 집약도시정비사업은 토지이용유도 등에 의한 「도시재생기본방침」 제

5장과 「도시재생특별법」 제6장에 근거하고 있다.

C-3. 한·일 도시재생사업의 내용비교

C-3-a. 한국 도시재생사업

한국은 도시재생사업에서 도시재생활성화지역으로 도시재생활성화계획에 따라 시행하는 사업이다.

국가 차원에서 지역발전 및 도시재생을 위하여 추진하는 일련의 사업, 지방자치단체가 지역발전 및 도시재생을 위하여 추진하는 일련의 사업, 주민 제안에 따라 해당 지역의 물리적·사회적·인적 자원을 활용함으로써 공동체를 활성화하는 사업이다. 또한 「도시 및 주거환경정비법」에 따른 정비사업 및 「도시재정비 촉진을 위한 특별법」에 따른 재정비촉진사업, 「도시개발법」에 따른 도시개발사업 및 「역세권의 개발 및 이용에 관한 법률」에 따른 역세권개발사업, 「산업입지 및 개발에 관한 법률」에 따른 산업단지 개발사업 및 산업단지 재생사업, 「항만법」에 따른 항만재개발사업이다. 그리고 「전통시장 및 상점가 육성을 위한 특별법」에 따른 상권 활성화사업 및 시장정비사업, 「국토의 계획 및 이용에 관한 법률」에 따른 도시·군 계획시설사업 및 시범도시(시범지구 및 시범단지를 포함한다) 지정에 따른 사업, 「경관법」에 따른 경관사업, 「빈집 및 소규모주택 정비에 관한 특례법」에 따른 빈집정비사업 및 소규모주택정비사업, 공공주택특별법에서 따르는 공공주택사업이며 그 외 도시재생으로 필요한 사업은 대통령령으로 정하는 사업이다.

C-3-b. 일본 도시재생사업

먼저, 민간의 활력을 중심으로 한 도시재생사업은 도시재생긴급정비지역과 특정도시재생긴급정비지역 내에서 수행된다.

또한 일본은 전국의 도시재생 사업에서 사회 활성화를 추구하는 일상생활의 질과 지역경제 상승에 두고 있다. 민간과 여러 주체 단체들에 의해 조직적으로 국가의 적극 지원으로 진행되어 토지이용과 집약적 도시재생으로 국가적으로 경제, 문화, 사회에 이바지할 수 있는 회복의 개념에 도시기능과 입지적 적정화로 계획으로 인정제도와 평가제도로 엄격히 이루어져 있다.

C-4. 한·일의 민간 도시재생사업 비교

C-4-a. 한·일의 민간 도시재생사업 비교

한국의 경우 「도시재생법」에 민간 도시재생사업 관련 내용에 대한 규정이 거의 없다고 볼 수 있다. 있다 하여도 일본에 비하면 아주 적은 조항으로 이루어져 있으며 지원과 혜택의 양과 질이 적다고 할 수 있어 민간이 재생으로 접근하는 데 한계가 있다. 그래서 일본 도시재생법 관련에 본다면 민간 활용을 중심으로 중앙정부와 관계부처의 공공시설 등에 의한 토지이용도와 전국도시재생으로 집약적 도시로 정비사업 등으로 크게 3가지의 규정으로 되어 있다.

제3장에서 도시재생특별법이며, 제4장에서 관민의 공공·공익시설정비 등에 의한 전국도시재생사업이고, 제5장은 도시재생특별법으로 도시재생의 인정제도로 이루어져 있으며, 6장은 입지적정화계획에 관한 특별 조치로 구성이 되어 있다.

한국과 일본의 도시재생사업은 구조와 내용 등에서 많은 차이를 보이고 있다. 도시재생사업 구조에서 보면 한국은 「도시재생법」에서 정한 사항 외에는 해당 사업의 시행에 관한 사항을 규정하고 있는 관계 법령에 따라 시행한다. 일본은 「도시재생기본방침」과 「도시재생특별법」에 근거하여 진행되고 있다. 특히, 민간도시재생사업의 경우 일본의 경우 「도시재생기본방침」 제3장과 「도시재생특별법」 제4장에 명시되어 있다. 또한 관민의 공공·공익시설정비 등에 의한 전국도시재생사업은 「도시재생기본방침」 제4장과 「도시재생특별법」 제5장에 명시되어 있다. 「도시재생기본방침」 제5장과 「도시재생특별법」 제6장에 명시되어 있다. 그러나 한국의 경우 민간 도시재생사업 관련 내용이 구체화, 상세히 되어 있지 않다.

[표 Ⅲ-9] 한국과 일본의 도시재생사업 비교

구 분	한국	일본
도시재생사업 구조	– 법에서 정한 사항 외에는 해당 사업의 시행에 관한 사항을 규정하고 있는 관계 법령에 따라 시행	–「도시재생기본방침」과 「도시재생특별법」에 근거하여 진행 –「도시재생기본방침」은 내각의 결의에 의해서 결정
도시재생사업 내용	– 도시재생활성화지역에서 도시재생활성화계획에 따라 시행하는 사업 – 국가와 자치단체 및 지역주민이 지역발전 및 도시재생을 위하여 추진하는 일련의 사업, – 도시개발사업/재정비촉진사업과 산업단지개발사업/역세권개발사업 및 항만재개발사업/산업단지 재생사업 – 도시·군계획시설사업 및 시장정비사업, 상권 활성화 및 시범도시 지정에 따르는 사업과 빈집정비사업 및 경관사업 그리고 소규모주택정비사업, 공공주택사업, 그 밖에 도시재생에 필요한 사업으로서 대통령령으로 정하는 사업	전국적 도시재생 사업에서 도시의 재생정비계획은 규정에 의한 특별조치로 공공과 공익시설 정비 등에 의한 것. –입지적정화계획에 관한 특별조치에 의한 "토지이용유도 등에 의한 집약도시정비사업" 등 크게 3가지
민간도시재생사업	구체화 및 상세히 되어 있지 않음	–「도시재생기본방침」 제3장과 「도시재생특별법」 제4장에 근거 – 전국적 도시재생사업이 관민의 공공·공익시설정비 등에 의한 「도시재생기본방침」이며 제4장과 「도시재생특별법」 제5장 –집약도시 정비 사업은 토지이용유도에 대한 「도시재생기본방침」 제5장과 「도시재생특별법」 제6장에 근거

출처 : 도심의 기존 기능과 연계한 점진적 도시재생방안 연구 (박정은, 유재윤, 정소양 지음 | 국토연구원 | 2015.12.31.)

C-4-b. 한국과 일본의 도시재생의 진행결과의 비교

한국: 넓은 의미에서 사회적, 경제적, 문화적 상태로 지속가능하게 회복하여 기성시를 재활성화를 하는 데 있고 좁은 의미에서 본다면 쇠퇴하고 대도시, 소도시 구분 없이 낙후된 지역의 공간을 물리적으로 개선한다고 볼 수 있다.

일본: 쇠퇴하고 낙후된 지역을 2가지 측면에서 도시와 농촌으로 구분하는 재생을 하였다고 볼 수 있다.

첫 번째 대도시의 경제기반을 기초로 하는 국제경쟁력의 도시로 콤팩트 도시의 활성이다.

두 번째는 중소도시에서 역시 경제 활성화를 기본으로 중심시가지에 물리적 환경의 회복과 지속가능한 회복하는 것이다.

특히 한국과 일본의 도시재생에 대하여 비교할 것은 민간의 참여가 광범위하게 농촌부터 중소도시 대도시까지 법에서 보장이 되어 있기 때문에 민간의 경우는 법적인 특례법에 따라 풍부한 세제혜택과 금융지원, 지역재생교부금, 규제완화의 패키지, 이자보전금, 정보제공, 알선, 지도까지 그 외 다양한 정책적 지원들을 제공받아 환경적, 물리적, 문화적인 측면을 경제성을 기반으로 회복시키고 있다는 점이다.

C-4-c. 한국과 일본의 도시재생의 관련법의 비교

[표 Ⅲ-10] 한국과 일본의 도시재생의 관련법의 비교

	목적	배경	제정년도	대상지역	사업내용	지원형태	중앙정부 추진기구	법
한국	도시의 자생적 성장/경쟁력 제고/동체회복	도시의 사회, 경제, 문화 회복	2013년	도시	공동체 회복/도시개발/소규모주택정비	보조/융자/조세및부담금 감면/건축규제완화의특례 등	도시재생특별위원회(국무총리)/국토교통부(장관)	도시의재생법
일본	도시의 기능고도화/도시거주환경회복/도시의 방재기능 확보	정보화, 국제화, 저출산, 고령화 대처	2002년	대도시/지방 핵심도시	도시개발/국제경쟁력 강화	보조/융자/조세및부담금 감면/건축규제완화의특례 등교부금/도시계획의특례	도시개발본부(내각총리)	도시재생특별조치법
일본	지역경제활성화/지역일자리창출/생활환경정비	저출산,고령화,산업구조 대처	2005년	시정촌/지방 중소도시/농촌	일자리창출/경제기반/생활환경정비	보조/융자/조세및부담금 감면/건축규제완화의특례 등교부금, 보조금 과세특례	지역재생본부(내각총리 대신)	지역의재생법

출처 : 이태광. 2018. 한국도시주거지 재생사업의 활성화 방안에 관한 연구. 한국주거학회

C-4-d. 도시재생과 일본의 경제

강민이(2019)에 의하면 일본 정부는 도쿄의 도시 경쟁력이 곧 국가 경쟁력이라는 정책하에 글로벌 기업들의 아시아헤드쿼터를 유치하기 위해 국가전략특별구역을 지정하고 다양한 규제 완화와 세제혜택 조치를 취해 왔다. 또 2020년 도쿄 올림픽을 맞아 도로, 철도 인프라를 정비하고 하네다국제공항에서 주요 도심까지 접근시간을 30분 이내로 단축하겠단 목표를 세워 실행하고 있다. 정부가 큰 그림을 그려 인프라를 정비하고 규제를 완화하면 지역별로 대규모 개발 계획을 만들어 실제 운영하는 일은 민간종

합디벨로퍼의 영역이다. 국가가 정부 예산으로 모든 개발을 진행할 수 없기 때문이다. 특히 건물을 지은 후 운영은 장기간에 걸쳐 계속 지속적으로 이뤄지기 때문에 개발 자금보다 더 막대한 예산이 소요될 수도 있다. 민간종합디벨로퍼는 그 지역과 현지시장을 면밀히 조사해 창의적인 아이디어를 내고 개발·건축 관련 다양한 일을 조율한다. 자금 조달이나 운영 못지않게 중요한 부분이 바로 기획단계에서 개발 콘셉트를 잡고 마스터플랜을 잡는 일이다.

한국에서는 이 콘셉트 수립단계에 주어지는 시간이 매우 짧다. 인허가 등의 변수로 충분한 기획을 할 시간도 부족하다. 법적 조건이 허용하는 한에서 먼저 최대한으로 공간을 구성한 후 그 거대한 면적을 채울 콘텐츠를 뒤늦게 고민하다 보니 주객이 전도되는 느낌이다. 반면 일본에서는 개발 콘셉트와 기능을 정하는 데 상당한 시간과 노력을 들인다. 모든 답은 '시장'에 있기에 시장조사를 충실히 하고 어떤 장소로 만들지 여러 부서가 함께 집단지성을 이뤄 낸다. 콘셉트를 만드는 부서 따로 운영하는 부서 따로가 아니다. 일본의 도시재생과 복합개발의 또 다른 특징은 각 지역마다 개발을 주도적으로 추진하는 디벨로퍼들이 있다는 점이다. 그 지역에 기반을 둔 디벨로퍼들이 도시재생을 주도하는데 미쓰이부동산은 니혼바시 지역, 미쓰비시지쇼는 마루노우치 지역, 모리빌딩은 롯본기와 토라노몬 지역을 중심으로 도시재생사업을 한다. 그 지역에 대한 이해도가 깊고 지역을 중심으로 많은 자산을 보유하고 있기 때문에 지역활성화에 따른 이익이 기업과 이용자, 지자체에 골고루 돌아간다. 결과적으로 디벨로퍼는 공공부문에 대한 투자를 더 과감하게 할 수 있고 지자체도 인센티브로 규제를 완화할 명분이 있다. 이렇게 기업의 이윤, 지자체의 세수확보, 이용자의 고객경험이 이어지는 선순환 구조가 만들어진다. 방문객들에 매력 넘치고 사랑받는 지역이나 시설이 되면 유동인구가 증가, 장사하는 임차인의 매출도 자연히 늘어난다. 최근 우리나라에서도 지자체나 정부 측 움직임의 변화와 함께 새로운 시도가 이뤄지고 있다. 중앙정부와 지자체, 국토교통부와 문화체육관광부 등 다른 부서들 간 종합 비전과 세부 전술이 국가전략 차원에서 긴 호흡으로 일관되게 추진돼야 유의미한 성과로 이어질 수 있다. 개발이나 보존 어느 한 편의 논리가 아닌 다양한 이해관계가 조율되는 모범사례가 하나둘 쌓여야 비로소 우리 도시의 비전과 경쟁력도 올라간다.

IV

민간 도시재생 활성화
방안의 실증분석

A. 일본의 민간 도시재생 법률적 측면사례

A-1. 일본의 민간참여 관련 도시재생 법규

　일본의 「도시재생특별법」에는 민간참여와 관련된 법규들이 광범위하고, 구체적이고, 상세히 명문화되어 있다. 일본 「도시재생특별법」에서 제4장 도시재생긴급정비지역의 특별조치는 제19조 민간도시재생사업계획의 인정특례, 제20조 민간도시재생사업계획 인정, 제21조 민간도시재생사업계획 인정기준 등, 제24조 민간도시재생사업계획 변경, 제29조 민간도시기구에 의한 도시재생사업지원업무, 제30조 민간도시개발법 특례 등에 민간참여 관련 내용을 담고 있다. 또한 제5장 도시재생정비계획 관련 특별조치는 제63조 민간도시재생정비사업계획 인정, 제64조 민간도시재생정비사업계획 인정 등, 제65조 정비 사업 인정의 통지, 제66조 민간도시재생정비사업계획 변경, 제71조 민간도시기구의 추진에 따른 도시재생정비사업지원업무, 제78조 민간도시기구의 추진에 따른 도시편리증진협정추진 지원업무 등에 민간참여 내용을 담고 있다. 제6장 입지적정화계획 관련 특별조치에는 제95조 민간유도시설정비사업계획 인정, 제96조 민간유도시설정비사업계획의 인정기준 등, 제98조 민간유도시설정비사업계획의 변경, 제103조 도시기구의 추진에 따른 유도시설정비사업 지원업무, 제104조 민간도시개발법의 특례 등에 민간참여 내용을 담고 있다. 그리고 제8장 도시재생 추진법인에는 제122조 민간도시기구의 추진에 따른 추진법인 지원업무에 민간참여 관련 내용을 담고 있다.

　이에 비해 한국의 「도시재생법」에는 민간참여 관련 법규들이 제4장 도시재생사업의 시행의 제26조 도시재생사업의 시행자, 또한 제5장 도시재생 활성화를 위한 지원의 제27조 보조 또는 융자, 30조로 공유재산, 국유재산 등 처분 등과 31조 부담금 감면과 조세 등 제32조 건축규제의 완화 등에 관한 특례, 그리고 제8장 혁신지구의 지정 등의 제44조 혁신지구재생사업의 시행자 등에만 간략히 명문화 되어 있다(법률 도시재생 활성화 및 지원에 관한 특별법 (도시재생법), 2019).

[표 Ⅳ-1] 한국과 일본의 민간참여 관련 도시재생법 비교

	일본 「도시재생특별법」	한국 「도시재생법」
민간 참여 관련 법규	제4장 도시재생긴급정비지역의 특별조치 제19조 민간도시재생사업계획의 인정특례 제20조 민간도시재생사업계획 인정 제21조 민간도시재생사업계획 인정기준 등 제24조 민간도시재생사업계획 변경 제29조 민간도시기구에 의한 도시재생사업지원업무 제30조 민간도시개발법 특례 등 제5장 도시재생정비계획 관련 특별조치 제63조 민간도시재생정비사업계획 인정 제64조 민간도시재생정비사업계획 인정 등 제65조 정비사업계획 인정의 통지 제66조 민간도시재생정비사업계획 변경 제71조 민간도시기구의 추진에 따른 도시재생정비사업 지원업무 제78조 민간도시기구의 추진에 따른 도시편리증진협정추진 지원업무 등 제6장 입지적정화계획 관련 특별조치 제95조 민간유도시설정비사업계획 인정 제96조 민간유도시설정비사업계획의 인정기준 등 제98조 민간유도시설정비사업계획의 변경 제103조 도시기구의 추진에 따른 유도시설정비사업 지원업무 제104조 민간도시개발법의 특례 등 제8장 도시재생 추진법인 제122조 민간도시기구의 추진에 따른 추진법인 지원업무	제4장 도시재생사업의 시행 제26조 도시재생사업의 시행자 제5장 도시재생 활성화를 위한 지원 제27조 보조 또는 융자 제30조 국유재산·공유재산 등의 처분 등 제31조 조세 및 부담금의 감면 등 제32조 특례로 건축규제의 완화 등에 관하여 제8장 혁신지구의 지정 등 제44조 혁신지구재생사업의 시행자

출처 : [www.samili.com] 법률 도시재생 활성화 및 지원에 관한 특별법

A-2. 일본의 민간중심 도시재생

A-2-a. 도시재생긴급정비지역 · 특정도시재생긴급정비지역 제도

최근 빠르게 성장하고 있는 아시아 여러 나라의 도시와 비교해서 일본 도시의 국제경쟁력이 상대적으로 저하되고 있는 가운데, 국가 전체의 성장을 견인하는 도시를 만들기 위해 민관이 제휴하여 시가지정비를 강력하게 추진하고 있다. 일본 민관 제휴 시가지정비의 주요 목표는 외국으로부터 기업과 사람들을 불러 모으는 매력적인 도시거점을 만드는 것이며, 이를 실현하기 위하여 '도시재생긴급정비지역'과 '특정도시재생긴급정비지역' 제도를 활용하고 있다.

첫째, 도시재생긴급정비지역은 도시재생거점에서 도시개발사업 등으로 긴급, 시가지정비를 중점적으로 추진해야 하는 정령으로 지정하는 지역이다. 도시재생긴급정비지역에서는 토지이용규제의 완화, 도시계획의 제안, 사업인가 등의 수속기간 단축, 민간프로젝트에 대한 금융지원이나 세제지원을 받기 위한 국토교통대신의 인정 등 특별지원을 받을 수 있다. 또 지역정비방침 등에 따라 도시재생본부가 관계 부처와 지방공공단체가 강력하게 시가지정비를 추진하게 된다. 그리고 도시계획 등의 특례와 민간도시재생사업계획을 통한 민간도시개발추진기구의 금융지원과 세제특례를 받을 수 있다. 2018년 10월 현재 도시재생긴급정비지역은 55지구, 약 9,092ha가 지정되어 있다.

둘째, 특정도시재생긴급정비지역은 도시재생긴급정비지역 안에서 도시의 국제 경쟁력 강화를 도모하는데 특별히 필요한 정령으로 지정하는 지역이다. 특정 도시재생긴급정비지역에서는 기존의 '도시재생긴급정비지역'에서의 지원조치 외에 하수 미이용 에너지를 민간이 이용할 수 있도록 하기 위한 규제완화, 보다 충실한 세제지원 등에 의한 민간도시재생을 지원을 한다. 또한 지역거점이나 기반이 되는 도시거점 인프라의 정비를 집중적으로 지원하는 보조제도로서 국제경쟁거점도시정비사업, 외국 기업 등을 불러들이기 위한 방안을 지원하는 보조제도로서 국제적 비즈니스 환경 등 개선·시티 세일즈 지원 사업을 운영하고 있다. 먼저, 국제경쟁거점도시정비사업(공공 공익시설 정비형)은 일본의 대도시 국제경쟁력 강화를 도모하기 위해 특정도시재생긴급정비지역에서 국제적인 경제활동의 거점을 형성하는 데 필요한 도시 거점 인프라 정비를 중점적으로 지원하는 것이다. 또한 국제 경쟁유통업무 거점정비사업은 대도시의 경제활동을 활성화하고 일본 대도시의 국제경쟁력을 강화하기 위해 특정도시재생긴급정비지역을 핵으로 하는 대도시권의 국제항만 주변 등의 국제물류의 결절지역에 국제컨테이너에 대응한 물류거점의 정비 또는 재정비를 추진하기 위한 지원을 하는 것이다. 그리고 국제경쟁력강화촉진사업(국제 경쟁력 강화·시티 세일즈 지원 사업)은 특정도시재생긴급정비지역에서 외국 기업 등을 끌어들이기 위한 대응을 지원하는 보조제도로서 2016년에 시작했다. 이는 외국 기업 및 외국 인재를 불러들여 일본 대도시의 국제 경쟁력 강화를 도모하기 위해 특정도시재생긴급정비지역에 국제적 비즈니스 환경 등의 개선에 이바지하는 도시기능의 향상 및 시티 세일즈와 관련되는. 소프트·하드 양면의 대책 지원 사업이다. 또한 국제 경쟁력 강화 시설의 정비를 종합적으로 지원하는 것이다. 2018년 10월 현재 특정도시재생긴급정비지역은 13지구, 약 4,110ha 가 지정되어 있다.

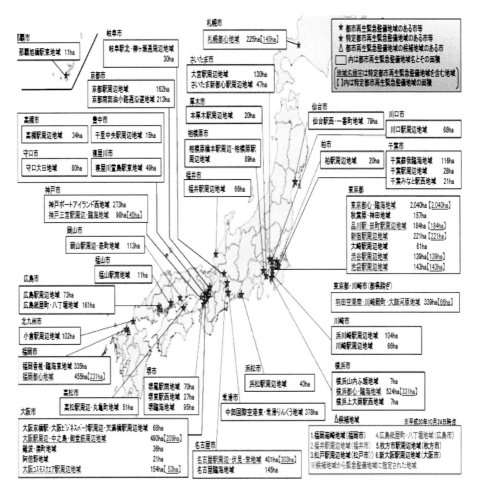

출처 : 일본 내각부 지방창생추진사무국

A-2-b. 도시재생긴급정비지역 · 특정도시재생긴급정비지역 지원제도

일본에서는 도시재생긴급정비지역과 특정도시재생긴급정비지역으로 지정되면 다양한 법제상, 재정, 세제, 금융 지원 등을 받을 수 있다.

(1) 법제상 지원제도

첫째, 도시재생에 공헌하는 토지의 고도이용을 높이기 위해 도시재생긴급정비지역 내에서 기존의 용도지역 등에 규제에 제한되지 않도록 하고, 자유로이 계획을 추진할 수 있도록 용적률 완화 등이 가능하다. 예를 들어 日本橋 二丁目 地区(東京都 中央区)의 경우 용적률 800%에서 1,990%로 상향하였으며, 大阪駅 北地区(大阪市)의 경우 용적률 800%에서 1,600% 상향해 주었다. 둘째, 도로상공 이용을 위한 규제 완화이다. 도시재생긴급정비지역 내에서 도시재생특별지구의 도시계획을 새롭게 하여 도로에 연결하여 폐도가 되지 않도록 하고, 도로상공에 건축물을 건축하는 것이 가능하다. 셋째, 기타 법제상 지원제도이다. 도시재생사업을 추진하려는 경우 도시계획 제안제도와 도시재생사업을 추진하기 위해 필요한 시가지개발사업의 인가 등에 대해서 인가기간을 3개월 이내로 하고, 도시재생 안전 확보 계획에 근거하고 있는 비축창고 등과 관련된 용적률의 특례 또는 하수의 미이용 에너지를 민간이 이용할 수 있도록 특정지역에 한해서 규제를 완화한다.

(2) 재정지원

첫째, 민간도시개발 추진기구 지원이다. 도시재생긴급정비지역 내에서 민간사업자가 추진하는 공공시설 등의 정비와 동반된 환경을 고려한 도시개발 정비에 대해 지원한다.

둘째, 국제경쟁거점도시 정비사업(특정지역만 지원) 지원이다. 특정도시재생긴급정비지역에서 국가, 지방공공단체, 민간사업자로부터 구성되는 협의회가 책정하는 정비계획을 검토하고, 도시거점 인프라의 정비에 대해서 집중 지원한다.

셋째, 도시안전 확보촉진 사업지원이다. 도시재생긴급정비지역 내에서 도시재생 안전 확보 계획에 기초한 소프트웨어 및 하드 대책 등에 대해 지원한다.

(3) 금융지원

메자닌은 국제적 비즈니스 환경 등 개선, 시티세일즈 지원 사업(특정지역만 지원) 지원이다. 특정도시재생긴급정비지역 내에서 민관에 의해 구성된 도시재생긴급정제비협의회가 추진하는 국제적 비즈니스 환경 등 개선에 이바지하는 조직 및 시티세일즈와 관련된 것을 지원한다. 여기서 메자닌이란? 금융기관이 시니어 파이낸싱(시니어 융자 등)보다 상환 순위가 낮은 위험사업자 등에게 제공하는 펀드 사이에 위치한 재정이다.

[그림 IV-2] 일본의 금융지원 체계도

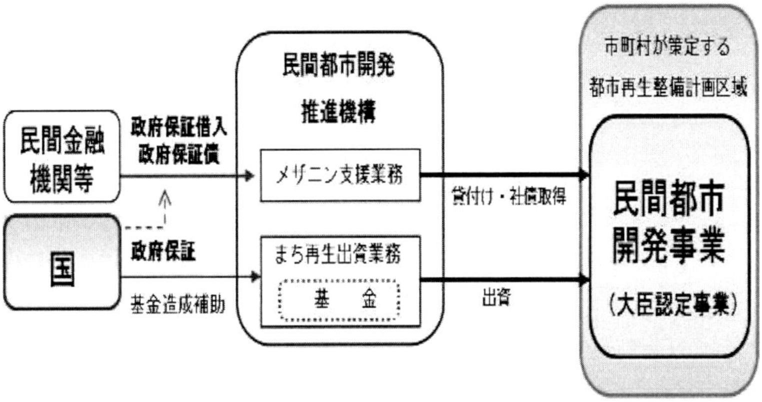

출처 : 일본 국토교통성

(4) 세제지원

소득세·법인세는 5년간 3(5)할증 상각한다. 또한 등록면허세는 건물의 보존등기에 대해서 원칙 4/1,000을 3.5/1,000(2/1,000)에 경감한다. 부동산 취득세는 과세표준에서 도도부현 조례로 정하는 비율로 공제해 준다. 예를 들어 기존 1/5(1/2)이라며, 1/10(2/5) 이상 3/10(3/5) 이하의 범위 내에서 공제해 준다. 고정 자산세·도시계획세는 5년간 과세 표준으로부터 시읍면 조례로 정하는 비율로 공제해 준다. 예를 들어 기존 2/5(1/2)

이라며, 3/10(2/5)이상 1/2(3/5)이하의 범위 내에서 공제해 준다. 위에서 괄호 안의 숫자는 특정도시재생긴급정비지역 내의 경우의 특례를 적용한다는 의미이다.

A-2-c. 민간도시재생사업을 위한 지역정비방침 및 정비계획 수립

도시재생본부는 도시재생긴급정비지역마다 도시재생기본방침에 입각해서 도시재생긴급정비지역의 정비에 관한 방침(지역정비방침)을 정해야 한다. 지역정비방침은 사회경제 동향과 기존 도시기능의 집적상태, 토지이용 전환동향 등의 관점에 따라

① 해당 지역의 정비목표

② 해당 지역에서 도시개발사업을 통해서 증진해야 할 도시기능에 관한 사항

③ 해당 지역의 도시개발사업의 시행에 관련 필요한 공공시설 기타 공익적 시설의 정비에 관한 기본적 사항

④ 기타 해당 지역의 긴급하고 중점적인 시가지정비의 추진에 관한 필요한 사항을 정하는 것이다. 이에 따라 관계 부처, 지방공공단체, 사업에 관심 있는 국가는 민간 사업자에게 도시재생의 해당지역에 구현하는 것이 좋을지에 대한 목표와 이를 위해서는 어떤 도시기능의 집적이 필요한지를 제시한다. 또한 사업을 추진함에 있어 정비방침이 적합한지 여부는 「도시재생특별법」 제21조에 규정하는 '민간도시재생사업 계획인정요건'에 따른다.

또한 특정도시재생긴급정비지역에서는 민관에 의한 협의회를 설치하고, 지역정비방침에 따라 도시의 국제경쟁력 강화를 도모하기 위해 필요한 도시개발사업 및 그 시행과 관련된 공공 공익시설의 정비 등에 관한 계획을 작성해야 한다.

B. 일본의 민간 도시재생사업(경제)적 측면사례

B-1. 일본의 민간 도시재생사업 현황과 지원제도

B-1-a. 일본의 민간 도시재생사업 현황

일본의 민간도시재생사업은 '민간도시재생사업계획인정제도'를 통해 진행된다. 민간도시재생사업계획인정제도란 일본 「도시재생특별법」에 따른 '도시재생긴급정비지역' 내에서 민간도시개발사업을 하는 경우 '도시재생사업계획'을 작성하고, '국토교통대신'의 인가를 받아 '민간도시개발추진기구'의 무상대출 또는 도시재생촉진세제 지원을 받는 제도이다. 일본의 민간도시재생사업은 민간도시개발추진기구로부터 지원을 받아 사업을 추진하는데, '내각관방' 아래에 '지역활성화통합본부(도시재생본부)'와 '도시재생전략팀'을 두고 있다. 도시재생긴급정비지역은 2002년 제정된 「도시재생특별법」 제36조 제1항의 규정에 의한 '도시재생특별지구'를 말한다. 일본에서는 2018년 9월 현재 115개 구역이 민간도시재생사업을 위한 도시재생긴급정비지역으로 인정되어 있다. 한편, 일본의 경우 2002년「도시재생특별법」 제정 이후 2018년까지 도시재생긴급정비지역 55지구(약 9,092ha), 특정도시재생긴급정비지역 13지구(약 4,110ha), 도시재생특별지구 87지구, 민간도시재생사업계획지구 115지구, 국제경쟁거점도시정비사업 9지구 등의 형태로 사업이 진행되고 있다. 도시재생긴급정비지역 내에

도시재생특별지구, 민간도시재생사업계획지구, 국제경쟁거점도시정비사업 등이 중복 지정될 수도 있다. 또한 도시재생긴급정비지역 내에 여러 곳의 민간도시재생사업계획지구가 인정되기도 한다.

[표 Ⅳ-2] 일본 도시재생사업 현황(2018년 기준)

도시재생사업	지정지역수(면적)
도시재생긴급정비지역	55지구(약 9,092ha)
특정도시재생긴급정비지역	13지구(약 4,110ha)
도시재생특별지구 결정현황	87지구
민간 도시재생사업계획지구 인정현황	115지구
국제경쟁거점도시정비사업 현황	9지구

출처 : 일본 내각부 지방창생추진사무국

[표 Ⅳ-3] 일본 민간도시재생사업을 위한 도시재생긴급정비지역 현황

번호	민간도시재생사업	도시재생긴급정비지역	인정일
1	青山一丁目スクエア	東京都港区(環状二号線新橋周辺・赤坂・六本木地域)	2003年 1月30日
2	臨海副都心有明南LM2・3区画開発事業	東京都江東区(東京臨海地域)	2003年 5月9日
3	(仮称)UDXビル計画(秋葉原3-1街区)	東京都千代田区(秋葉原・神田地域)	2003年 10月24日
4	(仮称)名駅四丁目7番地区共同ビル建設事業	愛知県名古屋市名古屋駅周辺・伏見・栄地域)	2003年 12月26日
5	晴海二丁目地区都市再生事業	東京都中央区(東京臨海地域)	2004年 2月27日
6	三洋電機・大日地区開発計画	大阪府守口市(守口大日地域)	2004年 3月5日
7	新天神地下街建設事業	福岡県福岡市(福岡天神・渡辺通地域)	2004年 3月5日
8	東京ミッドタウン	東京都港区(環状二号線新橋周辺・赤坂・六本木地域)	2004年 5月14日
9	東京都市計画勝どき六丁目地区第一種市街地再開発事業	東京都中央区(東京臨海地域)	2004年 12月10日
10	(仮称)川崎駅西口堀川町地区開発事業	神奈川県川崎市(川崎駅周辺地域)	2004年 12月10日

11	(仮称)東京駅八重洲口開発事業	東京都千代田区(東京駅・有楽町駅周辺地域)	2004年 12月10日
12	三宮駅前第1地区都市再生事業	兵庫県神戸市(神戸三宮駅南地域)	2005年 2月4日
13	(仮称)堺第2区臨海部開発事業	大阪府堺市(堺臨海地域)	2005年 2月4日
14	(仮称)大崎西口開発計画	東京都品川区(大崎駅周辺地域)	2005年 3月11日
15	サッポロビール埼玉工場跡地(リボンシティ)開発事業	埼玉県川口市(川口駅周辺地域)	2005年 3月11日
16	千種二丁目(仮称)地区共同開発事業	愛知県名古屋市(名古屋千種・鶴舞地域)	2005年 3月15日
17	なんばパークス2期事業	大阪府大阪市(難波・湊町地域)	2005年 8月30日
18	大手町一丁目地区第一種市街地再開発事業	東京都千代田区(東京駅・有楽町駅周辺地域)	2005年 11月18日
19	高松丸亀町商店街民間都市再生事業	香川県高松市(高松駅周辺・丸亀町地域)	2006年 1月25日
20	(仮称)フジテレビ臨海副都心スタジオ計画	東京都江東区(東京臨海地域)	2006年 3月23日
21	(仮称)赤坂五丁目TBS開発計画	東京都港区(環状二号線新橋周辺・赤坂・六本木地域)	2006年 3月23日
22	豊洲二丁目4-1街区・6街区商業施設建設事業	東京都江東区(東京臨海地域)	2006年 6月19日
23	三菱商事ビル・古河ビル・丸の内八重洲ビル建替計画(丸の内2-1地区)	東京都千代田区(東京駅・有楽町駅周辺地域)	2006年 11月20日
24	みなとみらい50街区W地区開発プロジェクト	神奈川県横浜市(横浜みなとみらい地域)	2006年 11月28日
25	TOCみなとみらいプロジェクト	神奈川県横浜市(横浜みなとみらい地域)	2007年 3月29日
26	千里中央地区再整備事業	大阪府豊中市(千里中央駅周辺地域)	2008年 9月2日
27	有明南プロジェクト	東京都江東区(東京臨海地域)	2009年 3月16日
28	日本金属工業相模原事業所跡地開発事業	神奈川県相模原市(相模原橋本駅周辺地域)	2009年 3月18日
29	大阪駅改良・新北ビル開発・アクティ大阪増築事業	大阪府大阪市(大阪駅周辺・中之島・御堂筋周辺地域)	2009年 5月1日
30	虎ノ門・六本木地区第一種市街地再開発事業	東京都港区(環状二号線新橋周辺・赤坂・六本木地域)	2009年 10月21日
31	(仮称)京都駅南開発計画	京都府京都市(京都駅南地域)	2009年 12月9日
32	(仮称)東五反田地区(B地区)開発計画	東京都品川区(大崎駅周辺地域)	2010年 2月24日
33	(仮称)銀座四丁目12地区建設事業	東京都中央区(東京駅・有楽町駅周辺地域)	2010年 2月24日

34	大阪駅北地区先行開発区域 A地区・B地区開発事業	大阪府大阪市(大阪駅周辺・中之島・御堂筋周辺地域)	2010年 3月9日
35	梅田阪急ビル建替事業	大阪府大阪市(大阪駅周辺・中之島・御堂筋周辺地域)	2010年 3月15日
36	東京スクエアガーデン	東京都中央区(東京駅・有楽町駅周辺地域)	2010年 7月12日
37	日本橋室町東地区開発計画	東京都中央区(東京駅・有楽町駅周辺地域)	2010年 8月24日
38	御茶ノ水ソラシティ	東京都千代田区(秋葉原・神田地域)	2010年 10月25日
39	難波再開発地区C街区プロジェクト	大阪府大阪市(難波・湊町地域)	2011年 3月28日
40	晴海フロント	東京都中央区(東京臨海地域)	2011年 3月28日
41	(仮称)ラゾーナ川崎C地区開発計画	神奈川県川崎市(川崎駅周辺地域)	2011年 3月28日
42	湘南辻堂A−1街区プロジェクト	神奈川県藤沢市(辻堂駅周辺地域)	2011年 10月18日
43	(仮称)丸の内１−４計画	東京都千代田区(東京駅・有楽町駅周辺地域)	2012年 1月16日
44	名駅三丁目２７番地区建設事業	愛知県名古屋市(名古屋駅周辺・伏見・栄地域)	2012年 3月9日
45	環状第二号線新橋・虎ノ門地区第二種市街地再開発事業 3)街区建築物等整備事業	東京都港区(東京都心・臨海地域)	2012年 3月21日
46	新宿イーストサイドスクエア計画	東京都新宿区(新宿駅周辺地域)	2012年 4月18日
47	(仮称)豊洲３−２街区ビル計画	東京都江東区(東京臨海地域)	2012年 7月12日
48	中之島３丁目共同開発 第3期計画	大阪府大阪市(大阪駅周辺・中之島・御堂筋周辺地域)	2012年 8月8日
49	大阪・中之島プロジェクト	大阪府大阪市(大阪駅周辺・中之島・御堂筋周辺地域)	2012年 9月3日
50	(仮称)21・25森ビル建替計画	東京都港区(東京都心・臨海地域)	2012年 11月21日
51	川崎生命科学・環境研究センター整備事業	神奈川県川崎市(川崎殿町・大師河原地域)	2012年 12月17日
52	赤坂一丁目地区第一種市街地再開発事業	東京都港区(東京都心・臨海地域)	2013年 1月9日
53	名駅一丁目１番計画南地区(仮称)建設事業	愛知県名古屋市(名古屋駅周辺・伏見・栄地域)	2013年 2月13日
54	(仮称)大手町1−1計画A棟	東京都千代田区(東京都心・臨海地域)	2013年 3月11日
55	阿倍野筋一丁目地区都市再生事業	大阪府大阪市(阿倍野地域)	2013年 3月11日
56	中京テレビ放送株式会社新社屋建設事業	愛知県名古屋市(名古屋駅周辺・伏見・栄地域)	2013年 3月19日
57	新・新ダイビル(仮称)開発計画	大阪府大阪市(大阪駅周辺・中之島・御堂筋周辺地域)	2013年 3月19日

58	(仮称)北2条西4丁目地区都市再生事業	北海道札幌市(札幌駅周辺・大通地域)	2013年 3月19日
59	(仮称)MM21-46街区プロジェクト	神奈川県横浜市(横浜都心・臨海地域)	2013年 3月22日
60	(仮称)大手町1-6計画	東京都千代田区(東京都心・臨海地域)	2013年 3月22日
61	(仮称)新鉄鋼ビル建替計画	東京都千代田区(東京都心・臨海地域)	2013年 3月29日
62	日本橋室町東地区開発計画(第2期)	東京都中央区(東京都心・臨海地域)	2013年 3月29日
63	京橋トラストタワー新築事業	東京都中央区(東京都心・臨海地域)	2013年 3月29日
64	イズミ本社建設事業計画	広島県広島市(広島駅周辺地域)	2013年 5月24日
65	イオンモール岡山	岡山県岡山市(岡山駅東・表町地域)	2013年 5月24日
66	大手町一丁目第3地区第一種市街地再開発事業	東京都千代田区(東京都心・臨海地域)	2014年 3月10日
67	(仮称)大手町1-1計画B棟	東京都千代田区(東京都心・臨海地域)	2014年 3月10日
68	よみうり文化センター(千里中央)再整備事業	大阪府豊中市(千里中央駅周辺地域)	2014年 6月18日
69	大阪・中之島プロジェクト(西地区)	大阪府大阪市(大阪駅周辺・中之島・御堂筋周辺地域)	2014年 7月28日
70	渋谷駅街区開発事業	東京都渋谷区(渋谷駅周辺地域)	2014年 8月12日
71	グローバルゲート プロジェクト	愛知県名古屋市(名古屋駅周辺・伏見・栄地域)	2014年 9月5日
72	(仮称)新日比谷プロジェクト	東京都千代田区(東京都心・臨海地域)	2014年 12月19日
73	(仮称)オーケーみなとみらい本社ビル事業計画	神奈川県横浜市(横浜都心・臨海地域)	2014年 12月25日
74	(仮称)MM59街区B区画開発計画	神奈川県横浜市(横浜都心・臨海地域)	2015年 2月4日
75	渋谷宮下町計画	東京都渋谷区(渋谷駅周辺地域)	2015年 6月10日
76	渋谷駅南街区プロジェクト	東京都渋谷区(渋谷駅周辺地域)	2015年 6月10日
77	広島テレビ放送本社社屋・エネコム広島ビル共同事業計画	広島県広島市(広島駅周辺地域)	2015年 7月8日
78	(仮称)伏見町三丁目計画	大阪府大阪市(大阪駅周辺・中之島・御堂筋周辺地域)	2015年 7月29日
79	梅田1丁目1番地計画(大阪神ビルディング及び新阪急ビル建て替え計画)	大阪府大阪市(大阪駅周辺・中之島・御堂筋周辺地域)	2015年 8月28日
80	(仮称)横浜駅西口駅ビル計画	神奈川県横浜市(横浜都心・臨海地域)	2015年 9月17日

81	(仮称)新南海会館ビル建設工事	大阪府大阪市(難波・湊町地域)	2015年 10月2日
82	西武鉄道池袋ビル建替え計画	東京都豊島区(池袋駅周辺地域)	2015年 10月16日
83	(仮称)TGMM芝浦プロジェクト(A棟・ホテル棟)	東京都港区(品川駅・田町駅周辺地域)	2015年 11月20日
84	(仮称)芝公園1丁目ビル計画	東京都港区(東京都心・臨海地域)	2015年 11月20日
85	(仮称)TGMM芝浦プロジェクト(B棟)	東京都港区(品川駅・田町駅周辺地域)	2015年 11月20日
86	みなとアクルス開発事業計画(第1)期)	愛知県名古屋市(名古屋臨海地域)	2015年 12月3日
87	(仮称)MM21-32街区　オフィス計画	神奈川県横浜市(横浜都心・臨海地域)	2015年 12月3日
88	(仮称)丸の内3-2計画	東京都千代田区(東京都心・臨海地域)	2015年 12月3日
89	浜松町二丁目4地区B街区(仮称)浜松町駅前プロジェクト	東京都港区(東京都心・臨海地域)	2015年 12月9日
90	(仮称)虎ノ門2-10計画	東京都港区(東京都心・臨海地域)	2016年 2月26日
91	殿町プロジェクト2)	神奈川県川崎市(川崎殿町・大師河原地域)	2016年 3月30日
92	(仮称)竹芝地区開発計画	東京都港区(東京都心・臨海地域)	2016年 6月24日
93	(仮称)南平台プロジェクト	東京都渋谷区(渋谷駅周辺地域)	2016年 6月24日
94	(仮称)OH-1計画	東京都千代田区(東京都心・臨海地域)	2016年 6月24日
95	商業施設「Maker's Pier」事業計画	愛知県名古屋市(名古屋臨海地域)	2016年 8月26日
96	虎ノ門トラストシティワールドゲート	東京都港区(東京都心・臨海地域)	2016年 9月9日
97	(仮称)臨海副都心有明北地区地区計画(3-1-A,3-1-B,3-1-C街区)	東京都江東区(東京都心・臨海地域)	2016年 9月9日
98	(仮称)豊島プロジェクト	東京都豊島区(池袋駅周辺地域)	2016年 9月9日
99	読売テレビ新社屋建設計画	大阪府大阪市(大阪ビジネスパーク駅・天満橋駅周辺地域)	2016年 10月21日
100	(仮称)横浜市中区北仲通5丁目計画	神奈川県横浜市(横浜都心・臨海地域)	2016年 11月30日
101	(仮称)豊洲二丁目駅前地区第一種市街地再開発事業2-1街区AC棟B棟	東京都江東区(東京都心・臨海地域)	2016年 12月22日
102	(仮称)殿町プロジェクトホテル棟/I棟新築工事	神奈川県川崎市(羽田空港南・川崎殿町・大師河原地域)	2017年 1月20日
103	愛宕山周辺地区(I地区)開発事業	東京都港区(東京都心・臨海地域)	2017年 2月21日
104	常盤橋街区再開発プロジェクト	東京都千代田区(東京都心・臨海地域)	2017年 2月21日
105	(仮称)丸の内1-3計画	東京都千代田区(東京都心・臨海地域)	2017年 2月24日
106	虎ノ門一丁目地区第一種市街地再開発事業	東京都港区(東京都心・臨海地域)	2017年 2月24日

107	(仮称)MM21-54 街区プロジェクト	神奈川県横浜市(横浜都心・臨海地域)	2017年 3月10日
108	神戸阪急ビル東館建替及び西館リニューアル計画	兵庫県神戸市(神戸三宮駅周辺・臨海地域)	2017年 7月20日
109	西新宿二丁目(8号地)特定街区	東京都新宿区(新宿駅周辺地域)	2017年 8月18日
110	(仮称)浜松町二丁目4地区A街区(A棟、TM棟)	東京都港区(東京都心・臨海地域)	2017年 9月5日
111	(仮称)損保ジャパン日本興亜 新美術館計画	東京都新宿区(新宿駅周辺地域)	2017年 9月6日
112	ヨドバシ梅田タワー計画整備事業	大阪府大阪市(大阪駅周辺・中之島・御堂筋周辺地域)	2017年 9月29日
113	羽田空港跡地第2ゾーン計画	東京都大田区(羽田空港南・川崎殿町・大師河原地域)	2018年 3月9日
114	川崎駅西口開発計画	神奈川県川崎市(川崎駅周辺地域)	2018年 8月7日
115	(仮称)横濱ゲートタワープロジェクト	神奈川県横浜市(横浜都心・臨海地域)	2018年 9月11日

출처 : 일본 국토교통성 홈페이지

B-2. 일본의 민간 도시재생사업 활성화

B-2-a. 중심시가지형 활성화제도

(1) 법령의 목적과 중심시가지의 선정

「중심시가지활성화법」 일본의 제3조에 의하면, 목적에 있어서 중심시가지가 지역주민의 생활과 교류의 장이 되어야 하고 문화적, 경제적, 사회적의 활동으로 거점이 되어야 하며 종합적으로 어우러지는 매력 있는 시가지를 이룬다는 것이다. 중심시가지 활성화의 기본계획의 「중심시가지활성화법」의 경우 대상지역으로 쇠퇴하는 중심시가지로 한정하였고 5년 단위로 실행계획이 작성되어 도시기본계획과의 정합성을 요구하고 중심시가지활성화 추진에 관한 법률 제9조 제5항의 기본계획이 도시계획에 관한 기본방침에 적합하여야 하고, 도시지역 공공교통 활성화 및 재생에 관한 법률 제5조 제1항에서 규정하는 지역공공교통망 형성계획과 조화와 정합성을 갖추도록 하였다. 그리고 지방재생 5원칙 등에 '중심시가지활성화'를 진행하기 위한 기본적인 방침(2006년 9월 각의결정 되었으며 2016년 4월에 6차 변경으로 '지방재생전략'으로 2007년 11월 '지역 활성화 종합본부' 회합에서 결정)'을 보면 첫째 지방재생의 기본적 개념으로 '지방재생 5원칙'에 합쳐서 '마을·사람·일자리 창생(2014년 12월각의 결정)' 종합전략에서 제시하여 사람, 마을, 일자리 창출을 위한 5가지 원칙을 참고하여 기본계획을 작성하도록 하고 있다. 거기에 '마을·사람·일자리 창생 종합전략'에서 '마을·사람·일자리 창생법(2014년 11월 28일 신설)'을 따라 수립되는 지방재생에 대한 상위 단계로 기본적 전략과 함께 제시한 '마을과 사람들의 일자리 창출을 위한 정책 5원칙'이고 '장래성, 자립성, 직업성, 지역성, 결과중시'로 5가지 관점에서 관련 기본계획을 참조해서 작성하도록 되어 있다(강동욱, 2020). 그리고 중심시가지의 수는 가급적 하나로 하며, 지자체병합 또는 역사적 이유로 복수인 경우에 한하여 복수로 할 수 있다. 이에 따라서 실제로 계획이 인정된 경우 중심시가지로 현재 2017년 141개시에서 212개소로 대체적으로 쇠퇴하는 지방도시가 되었다. 그중에서도 대도시권의 도쿄를 중심하는 오사카부의 1개시(다카쓰키시(高槻市))와 2개시(오메시(靑梅市), 후추시(府中市)) 등이 쇠퇴 도시로 포함되어 있다. 제2조에서 「중심시가지활성화법」으로 대상 중심시가지로 선정되는 기준으로는 첫째 상당수의 소매상업자가 집적하면서 도시기능이 상당 정도 집적하여야 하며 그 시정촌(市町村)의 중심으로 역할을 하고 있어야 한다. 두 번째는 해당 시의 상업 활동 상황에 있어서 시가지의 토지이용이 기능적 도시 활동 확보와 경제 활력유지에서 지장이 생겼거나 생길 우려가 있다고 인정되는 시가지 이다. 세 번째는 해당 시가지에서 도시기능증진의 경제 활력 향상을 종합적이면서, 일체적으로 추진하는 것이 시정촌(市町村)과 그 주변의 발전에 유효하여야 하며 적절하다고 판정이 될 곳으로 규정하고 있다. 더 구체적 사항으로는 중심시가지 활성화를 도모하기 위한 기본방침에서 제3장 1 첫째 '지역경제분석시스템(RESAS, Regional Economic Society Analysis System)'으로 객관적 통계적 데이터를 분석하여서 도시중심지로서 상권과 통근권 역할을 하는 구역을 말하며 더불어 중심시가지로서의 역할 수행 여부를 판단으로 한다. 두 번째에 있어서 반대로 토지이용과 상업 활동의 상황 동향을 RESAS로 객관적으로 평가하여 쇠퇴하거나 쇠퇴할 우려가 있다고 인정된다고 판단될 경우이다. 세 번째에 대해서 해당지역에 도시전체와 주변지역의 발전에도 효과를 미치는지에 대하여 시정촌(市町村)과 주변시가지의 규모, 배치 등을 고려하여 상황적, 종합 계획적 등에 따라 판단하는 것으로 제시하고 있다.

(2) 중심시가지 활성화의 사업내용

도시복리시설정비, 도시의 물적 생활환경정비, 상점가의 활성화 등 내용에 대해서 종합적으로 구체적으로 하였으며 그중에서 중소 소매상업, 공영주택 정비사업, 도시복리시설을 정비하는 사업, 고도화사업시가지 정비 개선사항 등은 관련 법령의 사업을 종합적으로 담았다. 그중 법에서 독창적으로 도입한 사업은 중심시가지의 공동주택공급령, 특정상업시설 내 정비사업, 민간 중심시가지의 상업활성화사업, 중심시가지 내 특례 통역안내사 육성 등이다. 특정사업으로(도시형 신사업) 또는 중심시가지 식품유통의 원활한사업 등이 있으며 동법 제8조에 따라서 수립된 '중심시가지 활성화를 도모하기 위한 기본적 방침'에서는 상세히 내용을 제시하고 있는데, 복리시설정비에서는 교육문화와 의료 그리고 사회복지시설 전체적 분야, 그리고 공공교통으로 이용편리 증진에 대한 사업으로 승합버스 이용자에 대한 편리증진의 사업 등이 있으며 그 밖에 도시기능집적 촉진을 위하여 용도지역지구, 지구계획 등의 도시계획수립을 활용하도록 제시하고 있다.

(3) 사업영역과 변화와 기본계획과 기본방침의 법령

2014년도의 중심시가지 활성화제도는 미래도전의 비전으로 국가성장전략인 일본재흥전략에 바탕을 두고 도쿄 집중에 따른 지방인구 감소 가속화에 대응하기 위하여 적극적으로 「마을·사람·일자리 창생법」을 제정하여 제도화에 두었다.

그러나 세부 지침적용을 유연하게 조정한 것 오픈카페 설치 시 도로점용특례규정, 중심시가지 특례 통역안내사 육성, 민간 중심시가지 상업활성화사업 도입하여 새롭게 자세한 지침을 두고 적용하여 유연하게 또는 체제정비를 다양하게 하여 각각의 사업내용면에서 한계가 있어 변화는 적었다.

[표 Ⅳ-4] 중심시가지활성화 기본계획 「중심시가지활성화법」

「중심시가지활성화법」제9조) 시정촌(市町村)은 기본계획에 근거하여, 당해 시정촌(市町村)의 해당지 내의 중심시가지의 활성화에 관한 시책을 종합적, 일체적 추진하기 위해서 기본적 계획을 작성하여 내각총리대신에게 인정 신청할 수 있다.
② 기본계획에서는 다음사항을 정하기로 한다.
중심시가지의 위치 및 구역 도로, 공원과 토지구획정리사업, 시가지재개발사업 및 주차장 등의 공공용도로 제공하는 시설과 정비 그리고 기타 시가지 정비개선을 위한 사업에 대한 사항 도시복리시설의 정비하는 사업에 관한 사항 공영주택 등을 정비하는 사업, 중심시가지 공공주택공급사업 기타 주택의 공급을 위한 사업 및 당해 사업과 일체가 되어 실시하는 거주환경향상을 위한 사업에 관한 사항(지방주택공급공사의 활용으로 공동주택공급사업을 중심시가지로 촉진하는 것이 필요한 것이 인정되는 경우로서, 이 업무의 실시에 관한 사항) 중소소매상업고도화사업, 특정상업시설 등 정비사업, 민간중심시가지 상업활성화사업(2014년 7월 신설), 중심시가지 특례 통역안내사 육성 등 사업(2014년 7월 신설), 기타 경제활동향상을 위한 사업 및 조치에 관한 사항
제2호에서 전호까지 규정하는 사업 및 다음과 같은 사업에 조치와 일체가 되는 사항
공공교통기관의 이용자 편리증진을 꾀하는사업특정사업(도로점용특례신설2014년)제2호에서 앞 호까지 규정한 사업과 조치의 종합적이고 일체적 추진에 관한 사항중심시가지에 있어서 도시기능집적의 촉진을 위한 조치사항
계획기간 ③ 기본계획을 정하는 경우 다음사항에 대해 정하도록 노력한다.

출처 : 중심시가지의 활성화에 관한 법률

[표 Ⅳ-5] 중심시가지활성화 방침에 정한 지원 사업 메뉴

■토지구획정리사업, 도로, 공원과 시가지재개발사업, 주차장 등 공공용에 제공하는 시설정비 등	
필요성	중심시가지가 공동화한 한 원인으로 주변에 비해 상대적으로 높은 지가와 복잡한 권리관계 때문에 계획적인 도시기반시설정비와 건물 갱신이 늦어지고, 모터리제이션 진전에 따른 도로, 주차장정비, 새로운 도시기능을 수용할 토지기반을 공급하는 것에 대응
사업내용	토지구획정리사업, 전선지중화, 자전거주차장, 시가지재개발사업, 도로, 공원과 주차장, 하수도 및 하천, 광장, 보행공간, 연속입체교차사업, 민간도시개발사업 등

■ 도시복리시설 정비 사업에 관한 사항	
필요성	교외지역으로 이주는 저렴한 지가이지만 중심시가지는 상대적인 상위 의료 · 교육 · 문화 등 복리시설 집적이 장점이므로 중심시가지에 인구를 되돌리려면 이를 강화
사업내용	교육문화시설(학교, 도서관), 의료시설(병원, 진료소), 사회복지시설(노인개호시설, 보육소)

■ 공영주택정비사업, 중심시가지 공동주택공급사업 기타 주택공급사업과 해당사업과 일체로 실시하는 거주환경향상사업에 관한 사항	
필요성	중심시가지 거주환경향상사업을 추진하기 위해서는 살기 편한 생활공간을 정비하는 것이 중요하며, 이를 위해 다양한 거주수요에 대응한 사업을 추진
사업내용	중심시가지 공동주택 공급사업

■ 중소소매상업 고도화사업, 특정상업시설 정비사업, 민간중심시가지 상업활성화사업, 중심시가지 특례 통역안내사 육성사업과 그 밖의 경제활력 향상을 위한 사업과 조치에 관한 사항	
필요성	중심시가지의 상업기능이 매력을 가지려면 상업 집적의 편리성과 다양성을 가져야 하나 이를 위해 상권분석으로 가능한 정량적 객관성을 파악하여 사업도출
사업내용	• 중심시가지에서의 중핵적 상업시설과 상업기반정비, 바람직한 업종혼합, 육아지원 • 개호교육 등 지역커뮤니티 활성화에 기여하는 빈 점포 활용, 기존점포 상점가 리뉴얼, 신종 업태와 서비스개발, 제조배포판매 시스템 구축 등의 필요에 따라 다음과 같은 사업실시 • 중소소매상업 고도화사업(업종구성완비, 점포배치, 기반시설, 홍보 등) • 특정상업시설 등 정비사업(원칙적으로 연건축면적 500m² 이상의 대형구매시설 등 핵심점포를 포함한 상업 집적 모색) •원래는 3000m² 이상에서 2014년 7월 지침변경 • 중심시가지 특례 통역안내사 육성사업 • 대규모 소매점포 입지법의 특례조치(절차간소화의 정도에 따라 제1종 특례구역, 제2종 특례구역, 인정 특례 대규모 소매점포)

■ 앞에서 설명한 사업과 조치의 일체적으로 추진하는 사업에 관한 사항	
1. 공공교통기관 이용자편리성 증진사업	• 대중교통수단인 철도, 지하철, 신교통시스템, 버스, 노면전차 등 편리성 향상과 관련된 거의 모든 사업
2. 특정사업과 조치	• 도시형 신사업 정비(최종 소비재 제조 · 가공, 패키지 소프트웨어, 멀티미디어 등 콘텐츠산업, 디자인업 등 물체화하는 서비스가 제공되는 사업을 위한 임대형사업장, 공동연구지원시설, 인큐베이터, 정보교류시설, 전시판매시설 등) • 중심시가지 식품유동 원활화사업(식품소재점의 집적과 리뉴얼로 식품구입 편리화로 신선식품(청과, 어물, 식육, 야채 등) 소매점포가 5개 이상 집적하고 주차장, 휴게소 등 소비자 이용 편리시설 정비) • 공동승차선권 사업 • 승합버스이용자의 편리증진사업(운행회수 증가사업) • 승화물운송 효율화사업(중심시가지 공동집재시설과 공동집배송사업 실시) • 도로점용특례(도로관리자 동의하에)
3. 기타	• 추진체재정비(지자체추진체제, 중심시가지활성화협의회, 사업과 조치를 일체적 추진 등)

	■도시기능집적 촉진을 위한 조치
도시계획 수법 활용	• 고도이용지구, 시가지재개발촉진지구 등, 지구계획에 의한 용적률 완화, 주차장정비지구, 특정용도유도지구, 경관지구 등 특정목적의 지구 활용 • 입지적정화계획과 정합(2014년 지침신설), 용도지역별 허용용도 재조정(준공업지역에 대한 규제강화로 특별용도지구지정, 비시가화지역 개발억제 등)

주: 구체적 항목분류는 '중심시가지활성화를 도모하기 위한 기본적 방침'에서 정한 분류

출처 : 내각관방·내각부 종합사이트, 중심시가지 활성화를 도모하기 위한 기본적 방침, p. 10~25

(4) 중심시가지 활성화사업과 관련된 재정지원 제도

종합적이고 세부적, 내용적으로 중심시가지 활성화 사업을 하는 데 있어서 재정지원은 각 담당 관련 부처별로 대응하고 있으며 따로 중심시가지 활성화 사업을 위한 예산을 마련하지는 않고 있으며 일반적 교부예산 내에서 지원하도록 되어 있기 때문에 특별추가로 실시하는 사업의 내용과 항목은 없다.

형평성의 차원으로 같은 재정지원을 하는데 전국 어느 곳이든 일반적으로 편성을 하며 만약 차등을 두고 지원율에서 지급할 이유가 있다면 주로 중소도시에서 낙후지역에 한정하여 차등을 둔다. 효율성의 차원에서 선택과 집중으로 우선 지원하는 경우가 있는데 이는 경제 살리기와 콤팩트도시에서 이루어진다. 첫째, 우선 국토교통성에서는 포괄교부금이고 사회자본정비종합교부금인 내용과 항목에 따라서 '도시재생정비계획사업'과 '중심시가지공동주택공급사업' 등으로 지원한다. 둘째, 중심시가지 상업기능 활성화를 위해 중소기업청과 경제 사업성이 중소 소매상업 고도화사업에 지원을 하는 예산으로도 사용하면서 모든 지역에서도 적용되는 사업을 중심시가지까지 같이 추진 사용한다. 셋째, 노동후생성은 중심시가지 활성화 계획 구역에서만 한정하여 제시된 지원예산항목은 없고, 노동후생성 일반 교부금의 지원항목에 해당하면 활용할 수 있도록 되어 있다.

[표 IV-6] 중심시가지 활성화사업에 대한 국토교통성 지원 예산항목(2017)

해당사업		예산항목 (사회자본정비종합교부금 총액 0.96조 엔)
시가지의 정비개선	• 시가지중심재생을 촉진하는 면적 정비사업	• 도시재생정비계획사업(사회자본정비종합교부금) • 마을재출자(2017년 예상 기금 100억 엔) 도시재생구획정리사업과 시가지개발사업(사회자본정비 종합교부금)
	• 도로, 공원, 주차장 등 도시 기반시설정비	• 사회자본정비종합교부금 활용
도시복지시설의 정비	• 도시기능 집적촉진(교육문화, 의료, 사회복지시설 포함, 집적공간시설정비 등)	• 삶·정겨움 재생사업(사회자본정비종합교부금)
시가지 중심 거주추진	• 우량주택 정비	• 중심시가지공동주택공급사업(사회자본정비종합교부금)
	• 거주환경정비	※우량주택정비와 함께 실시하는 종합적 거주환경정비
그 밖의 중심시가지활성화 사업	• 공공교통기관 이용자 편의증진	
	• 민간 마을만들기 일꾼에 의한 도시 환경유직개선활동	• 민간마을만들기 활동촉진·보급계발사업(2017년도 국비 9,200만 엔) • 도시환경유지·개선사업자금융자(2017년도 국비 7,000만 엔 무이자대부)

출처 : 국토교통성, 2017년도 중심시가지활성화 관련 예산 등에 대하여(平成29年度 中心市街 地活性化 関連予算等について), 내각관방·내각부 종합사이트

[표 IV-7] 중심시가지 활성화사업에 대한 경제 산업성 지원 예산항목(2017)

해당사업	예산항목
중심시가지 활성화기본계획 제7장의 사업 • 조사사업 • 전문인 재활용 지원 사업 • 선도적 상업시설과 상업기반시설정비	• 지역·시가지 중심 상업 활성화 지원 사업(중심시가지재흥 전략사업) : 2017년도 5억 엔
중소기업 종합경영 지원 사업 (1) 중심시가지 상업 활성화 진단·서포터 사업 (2) 중심시가지 활성화 협의회 운영지원사업 (3) 중심시가지 상업 활성화 어드바이저 파견사업	• 중소기업기반 정비기구 교부금의 중소기업 경영지원사업 22억 7,900만 엔 안에서 활용
세제지원조치 (1) 토지 양도시 양도소득 특별공제 (2) 토지·건물·설비 등 취득시 감면조치	• 상업용으로 토지를 양도할 시 양도소득 최대 1,500만 엔 특별공제 • 등기비의 절반 감면
재정투용자	• 저리융자제도(기업활력 강화자금) 중소기업사업 7.2억 엔 한도, 국민생활사업 7,200만 엔 한도

출처 : 경제 산업성·중소기업청, 2017년도 중심시가지활성화 관련 지원조치의 개요(내각관방·내각부 종합사이트)

[표 Ⅳ-8] 중심시가지 활성화사업에 대한 노동후생성 지원 예산항목(2017)

	해당사업	예산항목
도시복리시설정비	• 광역지자체의 '의료계획에 근거한 사업계획' 수립 • 휴일야간응급센터, 공동 이용형 병원, 아동구급 의료거점 병원 등 포함 총 29개 사업	• 의료제공 체제 시설정비 교부금 25.5억 엔에서 사용
	• 장애자의 복지서비스 등 기반정비	• 사회복지시설 시설정비비 보조금 71억 엔에서 사용
	• 보육원긴급정비사업 • 인정어린이원 정비사업 • 소규모보육정비사업 • 보육원방음벽 설치사업	• 보육소 등 정비교부금 564억 엔에서 사용
	• 보육사확보대책 • 소규모보육 개수 · 시설설치 · 임대료 지원 등 • 사유지 매칭사업 등 12개 사업	• 보육대책 종합지원사업비 보조금 394.8억 엔에서 사용
시가지중심거주추진	• 개호예방 · 생활지원서비스 • 일반개호예방사업 • 포괄적 지원 • 임의사업	• 지역지원사업 교부금 1,569.3억 엔 내에서 사용

출처 : 노동후생성, 2017년도 중심시가지활성화 관련예산 개요(내각부 종합사이트)

넷째, 농림수산성은 중심시가지를 위한 별도의 예산항목을 마련하지 않았고 일반교부금예산을 활용할 수 있도록 하였으며 세부항목에서 중심시가지 활성화의 농업용수로 활용한 실개울, 친수호안 등을 정비할 때 지원 대상으로 제시되고 있다. 다섯째, 문부과학성은 일반적인 교부대상에서도 마찬가지로 일반적인 대상으로도 해당이 된다면 사용할 수 있도록 중심시가지 활성화와 관련된 것은 다음과 같다. 극장·음악당 등 활성화사업으로 29.3억 엔, 문화예술창조활용 가능한 플랫폼 형성사업으로 29.6억 엔, 문화재건조물을 활용한 지역으로 지역 활성화 4.4억 엔, 역사상생 사적 등이 있는 곳으로 종합 활용 정비사업 70.9억 엔, 지역의 핵이 되는 곳으로 미술관·역사박물관 지원 사업 11.2억 엔, 문화유산 종합 활용 추진사업으로 19.1억 엔, 일본유산 매력발신 추진사업으로 13.5억 엔, 미래로의 레거시(legacy)계승·발신사업 가능한 박물관 네트워크에 의한 사업으로 0.2억 엔 등이다. 여섯째, 경찰청은 별도예산이 아니고 일반교부예산인 '교통안전시설 등 정비사업(2017년도 175.6억 엔)의 범위에서 사용토록 하였다. 공공 교통 편리성 향상이라든가 중심시가지로 접근성 개선, 보행자·자전거이용 자 안전성과 편리성 확보를 위한 환경정비 등에 사용토록 하였다.

B-3. 민간참여를 통한 다카쓰키시(高槻市) 중심시가지 활성화 사례

B-3-a. 다카쓰키시(高槻市) 중심시가지 활성화사업 개요

민간참여를 통한 다카쓰키시 중심시가지 활성화 사례는 정부 지원과 자치단체 지원 이외에 민간참여를 활용한 성공적 사례로 평가받고 있다. 중심시가지활성화 기본계획을 바탕으로 다카쓰키시의 중심시가지활성화 기본계획에서 제시한 각종 사업항목을 살펴보면 다음과 같다. 2017년 중 심시가지 활성화 기본계획으로 2017부터 2022년까지 추진하는 사업에 다카쓰키시가 있다. 위치는 오사카시에서 북동쪽으로 약 25km 떨어져 있 으며 내각총리에게 인정받은 2차의 기본계획의 연장으로 전부터 추진하고 있었던 사업 완성과 새롭게 하는 사업계획 추진 등 이미 해왔던 사업을 통해 축적된 경험과 노하우를 바탕으로 새롭게 실현가능한 사업, 효과가 있는 사업들을 압축하여 기본계획으로 진행하고 있다. 사업항목과 내용에 대하여 살펴보면 법령과 중앙정부 그리고 지자체가 직접 실시하는 사업과 민간이 실시하는 것으로 홍보, 축제, 연구개발 외 세세한 사업에 까지 중심 시가지의 사업과 활동 등을 뒷받침할 수 있는 근거를 모두 제시한 것이다.

[표 Ⅳ-9] 일본 중심시가지 활성화 기본계획 사업내역(다카쓰키시 2017)

세부항목	구체적 사업	국가보조금
■ 토지구획정리사업과 시가지재개발사업, 공원, 주차장, 도로 등 공공용도에 제공하는 시설 및 정비, 개선 등		
인정과 연계된 중점적 지원조치에 관련한 사업	• JR 다카쓰기역(高槻駅) 북역 앞 광장정비 • 걷고 싶은 보도 공간 정비 • 다카쓰키역(高槻駅) 북측 광장 베리어프리화 • 성 빈터 공원재정비사업 • 마쓰바라(松原)공원 개수사업 • 곤야마치 조호쿠선(紺屋町 城北線) 고기능화 • 노미초(野見町) 1호선 고기능화	사회자본정비종합교부금 도시재생정비계획사업(다카쓰키역 주변지구 제3기)
	• 고소베텐진선(古曽部天神線) 사이고쿠가이도선(西玉街道線) 정비	사회자본정비종합교부금 주택시가지기반정비사업
	• 다카쓰키역 다카가키선(高槻駅高垣線) 정비 • 자전거 통행 공간 정비	방재안전교부금 도로사업
기타 지원조치에 관한 사업	• 아마이(安満)유적공원 정비 사업	방재공원가구정비사업
국가의 지원 없는 사업	• 상점가 포장 정비 • 상점가 동선 강화 • 후시미야나기타니다카쓰키선(伏見仰谷高槻線) 정비 • 민간사업자에 의한 자전거주차장 정비 • 상점가 가로등 재정비(한신다카쓰키역 앞) • 자전거주차환경 향상 • 쾌적한 보행공간실현을 향한 계발사업(금지 표시 등)	
■ 도시복리시설 내 정비사업에 관한 사항		
인정과 연계된 중점적 지원조치에 관련한 사업	• 시민회관재건축사업	사회자본정비종합교부금 삶 정겨움 재생사업 (다카쓰키시 성 빈터 지구)
	• 다카쓰키 어린이 미래관 정비사업	사회자본정비종합교부금 도시재생정비계획사업 (다카쓰키역 주변 기구)
국가의 지원 없는 사업	• 육아종합지원센터 • 육아 중 취업지원 • 대학교육연구 의료고도화사업 • 역사문화시설 간 연계에 의한 집객성 향상사업	
■ 공영주택정비사업과 중심시가지 공동주택공급사업, 기타 주택공급사업 또는 해당사업의 일체로 실시하는 거주환경내 향상사업에 관한 사항		
인정과 연계된 중점적 지원조치에 관련한 사업	• 양호한 경관형성	사회자본정비종합교부금 도시재생정비계획사업 (다카쓰키역 주변지역 제3기)
국가의 지원 없는 사업	• 서비스 포함 노인용 주택공급 추진 • 3세대 패밀리 정주지원사업 • 시가지중심 거주추진시책의 추진(사단법인 이주 교체지원기구가 실시하는 마이홈 임차전대사업 설명회) • 방범카메라설치 지원 사업	

■ 중소 소매상업의 고도화사업, 특정상업시설 내 정비사업, 민간중심시가지의 상업 활성화사업, 중심시가지에서 특례 통역안내사의 육성사업, 그 외의 경제활력성 향상을 위한 사업과 조치에 관한 사항

구분	사업	명칭
인정과 연계된 특별조치에 관련된 사업	• 공원에서 이벤트 개최 • 민간활력에 의한 공원매력 향상(민간아이디어 모집) • 다카쓰키 우타마티 스테이션 개최(집객이벤트) • 다카쓰키 산업페스타 개최 • 다카쓰키 상공회의소 70주년기념사업 개최 • 신문화시설을 활용한 시민교류사업 • 다카쓰키 활성화 합숙회 개최 • 상점가 이벤트 개최 • 중심시가지 지도작성 • 고향맛집을 활용한 매력발신 • 특산품 개발사업 • 중심시가지활성화협회 운영 지원사업 • 각종 이벤트와 상업과 연동 활동 • 캐릭터를 활용한 동네매력 발신	중심시가지활성화 소프트사업
	• 민간사업자에 의한 복합시설정비사업 • 숙박시설(호텔 등)의 유치 · 정비사업	지역시가지중심 상업활성화 지원사업(중심시가지 재흥전략사업)중 선도실증사업
인정과 연계된 중점적 지원조치에 관련된 사업	• 에어리어 매니지먼트 기능강화	중심시가지상업 활성화 진단 · 서포트사업
기타 지원조치에 관한 사업	• 중심시가지 마을걷기 사업 (소규모상점 체험교실 등 연결)	지방창생추진교부금
국가의 지원 없는 사업	• 빈 점포 리노베이션 • 상점가의 유휴지 활용(아쿠타가와(芥川)상점가) • 텐진(天神)축제 개최 • 히노데초(日之出町) 토요시장 개최 • 다카쓰키대학 뮤즈캠퍼스 개최 • 지역자원 활용한 집객사업(백화점) • 공원에서 시민주최 프로그램과 이벤트 전개 • 상점가와 백화점의 연계에 의한 집객사업 • 중심시가지 이벤트정보 발신사업 • 상인과 음악그룹 연계사업 • 빈 점포 등 정보재고 은행사업 • 시민festa 다카쓰키 축제개최 • 다카쓰키 아트박람회 개최 • 다카쓰키 재즈스트리트 개최 • 다카쓰키 바(bar) 개최 • 이동곤란자 외출지원 • 정주촉진 프로모션 • 자원봉사활동 활성화	
	• 숙박시설의 유치 정비사업	다카쓰키시 호텔 · 여관 입지 촉진제도
	• 매력 있는 점포의 출점 지원	다카쓰키시 지역상업활성화 창업 · 점포지원사업

	• 다카쓰키 창업연수 개최	오사카부 소규모사업지역활성화사업
■ 앞에서 설명한 사업과 일체적으로 추진하는 사업에 관한 사항		
인정과 연계된 특별조치에 관련된 사업	• 관광기반 정비 · 서비스 충실	중심시가지활성화 소프트사업
	• 중심시가지 보행자 우선 교통체계연구	사회자본정비종합교부금 도시재생정비계획사업(다카쓰키역 주변지구 제3기)
국가의 지원 없는 사업	• 아마이유적공원 접근성 강화 • 중심시가지 차량유입 억제 • 노인(70세 이상)에게 시영버스 무료 승차증 배포	

출처 : 노동후생성, 2017년도 중심시가지활성화 관련예산 개요(내각부 종합사이트)

B-3-b. 다카쓰키시(高槻市) 중심시가지 활성화사업 내용

다카쓰키시의 중심시가지활성화 사례를 보면 법령에서 명시된 중앙정부에서 지원하도록 되어 있는 것 이외에도 지자체가 독자적으로 진행하는 것과 더불어 민간이 시행하는 것 등 중심시가지 활동을 뒷받침할 사업이 포함되어 있다. 특히, 중소소매상업 고도화사업, 특정상업시설 정비사업, 민간중심시가지 상업 활성화, 중심시가지 특례 통역안내사 육성사업과 그 밖의 경제 활력 향상을 위한 사업과 조치에 관한 사항 중에는 민간 사업자에 의한 복합시설 정비 사업이 포함되어 있다. 사업내용을 구체적으로 보면 다음과 같다.

첫째, 토지구획정리사업, 공원, 도로 시가지 재개발, 주차장 등 공공용에 제공하는 시설정비 중 민간참여 사업으로는 상점가 포장 정비, 상점가 동선 강화, 후시미야나기타니다카쓰키선(伏見仰谷高槻線)정비, 민간사업자에 의한 자전거주차장 정비, 상점가 가로등 재정비(한신다카쓰키역 앞), 자전거주차환경 향상, 쾌적한 보행공간실현을 향한 계발사업 등이 있다.

둘째, 도시복리시설정비사업에 관한 사항 중 민간참여 사업으로는 육아종합지원센터, 육아 중 취업지원, 대학교육연구 의료고도화사업, 역사문화시설 간 연계에 의한 집객성 향상사업 등이 있다.

셋째, 공영주택정비사업, 중심시가지공동주택공급사업 기타 주택공급사업과 해당사업과 일체로 실시하는 거주환경 향상사업에 관한 사항 중 민간참여 사업으로는 서비스 포함 노인용 주택공급 추진, 3세대 패밀리 정주지원사업, 시가지중심 거주추진시책의 추진(사단법인 이주 교체지원기구가 실시하는 마이홈 임차전대사업 설명회), 방범카메라설치 지원 사업 등이 있다.

넷째, 중소소매상업 고도화사업, 특정상업시설 정비사업, 민간중심시가지 상업활성화사업, 중심시가지 특례 통역안내사 육성사업과 그 밖의 경제 활력 향상을 위한 사업과 조치에 관한 사항 중 민간참여 사업으로는 빈 점포 리노베이션, 상점가의 유휴지 활용(아쿠타가와(芥川)상점가), 텐진(天神)축제 개최, 히노데초(日之出町) 토요시장 개최, 다카쓰키대학 뮤즈캠퍼스 개최, 지역자원 활용한 집객사업(백화점), 공원에서 시민주최 프로그램과 이벤트 전개, 상점가와 백화점의 연계에 의한 집객사업, 중심시가지 이벤트 정보 발신사업, 상인과 음악그룹 연계사업, 빈 점포 등 정보재고 은행사업, 시민festa 다카쓰키 축제개최, 다카쓰키 아트박람회 개최, 다카쓰키 재즈스트리트 개최, 다카쓰키 바(bar) 개최, 이동곤란자 외출지원, 정주촉진 프로모션, 자원봉사활동 활성화 등이 있다.

다섯째, 앞에서 설명한 사업과 일체적으로 추진하는 사업에 관한 사항 중 민간참여 사업으로는 아마이유적공원 접근성 강화, 중심시가지 차량유입 억제, 노인(70세 이상)에게 시영버스 무료 승차증 배포 등이 있다. 이상에서 다카쓰키시(高槻市) 중심시가지 활성화 사례에서 볼 수 있듯이 일본의 경우 중앙정부, 자치단체, 민간이 협력체계를 구축하여 역할분담을 통해 도시재생사업을 효율적으로 진행하고 있다. 특히, 다양한 분야에 민간참여를 통해 도시재생사업의 활성화를 도모하고 있다.

C. 도시재생의 민간참여의 필요성

C-1. 민간참여의 필요성

　도시재생은 지역주민과 정부가 중심이 되어 자연스럽게 진행되면 좋지만, 재정적 한계와 기술적 문제 및 효과성 등으로 민간참여 없이는 사업 추진에 어려움이 많다. 현재 한국의 도시재생은 주로 공공주도로 진행되고 있으면 민간의 자금과 기술력은 거의 미비하다. 도시재생의 활성화를 위해서는 적극적인 민간참여가 필요하다. 한국의 도시재생에서 민간참여 필요한 이유는 다음과 같다.

　첫째, 과거 공공주도 진행되었던 도시재생과 유사한 마을재생사업들이 정부의 재정지원이 종료되면 중단되는 문제점이 나타났다. 한국에서 2000년대 이후 공공주도로 추진되었던 마을재생사업들이 정부의 재정지원의 종료와 함께 주민주도의 마을 만들기로 전환되지 못하였다. 한국의 도시재생이 성공하기 위해서는 주민들의 적극적 참여와 민간참여가 보장되는 새로운 사업모델의 개발이 필요하다. 현재 한국처럼 공공주도의 도시재생사업은 막대한 재정만 투입되고, 재정지원이 종료되면 사업이 지속되지 못하고 중단되는 결과를 가져올 것이다. 결국 민간참여가 없는 도시재생사업은 막대한 재정을 먹는 하마가 될 것이다.

　둘째, 민간의 첨단기술과 새로운 기법 및 개발경험을 활용해야 한다. 그동안 도시정비사업에서 활용되었던 민간 기업들의 첨단기술과 새로운 기법 및 개발경험을 도시재생에 활용하여 수익성과 공공성이 보장되는 도시재생사업이 되어야 한다. 일본의 도시개발 및 도시재생에서 많이 활용되고 있는 다기능 복합개발 또는 콤팩트시티 개발과 같은 민간의 경험과 노하우를 도시재생에 적극 활용해야 한다. 민간참여를 유인하여 지역특성에 맞는 다양한 개발기법을 발굴하여서 중앙정부와 지방자치단체에 제안하고, 도시공간이 저평가된 경우 가치를 증진시키는 도시재생사업을 추진해야 한다. 이러한 도시재생에 민간참여는 쇠퇴한 도시에 고용기반을 창출하고, 지역의 경제·사회·복지·문화 발전을 위한 활동과 기부 등 사회적 공헌에 기여하게 된다.

셋째, 풍부한 민간자금을 활용해야 한다. 민간자금의 투입 없이 공공재정만 투입되는 도시재생은 자금의 한계로 소규모 마을 만들기에 치중할 수밖에 없게 되어 일자리 창출이나, 지역경제 활성화 같은 경제적 파급효과가 큰 도시경제기반형 또는 중심시가지형 사업을 추진하는 데는 한계가 있다. 풍부한 민간자금을 도시재생사업에 끌어 들여 공적자금 투입의 한계를 보완하고, 도시가치의 향상과 지역경제 파급효과가 큰 도시경제기반형 또는 중심시가지형 도시재생사업을 추진할 수 있도록 기반을 마련해 주어야 한다.

넷째, 각 자치단체마다 특성과 상황에 맞는 민간참여 도시재생 전략이 채택되어야 한다. 획일적 도시재생보다는 각 자치단체마다 지역적 특성과 상황에 맞는 민간참여형 도시재생 전략을 찾아야 빠른 발전이 가능하다. 현재 각 자치단체마다 자금의 한계와 개발경험의 부족을 메우기 위해서 민간을 적극적으로 활용하기 위해 노력하고 있다. 서울시의 경우 도시재생의 4대 추진전략으로 ① 정부와 함께 미래가치와 활력을 만드는 글로벌 경제거점 창출, ② 서울시 미래 성장 동력 확보를 위한 일자리기반 조성, ③ 다양하고 체감가능한 주거지 재생지원, ④ 민간주도·공공협력 지속가능한 도시재생 선순환체계를 구축한다는 전략을 세워놓고 있다. 또한 '서울시가 중점적으로 시행할 도시재생 시책 및 과제' 중에도 '민간주도의 재생사업 정착'이 들어 있다. 이를 통해 도시재생에 대한 시민의 체감을 높이고,

주민과 민간의 참여기반을 구축하고, 민간주도의 도시재생사업이 정착되도록 한다는 것이다. 협의체 구성을 통한 공감대 형성과 예산 및 제도적 지원, 기업의 사회공헌 협력모델의 적극 활용 등을 통해 민간부문 참여를 확대한다는 것이다. 그러나 서울시의 경우에도 민간의 참여기반을 구축하고, 민간주도의 도시재생사업이 정착되도록 한다는 방침은 세워 놓고는 있지만 서울시 상황에 맞는 민간참여에 대한 구체적인 방안과 제도가 없어 이에 대한 보완이 필요하다.

C-2. 서울시 도시재생 추진의 한계와 민간참여 지원방안

C-2-a. 서울시 도시재생의 한계와 과제

서울시는 도시재생 추진 7년째를 맞는 시점에서 선도 사업으로 추진된 1단계 도시재생 활성화지역에서는 가시적인 성과들이 나타나고 있다고 보고 있다. 그러나 그동안 도시재생 활성화지역을 중심으로 급속하고, 제한적으로 추진해 온 과정에서 일부 한계가 있다고 평가하고 있다.

첫째, 활성화지역에 국한해서 선도 사업을 추진하다 보니 활성화지역 외부로의 파급에 한계가 있다. 이를 개선하기 위해 재생사업의 다양화와 보편적 적용을 통한 확대가 필요하고, 주변지역과의 연계와 파급도 고려하는 방향으로 제도적 개선이 필요하다고 보고 있다. 또한 도시계획과 사업수단들과의 연계도 적극적으로 열어 갈 필요가 있다고 보고 있다.

둘째, 활성화계획 수립기간이 장기화 되다 보니 즉각적인 사업추진에 어려움이 있고, 이는 시민들의 재생사업 체감도를 떨어뜨려 왔다. 이를 개선하기 위해 희망지 등 사전 역량강화단계 우선 수행 시 소규모 재생사업을 함께 추진히여 체감도와 참여도를 조금씩 높여가고, 계획수립단계에서 사업실행과 통합적으로 운영해 실질적으로 체감 가능한 사업부터 우선 추진할 수 있도록 개선할 필요가 있다.

셋째, 도시경제기반형, 중심시가지형, 일반근린형 등 법정 유형에 종속되어 획일적 계획수립이 이루어지다 보니, 지역별 특성을 반영한 계획에 한계가 있다. 개선하기 위해 서울의 고유한 특성을 반영하여 도시재생의 유형을 세분화 하고, 그에 따라 유형별 선정기준과 프로세스를 체계화 하며, 각 유형별로 계획수립기준도 마련할 필요가 있다.

넷째, 선도사업의 특성상 자치구와 주민보다는 서울시가 주도하여 추진하다 보니 지속적인 실행과 현장 밀착형 지원에 한계가 발생하고 있다. 이를 개선하기 위해 국고나 기금 등 사업예산을 좀 더 다양화하고, 사업추진 주체도 주민과 민간부문의 참여를 최대한 유도하여 지속가능성을 강화하며, 나아가서 마중물사업 종료 후 지원과 관리방안 마련이 필요하다.

이상에서 서울시 7년간의 도시재생에 대한 평가와 한계에서 볼 수 있듯이 활성화지역 외부로의 파급에 한계, 활성화계획 장기화에 따른 시민들의 재생사업 체감도를 떨어뜨리는 점, 법정 유형에 종속되어 획일적 계획수립으로 지역별 특성을 반영한 계획에 한계를 보이는 점이 지적되고 있다. 특히, 도시경제기반형, 중심시가지형, 일반근린형 등 법정 유형에 종속되어 획일적 계획수립이 이루어지다 보니, 지역별 특성을 반영한 계획에 한계가 있기 때문에 서울의 고유한 특성을 반영하여 도시재생의 유형을 세분화하고, 그에 따라 유형별 선정기준과 프로세스를 체계화하며, 각 유형별로 계획수립기준도 마련할 필요가 있다는 점을 강조하고 있다. 또한 자치구와 주민보다는 서울시가 주도하여 추진하다 보니 한계가 발생하고 있어, 이를 개선하기 위해 민간부문의 참여를 최대한 유도해야 한다고 제시하고 있다.

[표 IV-10] 서울시 도시재생 추진의 한계와 과제

한계		과제
활성화지역에 국한	활성화지역 외부로의 파급에 한계	다양성 확보 및 보편적 적용확대, 주변 지역과의 연계 및 파급 필요, 도시계획

		과 사업수단과의 연계
계획기간 장기화	시민 체감형 사업추진 한계	희망지 등 역량강화 우선 수행계획수립과 실행의 통합 필요, 실질적 체감 가능한 사업부터 추진
법정 유형별(경제기반, 중심시가지, 근린형) 획일적 계획수립	지역별 특성을 반영한 세부 유형개발 필요	서울의 고유한 특성을 반영한 유형 세분화, 유형별 선전기준 및 프로세스 체계화, 유형별 계획수립기준 마련
서울시 주도 추진	지속적인 실행 및 지원의 한계	국고, 기금 등 사업예산 다양화, 주민과 민간참여 등 지속가능성 강화, 마중물사업 종료 시 지원 및 관리 방안

출처 : 2025 서울시 도시재생 전략회의, 서울특별시, 2018

C-2-b. 서울시 민간참여를 유인하기 위한 지원방안

서울시에서는 민간의 자생적 변화를 유도하기 위해 지원제도를 마련하고 있다. '조례 및 시행규칙'을 통해 제시하고 있다.

첫째, 보조 또는 융자 지원이다. 서울시는 「도시재생법」 제27조에 따라 도시재생 활성화를 위하여 다음 사항에 대한 비용의 전부 또는 일부를 보조하거나 융자할 수 있으며, 구체적인 융자의 대상과 조건으로 서울시 도시재생조례 시행규칙에 따라 융자를 받는 상대방과 서울시장이 체결한 약정에 따르며 구체적인 융자의 대상과 조건의 방법으로 도시재생전략계획 및 도시재생활성화계획 수립비와 도시재생 제도발전을 위한 조사/연구비/건축물 개수·보수/정비 비용/전문가 파견·자문비/기술 지원비/도시재생기반시설의 설치·정비·운영비 등에 필요한 비용과 도시재생지원센터의 운영비 및 문화유산 등의 보존에 필요한 비용으로 마을기업/사회적 기업/사회적 협동조합 등의 지역 활성화사업 사전기획비 와 운영비/도시재생사업에 필요한 비용 등 일 것이다.

둘째, 공유재산의 처분 등 지원이다. 서울시장은 「도시재생법」 제30조에서 도시재생활성화지역 내에서 공유재산 또는 국유재산을 도시재생의 목적으로 사용하는 경우 사전에 관리청과 협의하여 도시재생사업의 시행자 등에게 수의계약을 우선으로 하여 매각과 임대 또는 양여할 수 있는 제도 개선을 한다.

셋째, 조세 및 부담금의 감면이다. 「도시재생법」 제31조에 따라 소득세/법인세/취득세/등록면허세 등 도시재생사업시행자에게 조세를 감면할 수 있다. 또 개발 부담금/교통유발부담금/환경개선부담금/기반시설설치비용과 광역 교통시설부담금 등에 대해서 감면 또는 부과하지 않을 수 있고 문화시설/병원/한방병원/종합병원/회사의 본점과 주사무소 건물 외 도시재생을 위해서 필요하다고 인정되는 시설에 대해서 지방자치단체의 조례로 취득세/등록면허세 등 지방세 등 감면할 수 있다(이현성(2018-05-16 ~ 2020-04-13)).

넷째, 건축규제 완화이다. 「도시재생법」 제32조 특례로 건축규제의 완화 등에 관하여 적용할 수도 있는데 용적률의 경우에는 「국토의 계획 및 이용에 관한 법률」 제78조에 따른 최대한도 내로 완화할 수 있고, 건폐율의 경우엔 「서울특별시 도시재생 활성화 및 지원에 관한 조례」의 제27조에 의해서 완화범위를 규정한다. 주차장 설치기준은 「주차장법 시행령」에서 제7조 제2항으로 각 호의 위치에 공용 주차장이 설치된 경우에도 「서울특별시 주차장 설치 및 관리조례」로 정하는 범위에서 도시재생활성화계획으로 완화할 수도 있다. 가로구역의 높이 완화로 인하여 적용할 필요가 있다고 판단이 되면 대지에 대하여 가로구역별로 건축물의 최고높이를 완화하는 내용과 함께 도시재생활성화계획을 수립할 수도 있다(도시재생 활성화 및 지원에 관한 특별법).

[표 Ⅳ-11] 서울시 민간참여 관련 「도시재생법」

구분	「도시재생법」 관련 조문
제27조 보조 또는 융자 지원	제27조(보조 또는 융자) ① 국가 또는 지방자치단체는 도시재생 활성화를 위하여 대통령령으로 정하는 바에 따라 다음 각 호에 대하여 그 비용의 전부 또는 일부를 해당 사업 또는 업무를 수행하는 자에게 보조하거나 융자할 수 있다. 1. 도시재생전략계획 및 도시재생활성화계획 수립비 2. 도시재생 제도발전을 위한 조사·연구비 3. 건축물 개수·보수 및 정비 비용 4. 전문가 파견·자문비 및 기술 지원비

	5. 도시재생기반시설의 설치 · 정비 · 운영 등에 필요한 비용
	6. 도시재생지원기구 및 도시재생지원센터의 운영비
	7. 문화유산 등의 보존에 필요한 비용
	8. 마을기업, 「사회적 기업 육성법」 제2조제1호에 따른 사회적 기업, 「협동조합 기본법」 제2조제3호에 따른 사회적 협동조합 등의 지역 활성화 사전기획비 및 운영비
	9. 도시재생사업에 필요한 비용
	10. 도시재생사업을 위한 토지 · 물건 및 권리 취득에 필요한 비용
	11. 그 밖에 대통령령으로 정하는 사항
	② 국가는 지방자치단체의 재정상태 및 제24조에 따른 도시재생활성화계획의 평가 결과 등을 고려하여 대통령령으로 정하는 바에 따라 보조 또는 융자의 규모 · 비율 등을 달리 할 수 있다.
	③ 국가는 제1항에 따라 보조하거나 융자하는 데에 필요한 자금을 일반회계, 「국가균형발전 특별법」 제30조에 따른 국가균형발전특별회계 또는 「주택도시기금법」에 따른 주택도시기금에서 지원한다.
제30조 공유재산의 처분 등 지원	제30조(국유재산 · 공유재산 등의 처분 등) ① 제20조에 따라 도시재생활성화계획을 확정 또는 승인하려는 특별시장 · 광역시장 · 특별자치시장 · 특별자치도지사 또는 도지사는 도시재생활성화계획에 국유재산 · 공유재산의 처분에 관한 내용이 포함되어 있는 때에는 미리 관리청과 협의하여야 한다. 이 경우 관리청이 불분명한 재산 중 도로 · 하천 · 구거(溝渠) 등에 대하여는 국토교통부장관을, 그 외의 재산에 대하여는 기획재정부장관을 관리청으로 본다.
	② 제1항에 따라 협의를 받은 관리청은 20일 이내에 의견을 제시하여야 한다.
	③ 도시재생활성화지역 내의 국유재산 · 공유재산은 도시재생사업 외의 목적으로 매각하거나 양도할 수 없다.
	④ 도시재생사업의 시행자가 국유재산 또는 공유재산을 부득이하게 도시재생 목적으로 사용하려는 경우로서 대통령령으로 정하는 경우에는 「국유재산법」 또는 「공유재산 및 물품 관리법」에 따른 국유재산종합계획 또는 공유재산의 관리계획과 사용허가 및 계약의 방법에도 불구하고 도시재생사업의 시행자에게 이를 수의의 방법으로 사용허가하거나 수의계약으로 매각 · 대부 또는 양여할 수 있다. 이 경우 국가와 지방자치단체는 사용허가 및 대부의 기간을 20년 이내로 할 수 있으며, 대통령령으로 정하는 바에 따라 사용료 또는 대부료를 감면할 수 있다.
	⑤ 제4항의 국유재산은 기획재정부장관과 협의를 거친 것으로 한정한다.
	⑥ 제4항에 따라 도시재생사업을 목적으로 우선 매각하는 국유재산 또는 공유재산의 평가는 도시재생활성화계획이 고시된 날 또는 전략계획수립권자가 제26조의2제1항 각 호의 사업을 도시재생사업으로 인정한 날을 기준으로 하여 행한다.
	⑦ 지방자치단체와 중앙정부와 제26조제1항 제1호− 제3호까지의 규정에 해당하는 도시재생사업 시행자에게 제4항에 따라서 공유, 국유재산을 사용 · 수익하게 하거나 대부하는 경우에는 「국유재산법」 제18조 또는 「공유재산 및 물품 관리법」 제13조에도 불구하고 그 토지 위에 영구시설물을 축조하게 할 수 있다. 이 경우 해당 시설물의 종류 등을 고려하여 수익과 사용 또는 대여 기간이 끝날 때는 그 시설물을 국가 또는 지방자치단체에 기부하거나 원상으로 회복하여 반환하는 조건을 붙일 수 있다.
	⑧ 제7항에 따른 영구시설물의 소유권은 국가, 지방자치단체 또는 그 밖의 관계 기관과 도시재생사업의 시행자 간에 별도의 합의가 없는 한 그 국유재산 또는 공유재산을 반환할 때까지 도시재생사업의 시행자에게 귀속된다.
제31조 조세 및 부담금의 감면	제31조(조세 및 부담금의 감면 등) ① 국가 및 지방자치단체는 도시재생 활성화를 위하여 필요한 경우에는 도시재생사업의 시행자에 대하여 「조세특례제한법」 및 「지방세특례제한법」에서 정하는 바에 따라 법인세 · 소득세 · 취득세 · 등록면허세 및 재산세 등의 조세를 감면할 수 있다.
	② 국가 및 지방자치단체는 도시재생 활성화를 위하여 필요한 경우에는 도시재생사업의 시행자에 대하여 「개발이익환수에 관한 법률」, 「농지법」, 「초지법」, 「산지관리법」, 「도시교통정비 촉진법」, 「자연 환경보전법」, 「공유수면 관리 및 매립에 관한 법률」, 「환경개선비용 부담법」, 「국토의 계획 및 이용에 관한 법률」 및 「대도시권 광역교통 관리에 관한 특별법」에서 정하는 바에 따라 개발 부담금, 농지보전부담금, 대체초지조성비, 대체산림자원조성비, 교통유발부담금, 생태계보전협력금, 공유수면 점용료 · 사용료, 환경개선부담금, 기반시설설치비용 및 광역교통시설 부담금을 감면하거나 부과하지 아니할 수 있다.

	③ 도시재생활성화계획에 따라 건축하는 다음 각 호의 어느 하나에 해당하는 건축물에 대하여는 「지방세특례제한법」 및 지방자치단체의 조례로 정하는 바에 따라 취득세, 등록면허세 등 지방세를 감면할 수 있다. 다만, 시장·군수 또는 구청장 등은 취득세, 등록면허세 등 지방세를 감면하고자 하는 때에는 대통령령으로 정하는 바에 따라 특별시장·광역시장 또는 도지사의 승인을 받아야 한다. 1. 「문화예술진흥법」 제2조제1항 제3호에 따른 문화시설 2. 「의료법」 제3조제2항 제3호에 따른 병원, 한방병원 또는 종합병원 3. 「상법」 제169조에 따른 회사의 본점 또는 주사무소 건물 4. 그 밖에 전략계획수립권자가 도시재생을 위하여 필요하다고 인정하는 시설
제32조 건축규제 완화	제32조(건축규제의 완화 등에 관한 특례) ① 전략계획수립권자 또는 구청장등은 필요한 경우 「국토의 계획 및 이용에 관한 법률」 또는 같은 법의 위임에 따라 규정한 조례에도 불구하고 다음 각 호의 내용을 포함하는 내용으로 도시재생활성화계획을 수립할 수 있다. 1. 「국토의 계획 및 이용에 관한 법률」 제77조와 관련한 위임 규정에 따라 조례로 정한 건폐율 최대한도의 예외 2. 「국토의 계획 및 이용에 관한 법률」 제78조와 관련한 위임 규정에 따라 조례로 정한 용적률 최대한도의 예외. 다만, 「국토의 계획 및 이용에 관한 법률」 제78조에 따른 용적률의 최대한도를 초과할 수 없다. ② 전략계획수립권자 또는 구청장 등은 필요한 경우 「주택법」 및 「주차장법」에 따른 주차장 설치기준을 완화하는 내용으로 도시재생활성화계획을 수립할 수 있다. ③ 전략계획수립권자 또는 구청장 등은 필요한 경우 「건축법」 제60조제2항에 따라 조례로 정한 가로구역별 건축물의 최고 높이 또는 같은 조 제3항에 따른 높이 제한에도 불구하고 이를 완화하는 내용으로 도시재생활성화계획을 수립할 수 있다. ④ 제1항부터 제3항까지의 규정에 따른 구체적인 적용 범위 등에 관하여 필요한 사항은 대통령령으로 정한다.

출처 : 2025 서울시 도시재생 전략회의, 서울특별시, 2018, 도시재생 활성화 및 지원에 관한 특별법.

이상에서 서울시는 민간의 참여를 유도하기 위해 '조례 및 시행규칙'을 통해 지원제도를 마련하고 있다. 먼저, 보조 또는 융자 지원과 관련하여 「도시재생법」 제27조에 따라 비용의 전부 또는 일부를 보조하거나 융자할 수 있다. 또한 공유재산의 처분 등 지원과 관련하여 「도시재생법」 제30조에 따라 도시재생활성화지역 내에서 국유재산 또는 공유재산을 도시재생 목적으로 사용하려는 경우 사전에 관리청과 협의를 통해 도시재생사업의 시행자 등에게 우선적으로 수의계약하여 매각·임대 또는 양여할 수 있도록 하고 있다. 그리고 조세 및 부담금의 감면과 관련하여 「도시재생법」 제31조에 따라 도시재생사업 시행자에 대하여 법인세·소득세·취득세·등록면허세 등의 조세를 감면할 수 있다. 제32조 특례로 건축규제의 완화 등에 관하여 뿐만 아니라 건축규제 완화와 관련하여 「도시재생법」 제32조에 따라 건축규제의 완화 등에 관한 특례를 적용할 수 있다.

그러나 한국 「도시재생법」에서 명문화하고 있는 민간참여 관련 규정이 미흡하고, 구체적이지 못하기 때문에 법 개정을 통해 관련 내용을 충분히 보완해야 한다. 특히, 서울시 민간참여 지원 사례에서 볼 수 있듯이 「도시재생법」에서는 제27조 보조 또는 융자, 제30조로 공유재산, 국유재산 등 처분 등과 제31조 부담금 감면과 조세 등, 제32조 특례로 건축규제의 완화 등에 관하여 등에서 개략적으로 언급하고 있어 향후 「도시재생법」 개정을 통해 구체적이고, 상세히 지원제도를 명문화해야 한다.

D. 한국의 도시재생 소결론 및 시사점

D-1. 한국의 「도시재생법」 보완 필요성

　「도시재생법」에 민간참여에 관한 내용을 충분히 담고, 구체화 및 상세히 하여 민간참여를 통한 도시재생을 활성화 및 발전시켜야 한다. 한국의 「도시재생법」은 2020년 4월 현재 총 9장 60조로 구성되어 있으며, 제1장 총칙과 제2장에서 도시재생의 추진체계 그리고 제3장 도시재생전략계획 등으로 되었고, 제4장 도시재생사업의 시행에 관해서, 제5장 도시재생 활성화를 위한 지원 등 제6장에서는 도시재생선도지역, 제7장에서도 특별재생지역으로 제8장 역시 혁신지구의 지정 등, 제9장 부칙 등 9장 60조로 구성되어 있다. 당초 40조로 구성되었으나, 시간이 지남에 따라 새로운 조문이 추가 되었으며 향후에도 새로운 조문은 계속 증가할 것으로 예상된다. 이에 비해 일본 「도시재생특별법」은 2002년에 제정되었으며, 총 10장에 131조로 구성되어 있다. 제1장 총칙, 제2장 도시재생본부, 제4장 도시재생 긴급정비지역의 특별조치, 제5장 도시재생정비계획 관련 특별조치, 제6장 입지적정화계획 관련 특별조치, 제7장 시정촌도시재생협의회, 제8장 도시재생추진법인, 제9장 잡칙, 제10장 벌칙으로 구성되어 있다. 한국과 일본 도시재생법 구조의 가장 큰 차이점은 일본의 「도시재생특별법」에는 민간참여 내용을 구체화하고 있다는 점이다. 한국의 「도시재생법」에는 민간참여 관련 법규들이 제4장 도시재생사업의 시행의 제26조 도시재생사업의 시행자, 또한 제5장 도시재생 활성화를 위한 지원의 제27조 보조 또는 융자, 제30조로 공유재산, 국유재산 등 처분 등과 제31조 부담금 감면과 조세 등,

제32조 건축규제의 완화 등에 관한 특례, 그리고 제8장 혁신지구의 지정 등의 제44조 혁신지구재생사업의 시행자 등에만 간략히 명문화되어 있다.

그러나 일본의 「도시재생특별법」 제4장 도시재생긴급정비지역의 특별조치는 제19조 민간도시재생사업계획의 인정특례, 제20조 민간도시재생사업계획 인정, 제21조 민간도시재생사업계획 인정기준 등, 제24조 민간도시재생사업계획 변경, 제29조 민간도시기구에 의한 도시재생사업 지원업무, 제30조 민간도시개발법 특례 등에 민간참여 관련 내용을 담고 있다. 또한 제5장 도시재생정비계획 관련 특별조치는 제63조 민간도시재생정비사업계획 인정, 제64조 민간도시재생정비사업계획 인정기준 등, 제65조 정비 사업 인정의 통지, 제66조 민간도시재생정비사업계획 변경, 제71조 민간도시기구의 추진에 따른 도시재생정비사업 지원업무, 제78조 민간도시기구의 추진에 따른 도시편리증진협정추진 지원업문 등에 민간참여 내용을 담고 있다. 제6장 입지적정화계획 관련 특별조치에는 제95조 민간유도시설정비사업계획 인정, 제96조 민간유도시설정비사업계획의 인정기준 등, 제98조 민간유도시설정비사업계획의 변경, 제103조 도시기구의 추진에 따른 유도시설정비사업 지원업무, 제104조 민간도시개발법의 특례 등에 민간참여 내용을 담고 있다. 그리고 8장 도시재생 추진 법인에는 제122조 민간도시기구의 추진에 따른 추진법인지원업무에 민간참여 관련 내용을 담고 있다. 한국의 경우 「도시재생법」에 민간도시재생사업 관련 내용에 대한 규정이 미흡하고, 구체적이지 않다. 일본은 「도시재생특별법」에 근거하여 다양한 민간도시재생사업이 진행되고 있다.

D-2. 한국적 도시재생사업 모델

D-2-a. 한국의 도시재생사업 유형

2013년「도시재생법」제정 이후 초창기 한국의 도시재생사업은 도시경제기반형과 근린재생형 2가지 형태로 구분되었는데, 근린재생형은 일반규모형, 소규모형으로 세분되었다. 그 후 2016년도에는 중심 사업 추진하기 위하여 지자체의 여건에 맞는 장소로 도시경제기반형 이외에 근린재생형을 중심시가지형과 일반형으로 분리하여 추진하였다(강문수, 2018). 2017년 5월 집권한 문재인 정부는 도시재생을 중요한 국정 과제 중의 하나로 채택하였다. 문재인 정부의 도시재생 뉴딜사업은 낙후지역 500곳이며 매년 재정 2조 원과 주택도시기금 5조 원 및 5년간 총 50조 원을 투입하고 공기업의 사업비로 3조 원의 사업으로 대상지의 절반 이상 1000가구 이하와 소규모 우리 동네(마을)살리기 형으로 추진된다는 계획이다. 문재인 정부에서 도시재생 뉴딜사업의 유형은 면적 규모에 따라 우리동네살리기, 주거정비지원, 일반근린, 중심시가지, 경제기반 등 5가지로 나뉜다. 즉, 우리동네살리기(소규모주거형), 일반근린(준주거형), 주거정비지원(주거형), 중심시가지(상업형), 도시경제기반(산업형) 등 5개 사업유형으로 다양화하였다.

첫째, 가장 규모가 작은 우리동네살리기형을 면적 5만㎡ 미만으로 소규모의 저층 주거밀집지역에 추진되는 사업으로 거주민 1,000가구 이하 마을이 해당된다. 이 사업지에는 주택개량, 무인택배함, CCTV 등 생활밀착형 소규모 생활편의시설이 설치된다(황보상원, 2019). 둘째, 면적 5만㎡~10만㎡ 미만으로 소규모의 저층 주거밀집지역에 주택정비, 도로정비, 공공임대주택 공급 등이 이뤄진다. 셋째, 면적 10만~15만㎡ 주거지와 골목상권 혼재된 지역으로 일반근린형으로 사업지에는 청소년과 노인 등 지역주민들을 위한 문화서비스 공간 등이 설치된다(신관식, 2020). 넷째, 중심시가지형은 20만㎡ 이상 상업지역에서 추진된다. 빈 점포 리모델링, 노후시장 개선을 통한 창업공간 지원 등이 이뤄진다. 다섯째, 도시경제기반형은 50만㎡ 이상 산업단지, 항만, 역세권 등 대규모 사업지에 추진된다. 이 사업지에는 국유지 활용 개발, 복합지식산업센터 건립 등이 이뤄진다. 현재 한국의 도시재생 뉴딜사업에서 규정하고 있는 5가지 유형은 사업대상지의 특성과 유형의 장단점이 있기 때문에 어느 유형이 좋다고 평가하기는 어렵다. 다만, 투자 대비 효과측면에서 보면 일자리 창출과 경제적 파급효과가 큰 중심시가지 유형이 한국의 상황에 적합할 것으로 판단된다.

[표 Ⅳ-12] 뉴딜사업 도시재생 유형의 특징과 장단점

유형	대상지	규모	장점	단점
도시경제기반형	산업단지, 항만, 역세권 등 대규모 사업지	50만㎡ 이상	경제활성화 및 지역경제 파급효과 극대화	막대한 자금투입 및 개발기간 장기화
중심시가지형	상업지역과 노후시장의 개선, 빈 점포의 리모델링을 통해서 창업공간 확보와 지원 등	20만㎡ 이상	경제활성화 및 일자리 창출효과가 큰 압축형 개발 가능	도시경제기반형보다 파급효과가 적음
일반근린형	주거지와 골목상권 혼재지역	10만~15만㎡	주거와 골목상권 호재지역 개발 가능	경제적 파급효과 적음
주거정비지원형	저층 단독주택지역을 대상으로 주택정비, 도로정비, 공공임대주택 공급 등	5만~10만㎡	주거환경정비	경제적 파급 효과 적음
우리동네살리기형	소규모 저층 주거밀집지역에서 추진되는 사업으로 거주민 1,000가구 이하 마을이 해당	5만㎡ 미만	자금투입 최소화	소규모 주거환경개선 사업

출처 : 농림수산성. 2017. 2017년도 중심시가지활성화 관련예산 개요(내각관방·내각부 종합사이트)

D-2-b. 한국 도시재생사업의 유형에 따른 사업현황

한국은 2013년 「도시재생법」의 제정 이후 적극적으로 도시재생사업을 추진하고 있다. 초창기 도시재생사업은 선도지역사업과 일반지역사업으로 구분되어 진행되었다. 2014년에는 총 13곳이 선도 지역 지정되었는데, 도시경제기반형 2곳, 근린재생형 11곳이 지정되었다. 그 후 2016년도에는 총 33곳이 일반지역으로 선정되었는데, 도시경제기반형 5곳, 중심시가지형 9곳, 일반근린형 19곳 등이다. 2017년에는 16곳의 도시재생 활성화계획도 확정하였는데, 도시경제기반형 3곳, 중심시가지형 3곳, 일반근린형 10곳 등이다. 2018년에 전국 99곳 '도시재생 뉴딜사업지'로 선정했으며, 유형별로 경제기반형 3곳과 중심시가지형 17곳이며 일반근린형 34곳 및 주거지지원형 28곳, 우리동네살리기 17곳이다.

[표 IV-13] 유형별 도시재생사업 지정현황

사업형태	2014년 선도 지역사업	2016년 일반지역사업	2017년 도시재생 활성화계획	2018년 도시재생 뉴딜사업
도시경제기반형	2	5	3	3
중심시가지형	–	9	3	17
일반근린형	11	19	10	34
우리동네살리기	–	–	–	17
주거지지원형	–	–	–	28
합 계	13	33	16	99

출처 : 농림수산성. 2017. 2017년도 중심시가지활성화 관련예산 개요 (내각관방·내각부 종합사이트)

2013년 「도시재생법」의 제정 이후 많은 도시재생사업을 추진하고 있으나, 경제적 파급효과와 지역경제 활성화에 필요한 도시경제기반형 또는 중심시가지형보다는 주거환경개선사업인 일반근린형, 우리동네살리기, 주거지지원형에 치우쳐 있다. 따라서 도시경쟁력을 키우고, 지역경제 활성화

및 일자리창출을 위해서는 도시경제기반형 또는 중심시가지형을 확대해야
한다.

D-3. 민간참여를 통한 중심시가지 도시재생사업 활성화 필요

한국의 도시재생사업이 성공하기 위해서는 도시경쟁력을 키우고, 지
역경제 활성화 및 일자리창출이 가능한 도시경제기반형 또는 중심시가지
형 도시재생사업이 활성화되어야 할 것으로 생각된다. 그중 도시경제기반
형은 대규모 산업단지개발형 도시재생사업이기 때문에 사업선정, 사업추
진, 재정투입 등이 쉽지 않은 문제점이 있다. 따라서 지역별 특성을 반영하
기 쉽고, 블록별 사업이 가능하고, 민간참여를 쉽게 유도할 수 있는 중심시
가지형 도시재생사업을 확대해야 한다. 그동안 한국의 중심시가지형 도시
재생사업은 물리적 스톡 공급의 과잉이 보다 심각하게 될 가능성이 문제로
지적되었다. 지역특성을 고려한 사업 발굴이 부족한데, 지역의 인구 및 산
업변화 특성에 맞는 신규 사업을 발굴하는 대신 타 지역과 유사한 사업들
과 활성화계획이 구성되었다. 예를 들어 중심시가지형 근린재생형 사업을
추진하는 지자체는 대부분 인구감소, 축소도시 등이 이슈를 가지고 있으나,
이에 대응한 사업보다는 관광, 도심활성화사업을 중심으로 계획하고, 사업
간 네트워크화를 통해 중심시가지의 기능을 강화하여 중심상권 활성화를
위한 사업을 추진하고자 하였다. [표 Ⅳ-14]에서 볼 수 있듯이 울산 중구는
원도심 강소경제로 재창조, 충북 충주는 원도심, 문화창작조성으로 도약,
경북 안동은 원도심 재생 및 지역상생 거점 등 대부분의 도시들이 도시재
생 사업목표를 중심시가지의 기능을 강화하기 위한 원도심 경제 활성화에
두고 있다.

중심시가지형 재생사업	사업목표	추진전략	단위사업
울산 중구	원도심 강소경제로 재창조	• 사회적 자본구축 • 비어 있는 거점공간 활력 증진 • 도심 보행네트워크 구축 • 민관산하협력 도심공동체 활성화	• 청년가게 조성 • 문화창업재생 허브조성 • 보행친화 원도심 조성 • 이면도로 정비사업, 전선지중화 • 전통시장 조성
부산 영도구	문화와 기술로 융합된 영도 창조	• 장인기술전수 • 고부가가치 창업을 통한 상권 활성화 • 전수방조협의체 구축 • 유무형 역사지원 활용한 관광활성화	• 목조전수방조사업 • 목조공공환경 개선 • 창업실험방 조성 • 전통사업 재생 • 골목형시장 육성사업
충북 충주	충주 원도심, 문화창작조성으로 도약	• 이전적지를 활용한 앵커 거점으로 조성 • 지역 내 청년 육성하여 청년가게·창업지원 • 주차공간, 편의시설 조성	• 우체국 리모델링 및 문화광장 조성 • 빈 점포 리노베이션 • 충주읍성광장 및 주차장 조성 • 사업 참여자 발굴 및 도시재생대학 운영
경북 안동	원도심 재생 및 지역상생 거점	• 창조산업 거점 마련 • 기존 상업가로 활성화를 통한 도심경제 활성화 • 젊은 세대 관광 인프라 확충 • 주민역량강화를 통한 협치체계 구축	• 특화거리 조성 • 창업지원공간 조성 • 음식문화의 거리 활성화 • 한옥마을 젊은 숙박촌 조성 • 벽화마을 활성화 • 도시재생 역량 강화

출처 : 지자체별 활성화계획 참고

한편, 일본의 중심시가지형 도시재생사업은 매우 구체적이고, 상세하게 다루어진다. 예를 들어, 중심시가지의 역사적 자원을 활용한 도시재생의 경우에는 일정 지구별로 보전, 정비, 개발 등 토지이용의 강도 등 기준이 되는 전략을 유형별로 설정해 두고 있다. 일본의 중심시가지 기본계획에서는 도시재생 전략으로서 크게 지구거점형, 경관재생형, 기능강화형 등으로 구분하고 있다. 여기서 지구거점형은 다시 시설정비와 지구정비로 세분되고, 경관재생형은 다시 역사보전과 자연수복으로 세분된다.

첫째, 지구거점형 중 시설정비는 문화와 복지 및 커뮤니티 시설 등 공공시설 정비, 역사나 시청사 등이 중심인 주변 환경정비를 재생전략으로 하고 있다. 또한 지구거점형 중 지구정비는 재개발사업과 연계한 도시정비,

상업지구 또는 업무 집적지구의 환경재정비를 재생전략으로 하고 있다.

둘째, 경관재생형 중 역사보전은 유적지와 성곽 등 역사자원 재생, 전통적 건조물 보존지역의 복원 및 보존정비를 재생전략으로 하고 있다. 경관재생형 중 자연수복은 가로수, 산림 등 수복과 연계한 상점가 활성화와 하천, 강, 공원, 운하 연안의 환경수복을 재생전략으로 하고 있다.

셋째, 기능강화형은 심벌로드, 국도 및 도시계획도로 주변 재정비와 구시가지의 빈 점포 활용계획을 재생전략으로 하고 있다.

[표 IV-15] 기본계획에서의 일본 중심시가지 도시재생 전략

유 형		재생전략
지구거점형	시설정비	• 문화와 복지 및 커뮤니티 시설 등 공공시설 정비 • 역사나 시청사 등이 중심인 주변 환경정비
	지구정비	• 재개발사업과 연계한 도시정비 • 상업지구 또는 업무 집적지구의 환경재정비
경관재생형	역사보전	• 유적지, 성곽 등 역사자원 재생 • 전통적 건조물 보존지역의 복원 및 보존정비
	자연수복	• 가로수, 산림 등 수복과 연계한 상점가 활성화 • 하천, 강, 공원, 운하 연안의 환경수복
기능강화형		• 심벌로드, 국도 및 도시계획도로 주변 재정비 • 구시가지의 빈 점포 활용계획

출처 : 신기동 외(2007), 구도심상권 재생정책 개선방안 연구, 경기개발연구원, p.30
곽동윤(2006), 일본지방도시 시와라시의 역사경관재생을 통한 중심시가지 재생전략과 방안, 국토계획 제41권 제7호 대한국토·도시계획학회(재인용)

결론적으로 한국의 도시재생사업이 성공하기 위해서는 도시경쟁력을 키우고, 지역경제 활성화 및 일자리창출이 가능한 중심시가지형 도시재생사업이 활성화되어야 한다. 특히, 일본처럼 일본의 중심시가지형 도시재생사업을 지역과 도시의 상황과 여건에 맞게 유형을 만들어 추진할 필요가 있다.

D-4. 한국적 도시재생사업 모델

한국의 도시재생사업 유형은 면적 규모에 따라 우리동네살리기형, 주거정비지원형, 일반근린형, 중심시가지형, 경제기반형 등 5가지로 나뉜다. 즉, 우리동네살리기(소규모주거), 일반근린형(준주거), 주거정비지원형(주거), 중심시가지형(상업), 도시경제기반형(산업) 등 5개 사업유형으로 운영되고 있다. 5가지 유형 중 도시경쟁력을 키우고, 지역경제 활성화 및 일자리창출을 위해서는 도시경제기반형 또는 중심시가지형을 확대해야 한다. 그중 도시경제기반형은 대규모 산업단지개발형 도시재생사업이기 때문에 사업선정, 사업추진, 재정투입 등이 쉽지 않은 문제점이 있다. 따라서 지역별 특성을 반영하기 쉽고, 블록별 사업이 가능하고, 민간참여를 쉽게 유도할 수 있는 중심시가지형 도시재생사업을 확대해야 한다. 특히, 중심시가지형 도시재생사업을 도시상황에 맞게 활성화될 수 있도록 융복합형, 지구거점형, 경관재생형 등으로 세분화하여야 할 것이다.

첫째, 중심시가지 융복합형은 주거, 상업, 업무, 문화, 교육, 복지 등이 조화를 이룬 중심시가지형 도시재생사업이다. 중심시가지 융복합형의 장점은 복합재생으로 파급효과 극대화, 경제성이 높고, 일자리 창출 가능하며, 수익성이 높기 때문에 민간참여가 적극적이다. 중심시가지 융복합형의 단점은 지나친 경제성 치중과 물리적 위주의 도시재생이 되기 쉽다.

둘째, 중심시가지 지구거점형은 문화 및 복지, 커뮤니티 시설 등 공공시설 정비, 역사나 시청사 등이 중심인 주변 환경정비, 재개발사업과 연계한 도시정비, 상업지구 또는 업무 집적지구의 환경재정비이다. 중심시가지 지구거점형의 장점은 역사, 시청사 주변 문화, 복지, 커뮤니티 중심 재생이며, 재개발과 연계된 도시정비 재생, 그리고 상업지구 또는 업무 집적지구 재생이다. 중심시가지 지구거점형의 단점은 사회성과 경제성이 혼합된 도시재생으로 상황에 따라 경제성도 부족하고, 사회성도 떨어지는 재생이 될 수 있다.

셋째, 중심시가지 경관재생형은 유적지, 성곽 등 역사자원 재생, 전통적 건조물 보존지역의 복원 및 보존정비, 가로수, 산림 등 수복과 연계한 상점가 활성화, 하천, 강, 공원, 운하 연안의 환경수복이다. 중심시가지 경관재생형의 장점은 역사와 전통 보존적 재생이며, 가로수, 산림, 자연 등과 연계된 친환경 재생이다. 중심시가지 경관재생형의 단점은 지나친 역사, 전통, 자연 위주의 재생으로 경제성이 떨어지는 문제점이 있다.

이상에서 제시한 중심시가지 융복합형, 중심시가지 지구거점형, 중심시가지 경관재생형 등 3가지 도시재생사업 모델은 장단점이 있어 어느 것이 좋다고 단정 지을 수는 없다. 도시에 따라 경제성과 물리적 개발이 우선일 수도 있고, 반대로 역사와 문화 및 자연이 우선이 될 수도 있다. 따라서 각 도시의 특성과 상황에 맞는 중심시가지형 모델을 선정하여 도시재생을 추진하는 것이 바람직할 것이다. 그러나 현재 한국의 사회적, 경제적 상황과 도시의 상황을 감안한다면 경제성과 일자리 창출에 효과가 있는 중심시가지 융복합형 도시재생사업이 적합할 것으로 생각된다. 중심시가지 융복합형 도시재생사업은 좁은 도시 토지 위에 다기능 콤팩트개발이 가능하기 때문에 도시 토지를 효율적으로 활용할 수 있고, 도시의 기능을 다양화할 수 있다. 다기능 콤팩트개발로 일자리창출과 주거, 업무, 상업, 문화, 복지 등 융복합 개발이 가능하다. 그리고 중심시가지 융복합형 도시재생사업에는 민간참여가 필수적이기 때문에 민간참여 및 지원에 관한 구체적 방안에 관한 도시재생법 개정이 반드시 필요하다. 첨단기술과 풍부한 자금 및 다양한 개발노하우를 가진 민간의 참여를 바탕으로 도시재생이 진행되어야 효율적인 사업추진이 가능할 것이다.

[표 Ⅳ-16] 한국 중심시가지형 도시재생사업의 모델

유 형	재생전략	장 점	단 점
융복합형	• 주거, 상업, 업무, 문화, 교육, 복지 등 융복합 정비	• 복합재생으로 파급효과 극대화 • 수익성 높아 민간참여 적극적 • 경제성 높고, 일자리 창출 가능	• 지나친 경제성과 물리적 위주 재생
지구거점형	• 문화 및 복지, 커뮤니티 시설 등 공공시설 정비 • 역사나 시청사 등이 중심인 주변·상업지구 또는 업무 집적지구의 환경재정비환경정비 • 재개발사업과 연계한 도시정비	• 역사, 시청사 주변 문화, 복지, 커뮤니티 중심 재생 • 재개발과 연계된 도시정비 재생 • 상업지구 또는 업무 집적지구 재생	• 사회성과 경제성 혼합 재생
경관재생형	• 유적지, 성곽 등 역사자원 재생 • 가로수, 산림 등 수복과 연계한 상점가 활성화 • 하천, 강, 공원, 운하 연안의 환경수복 • 전통적 건조물 보존지역의 복원 및 보존정비	• 가로수, 산림, 자연 등과 연계된 친환경 재생 • 역사와 전통 보존적 재생	• 역사, 전통, 자연 위주 경제성 부족

출처 : 국토교통부

V

실증분석 연구

A. 연구의 배경 및 목적

A-1. 연구의 배경

미국, 영국 등의 선진국들은 낙후된 도시를 살리기 위해 1950년대 이후 도시의 재건과 도시의 재개발 등 도시정비사업에 대해서 진행해 왔다. 그러나 이들 도시정비사업들이 물리적인 정비 위주로 진행되었다. 침체된 도시의 경제를 활성화시키고 동시에 기성시가지를 회복시키는 데 한계를 보여 왔다.

한국 역시 또한 약 40여 년간 도시의 건설과 대도시의 팽창과 함께 기존의 도시기반시설의 노후화와 기능의 쇠퇴 및 일부 도심공동화 등의 문제를 해결하기 위해 1990년대 이후 재개발과 재건축 위주의 도시정비사업을 추진해 왔으나, 물리적인 정비를 벗어나지 못하였고, 도시의 기능을 회복하고, 도시경제를 활성화시키는 데 한계를 보여 왔다. 이처럼 선진국과 한국 모두 기존의 물리적 도시정비사업으로 도시가치를 향상시키고, 경제를 활성화시켰지만 동시에 도시의 기능을 회복시키는 데 한계를 보임에 따라서 새로운 대안으로 부상한 것이 '도시재생'이다.

한국에서 도시재생에 관심을 가지기 시작한 것은 1990년대부터지만, 2013년 「도시재생 활성화 및 지원에 관한 특별법」(이하 「도시재생법」으로 표기함)이 입법화되면서 본격화되었다. 특히, 2017년 집권한 문재인 정부는 '도시재생 뉴딜사업'을 추진하였고 '도시경제기반(산업형)', '중심시가지(상업형)', '일반근린(준주거형)', '주거정비지원(주거형)', 우리동네살리기(소규모주거형)' 등 5개 사업유형으로 다양화하고 있다. 그러나 입법화된 지

8년 정도 불과한 한국의 도시재생은 정부 재정지원에만 의존하고, 소규모 주거정비사업에 치중한다는 비판을 받으며 여러 문제가 지적되고 있다.

도시재생의 목적이 물리적 정비에서 탈피해서 낙후된 도시에 새로운 형태의 기능도입과 새로운 창출을 통하여 도시를 경제적·사회적·물리적으로 부흥시키는 것이라는 측면이다. 현재 한국의 도시재생은 목적과 방향에서 해결해야 할 과제가 많다. 발전을 위한 법적·제도적 보완, 수정, 추가제정 등이 필요하다. 특히, 정부의 한정된 공적 재정투입의 한계를 극복하고, 도시재생의 활성화를 위해서는 도시재생 과정에 민간업체의 참여가 필수적이지만 현실은 그렇지 못하다. 민간업체의 도시재생 참여를 통해 민간의 자금과 기술 및 개발경험을 적극 활용하면서 도시재생의 효과성을 극대화할 필요성이 있지만, 한국 도시재생에서는 민간업체참여가 미흡한 것이 현실이다. 한국 도시재생에서 민간업체참여가 미흡한 이유는 일본 「도시재생특별조치법」(이하 「도시재생특별법」으로 표기함)처럼 민간업체 참여와 주민의 의견 수렴에 대한 민간지원에 관해서 구체적이고, 상세한 법적 규정이 거의 없다고 보면 될 것이다. 본 연구는 한국보다 도시재생법이 19년 앞서 입법화되었고, 도시재생 과정에서 민간참여를 적극 활용하고 있는 일본의 도시재생법에 대해 비교·분석을 통하여 한국 도시재생의 활성화방안과 발전방안을 제시하고자 한다. 이를 통해 한국의 도시재생이 시행착오를 최소화하면서 빠른 시일 내에 정착이 되고, 안정되고, 지속가능한 도시재생이 되는 것을 기대한다.

A-2. 연구의 목적

본 연구의 목적은 첫째, 한국과 일본의 도시재생법 비교를 통하여 조직구조와 운영방법 등 치이점을 분석히고, 한국의 민간 도시재생의 활성화 및 발전방안을 제시하는 데 두고 있다. 즉, 2002년 입법화된 일본 「도시재생특별법」과 2013년 입법화된 한국의 「도시재생법」의 비교를 통해 도시재생 관련제도와 사업방법 등을 비교하고, 한국 도시재생의 활성화 방안을 제시하고자 한다.

둘째, 한국 도시재생에서 민간업체와 주민참여의 필요성과 법적·수정·추가제정의 제도적 보완을 제시하고자 한다. 한국의 도시재생이 일본처럼 활성화되지 못한 이유 중의 하나는 한국의 「도시재생법」에서 확연히 나타나고 있다. 민간의 참여를 적극화, 구체화, 상세히 하지 못하고 있기 때문이다. 일본의 경우 민간의 자금과 기술력 등 민간의 장점을 도시재생으로 유인하고, 독려하고, 참여시키기 위하여 무엇보다 우선 지원제도를 만들어 민간이 도시재생사업에 적극 참여할 수 있도록 길을 열어 주면서 적극적 지원 역시 진행되고 있다는 것이다. 즉, 일본은 민간업체와 주민참여를 독려하기 위해 인허가의 기간 단축, 저리의 사업자금 대여, 행정적 지원과 재정적 지원 등의 방법을 통해 민간업체와 주민참여를 적극 유인하고 있다.

특히, 일본 「도시재생특별법」 제4장 도시재생긴급정비지역의 특별조치에는 '제19조 민간도시재생사업계획의 인정특례, 제20조 민간도시재생사업계획 인정, 제21조 민간도시재생사업계획 인정기준, 제24조 민간도시재생사업계획 변경, 제29조 민간도시기구에 의한 도시재생사업지원업무, 제30조 민간도시개발법 특례' 등 민간참여 관련 내용을 담고 있다. 또한 '제5장 도시재생정비계획 관련 특별조치'에는 '제63조 민간도시재생정비사업계획 인정기준, 제64조 민간도시재생정비사업계획 인정, 제65조 민간도시재생정비사업계획 인정의 통지, 제66조 민간도시재생정비사업계획 변경, 제71조 민간도시기구의 추진에 따른 도시재생정비사업 지원업무, 제78조 민간도시기구의 추진에 따른 도시편익증진협정추진 지원업문' 등 민간참여 내용을 담고 있다. 그리고 '제6장 입지적정화계획 관련 특별조치'에는 '제95조 민간유도시설정비사업계획 인정, 제96조 민간유도시설정비사업계획의 인정기준, 제98조 민간유도시설정비사업계획의 변경, 제103조 도시기구의 추진에 따른 유도시설정비사업 지원업무, 제104조 민간도시개발법의 특례' 등 민간참여 내용을 담고 있다. 뿐만 아니라 '제8장 도시재생 추진 법인'에는 '제122조 민간도시기구의 추진에 따른 추진법인지원업무'에 민간참여 관련 내용을 담고 있다.

일본 도시재생 관련법은 총 6개 개별법과 417개 조항으로 되어 있다. 이에 비해 한국의 「도시재생법」에는 민간참여 관련 법규들이 제4장에서 도시재생사업의 시행으로 제26조에서 도시재생사업의 시행자, 그리고 제5장 도시재생 활성화를 위한 지원으로 제27조 보조 또는 융자이며 제30조로 공유재산, 국유재산 등 처분 등과 31조 부담금 감면과 조세 등이 있고 제32조로 건축규제의 완화 등에 관한 특례, 그리고 제8장에서 혁신지구의 지정 등의 제44조로 혁신지구재생사업의 시행자 등에만 간략히 명문화되어 있고 상세한 내용과 구체적이지 못하다. 이처럼 일본의 「도시재생특별법」에서 다양화·구체화·상세히 하고 있는 민간업체와 주민참여의 도시재생 관련 법규가 한국의 「도시재생법」에는 미흡하고 이에 대한 법적 보완이 필요하다는 점을 연구하고자 한다([www.samili.com] 법률 도시재생 활성화 및 지원에 관한 특별법(도시재생법), 2019).

셋째, 한국과 일본의 도시재생사업 유형을 비교·분석하여 한국 상황에 맞는 도시재생사업 활성화 유형을 제시하고자 한다. 문재인 정부가 추진했던 5가지 도시재생사업 유형인 '우리동네살리기', '주거정비지원형', '일반근린형', '중심시가지형', '도시경제기반형'의 장단점을 비교하면서 일본의 도시재생사업 유형을 비교하여 한국적 상황에 맞는 도시재생사업 유형을 제시하고자 한다. 현재 한국의 도시재생사업에서 필요한 유형을 제시하여 침체된 도시재생사업을 활성화시킬 수 있는 방안을 제시하고자 한다. 현재 한국에서 도시재생사업에 활성화되지 못하는 이유 중의 하나는 민간의 참여를 적극 유인하지 않고, 정부 지원에만 의존하는 사업구조이기 때문이다. 따라서 민간의 적극적 참여가 가능한 한국적 도시재생사업 모델을 제시하고자 한다.

결론적으로 한국의 도시재생의 활성화와 성공을 위해서는 민간이 도시재생 과정과 조직 및 체계에서 각자의 역할을 보고 그들이 적극 참여할 수 있도록 기존에 「도시재생법」 개정을 통해 제도를 보완하는 것이 필요하다. 또한 일본의 성공적 민간 도시재생사업을 분석하여 한국의 현실에 맞는 도시재생사업 유형을 제시하는 데 연구의 목적을 두고 있다.

B. 연구의 범위와 방법

B-1. 연구의 범위

    본 연구의 시간적 연구범위는 첫째로 일본은 1980년 이후, 한국은 1990년 이후로 설정하였다. 한국과 일본의 산업화와 도시화 과정에 10~20년 정도의 시차가 존재하기 때문에 조금씩 시차를 두었다. 물론 일본의 「도시재생특별법」이 제정된 것이 2002년이고, 한국에서 「도시재생법」이 제정된 것이 2013년이다. 그러나 두 나라 전부 일본, 한국 모두 도시재생법 제정 이전부터 도시재생(회복)에 대한 필요성을 느끼면서 관심이 증가하였고, 다른 법률에 근거하여 도시재생사업이 진행되었기 때문에 도시재생법 제정 이전으로 시간적 연구범위를 확대하였다. 일본의 경우는 1980년대부터 도시개발과정에 민간이 적극적으로 참여하여 많은 역할을 하였기 때문에 시간적 연구범위를 도시재생법 제정 이전으로 잡았다. 한국의 경우에도 도시재생에 대한 관심이 증가하고, 관련 정책과 제도들이 본격화된 1990년대 이후를 시간적 연구범위로 잡았다.

    둘째로 공간적 연구범위는 한국과 일본 모두 전 국토를 대상으로 하였다. 일본의 「도시재생특별법」과 한국의 「도시재생법」이 전 국토에 적용되기 때문에 공간적 범위를 양 국가 모두 전 국토로 확대하였다. 즉, 한국과 일본 모두 도시재생 법규와 제도가 전 국토에 적용되기 때문에 법규와 제도가 영향을 미치는 전 국토를 대상으로 공간적 연구 범위를 확대하였다.

    셋째 현 실태의 설문조사 연구 범위는 일반시민에게 도시재생 관련제도와 도시재생으로 바라는 기대, 현 도시재생에서 느끼는 점 등으로 표본

조사 약 300여 명에게 조사하였다.

B-2. 연구의 방법

본 연구는 문헌연구를 중심과 특히 도시재생에 대한 설문지의 연구 중심으로 도시재생법의 비교연구, 도시재생사업연구, 사례연구, 설문연구 등으로 진행하였다.

첫째, 문헌연구의 경우 한국과 일본의 연구논문, 보고서, 정책자료, 서적 등을 중심으로 연구하였다. 문헌연구의 경우 가능한 한 최근에 발간된 연구문헌을 활용하였으며 도시재생 관련 박사학위 논문과 전문학회의 학술지, 각 기관단체의 연구보고서 등으로 최신 상황을 반영하고자 노력하였다. 또한 선행연구의 경우 한국과 일본의 도시재생 관련 비교논문을 중심으로 기존 선행연구에서 발견된 내용과 이론을 바탕으로 한국과 일본의 도시재생 관련분야를 다양하게 참고하여 연구의 범위를 다양화하였다.

둘째, 도시재생법 비교연구의 경우 일본의 「도시재생특별법」과 한국의 「도시재생법」을 비교·분석하였다. 한국과 일본의 양 국가의 도시재생법을 비교·분석하여 차이점을 도출하고 문제점과 개선방안을 제시하였다. 특히, 일본의 「도시재생특별법」에서 구체화하고 있는 민간 도시재생에 관한 내용을 분석하여 한국 「도시재생법」에서 보완과 수정, 추가제정이 필요하다는 점을 강조하였다. 여기에서는 일본 「도시재생특별법」 제4장의 민간 도시재생사업계획 인정, 인정기준, 변경, 또한 제5장 민간도시재생정비사업계획 인정, 인정기준, 인정의 통지, 변경, 그리고 제6장 민간유도시설정비사업계획 인정, 인정기준, 변경, 제8장 민간도시기구의 추진에 따른 추진법인 지원업무에 민간참여 관련 내용을 분석하였다.

셋째, 도시재생사업의 연구는 한국과 일본의 도시재생사업 유형과 조직, 참여자와 주체 등을 분석하였다. 문재인 정부가 도시재생 뉴딜사업을 추진하면서 분류한 '우리동네살리기', '일반근린형', '주거정비지원형', '경제기반형', '중심시가지형' 등 5가지 유형을 분석하고, 일본의 도시재생사업 유형과의 비교분석을 통해 한국 상황에 가장 적합한 도시재생사업 유형을 제시하고자 하였다.

[그림 V-1] 연구의 흐름도

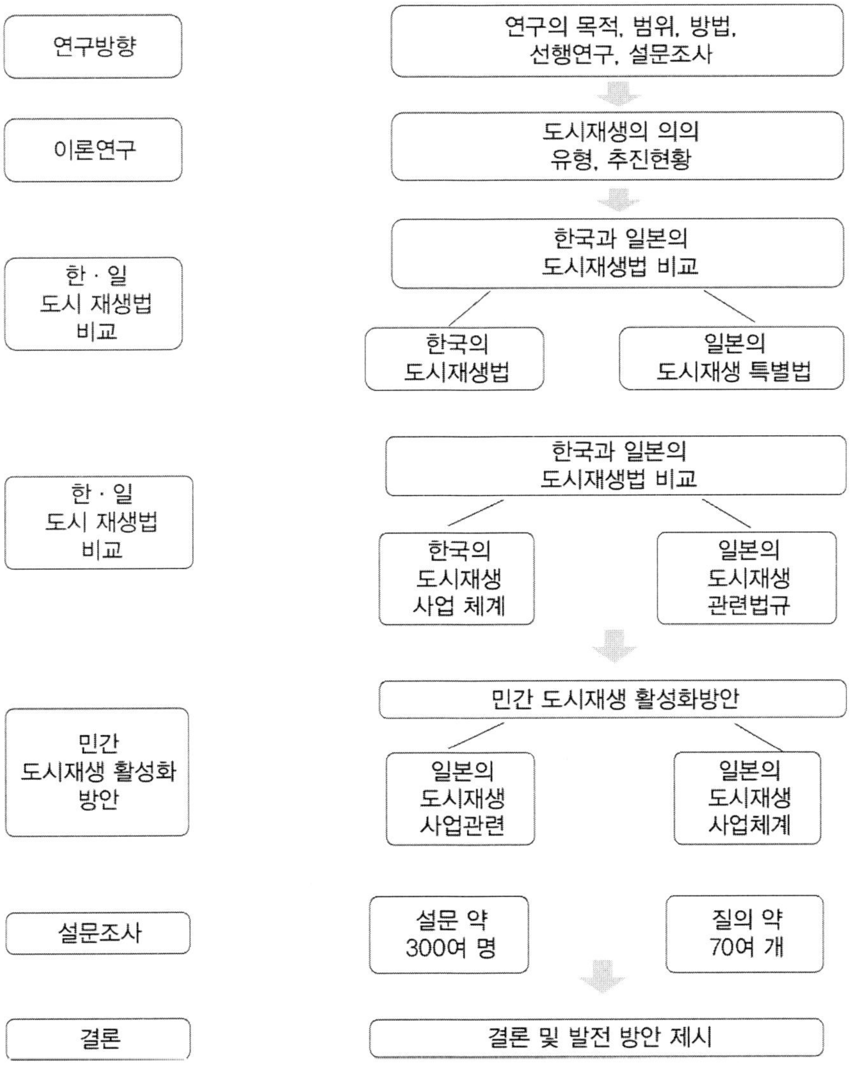

본 연구는 일본과 한국의 도시재생에서 관련된 문헌연구, 도시재생법 비교연구, 도시재생제도 연구, 사례연구, 설문연구 등에서 비교분석 및 교차분석으로 2020년 일반인 남녀구분 없이 약 300명으로 20대에서 70대까지 도시재생 관련 설문질의 항목 69여 개를 통하여 국민이 도시재생에 대한 인식과 개념, 요구하는 방향, 개선해야 할 점 등에 대하여 국민의 뜻을 제시하고자 하였다. 마지막으로 한국의 도시재생이 가야 할 길에 있어서 활성화 및 발전방안을 제시하고자 한다.

C. 선행연구 고찰

최근 한국에서 도시재생에 대한 관심이 증가함에 따라 도시재생 관련 논문이 다양하게 발표되고 있다. 특히 한국과 일본의 도시재생에 대한 논문들은 다음과 같은 것들이 발표되었다.

박현옥(2008)은 일본 도시재생본부의 역할과 기능을 분석 및 도시재생을 사례를 중심으로 연구하였다. 연구에서는 도시재생의 유형을 지역특성 및 학술연구 중심형, 지역특성 및 관광중심형, 체험 마을 및 커뮤니티 중심형, 에코실천 중심형, 산업 및 직업창출 중심형, 경관 및 예술 중심형, 예술창조 중심형, 총합적 재생 중심형 등 총 8개의 유형으로 분류하였다.

송승혜·장민영·이명훈(2016)은 한국과 일본은 도시재생과 관련된 법률에 따라 계획을 수립하고, 관련 사업들을 대상으로 예산을 지원하는 보조금 제도가 있다는 공통점을 발견하였다. 연구에서 한일 양국 간의 도시재생사업의 공통점을 기초로 일본 도시재생사업의 특징들을 도출하였다. 이를 통해 한국 도시재생사업이 지속적으로 운영될 수 있는 시사점을 제시하였다.

조승연·김주진·임정민·류동주(2018)는 우리나라 「도시재생법」에 따라 진행되고 있는 도시재생사업에서의 공공시행자의 바람직한 역할을 찾기 위하여 일본 도시재생사업의 연구를 통하여 시사점을 제시하였다. 특히 일본 도시재생사업의 구체적인 사례분석을 통해 사업수행의 각 주체가 어떤 역할을 하는지에 대해 도출하고, 도시재생사업의 성공을 위한 공공시행자의 발전방향을 제시하였다.

김준환(2018)은 한국보다는 빠르게 도시재생정책에 대하여 진행한 일본의 도시재생정책의 패러다임과 추진하는 배경, 정책인 구조 등에 대해 연구하였다. 이를 통해 우리나라 도시재생정책의 개선방안과 추진방향에 대한 시사점을 제시하였다. 또한 일본 도시재생의 기본적인 구조와 도시재생사업의 종류 등에 대하여 체계적으로 분류하였으며, 세부적이고 다양한 사업의 내용과 구성에 대해 분석하였다.

조승연(2010)은 도쿄 도심 상업·업무지구를 전통적 상업·업무지구와 근대형 상업·업무지구로 유형화하였다. 연구를 통해 지구별 특성에 따른 규제완화형 도시재생정책과 이에 대한 재개발·재건축 사업의 특징을 분석하였다. 전통적 상업·업무지구는 「도시계획법」과 「건축기준법」상 규제완화 방식을 통해 소규모 노후 건축물의 개별 재개발·재건축을 촉진시켜 점진적인 도시공간구조의 개선이 이루어지고 있다는 점을 제시하였다. 또한 근대형 상업·업무지구는 특별법에 의해 행정절차의 간소화, 공공시설 정비비용 지원, 용적률 인센티브제공방식으로 사업성을 개선시켜 면적인 도시공간정비가 이루어지고 있다는 점을 제시하였다.

박세훈(2004)은 도시재생정책을 둘러싼 정부와 정부 간의 관계, 정부와 자본 간의의 관계를 연구하였다. 이를 통해 일본 도시재생정책을 둘러싼 파트너십 구조가 서구의 도시개발 동반 관계와 어떻게 다른지를 밝혔다.

김재광(2014)은 영국과 일본의 도시재생 비교·연구를 통해 도시재생 법제의 현황과 과제를 제시하였다. 용도의 복합화, 도시재생을 이끌어 가는 공공의 역할, 사람중심 커뮤니티 재현, 도시 내 필요한 공공성 확보, 도시재생 주변지역으로의 파급효과, 파트너십을 통한 도시재생 추진 등의 문제점을 해결 과제로 제시하였다.

윤철재(2016)는 일본 민간개발에 있어서 유도형인 도시재생정책에서 제도적인 특징을 연구하였다. 연구를 통해 일본은 각종 규제완화 및 인센티브를 주면서 민간투자를 유인하면서 개발을 진행해 가고 있다는 점을 밝혔다. 또한 각 제도가 획일적으로 적용되는 것이 아니라, 각 도시의 상위계획 또는 가이드라인과의 조화를 이루면서 해당 도시가 추구하는 도시 특성에 맞게 탄력적으로 운용되고 있다는 점을 밝혔다.

지금까지의 일본과 한국의 도시재생정책 관련 논문들은 한국과 일본의 도시재생사업 사례와 연계한 정책분석, 도시재생 파트너십에 관한 연구, 도시재생정책에 관한 연구 등이 주류를 이루고 있다. 향후 한국 도시재생사업의 발전방안을 제시하기 위해서는 일본의 민간 도시재생 관련 법규에 대한 연구가 필요하다. 또한 민간이 중심이 되어 공공과 민간이 역할분담을 조화롭게 하고 있는 일본의 도시재생사례도 연구할 필요가 있다. 즉, 한국의 도시재생이 성공하기 위해서는 한국보다 앞선 일본의 민간중심의 도시재생사업을 분석하여 문제점을 도출하고, 효율적 도시재생사업이 추진될 수 있는 방법을 찾아야 한다. 일본 도시재생법을 분석하여 한국 도시재생의 발전방안을 제시하고, 나아가 도시재생사업에서 중요한 역할을 하고 있는 민간의 참여를 활성화할 수 있는 방안을 찾아야 한다.

강동욱(2020)은 미국과 영국의 경우는 인구의 감소와 고령화가 천천히 진행이 된 상태에서 도시재생의 개념으로 미국의 경우 민간이 중심으로 이루어지고 영국의 경우 도시의 물리적 측면에서 쇠퇴와 낙후로 인해 인구의 감소추세가 되어 가는 완만한 추세이지만 일본과 한국의 경우는 급속화의 인구 집중과 더불어 급속한 도시의 쇠퇴로 보아 영국과 미국의 경우가 다른 일본과 한국의 같은 패턴으로 보았고, 일본과 한국의 도시재생의 필요성과 다른 점을 제시하면서 공통점도 제시하였다.

같은 점으로 첫째 인구의 감소와 도시재생, 둘째 지방소멸과 도시 쇠퇴의 도시재생이고, 다른 점은 정부의 계획적 제도와 중앙정부의 통합적 정책, 민간중심의 제도, 지자체의 역할, 민간업체의 입장과 역할이면서 특히 법적제도가 다르다. 이에 한국적 도시재생에 방안을 제시하고자 하였다.

D. 표본적 특성

본 연구는 일반서민의 대상으로 남녀 구분 없이 20대에서 60대까지 328명에게 도시재생 관련 질문형식으로 설문을 통한 데이터를 가지고 최종 분석하였으며, 기록이 누락되거나 사용 불가능한 응답기록은 삭제조치하였으며 분석대상 기록은 248건으로 하였다. 본 연구에서 설문조사. 연구라는 점에서 일반적인 통계적 차이 검정에 활용하는 ANOVA는 모수 통계방법으로 데이터의 정규성 및 등분산성 가정이 만족되어야 활용이 가능하다는 설문 의향조사 설문연구이다.

E. 차이분석 특성

E-1. 빈도분석과 교차분석

우선 기본적 빈도분석과 교차분석(그룹간 비교)을 하여 Survey_Info_V3 설문지 문항, 응답형태 등 설문에 관한 정보 요약을 하면

① 각 그룹 내에 차이가 있는가 집단이 존재하는지에 대한 판단으로 내용응답 차이에 관한 순서와 각 집단 페어에 차이 여부는 확인하는 KnsKa-Wallis 테스트하지 못하였으며 의미 없다고 판단하였다(단 그룹 내에서는 KnsKa-Wallis 테스트를 활용하였다). P-value에서 0.05보다 작은 항목의 경우 통계적으로 유의한 차이가 존재하는 것으로 판단되었다.

② 개인정보: 응답자가 기록한 개인 특성(성별, 연령 등) 요약 통계,

③ 척도형 응답: 설문 항목 중 5점 척도로 설계된 문항의 응답 통계,

④ 명목형(단수): 설문 항목 중 명목형 변수로 설계되었으며,

⑤ 명목형(복수)설문 항목 중 명목형 변수로 분석하였다(단일 응답만 가능문항의 응답통계).

⑥ 취합본: 문항 특성과 관계없이 설문 문항 순서대로 배열한 응답통계이다(복수 응답이 가능한 문항의 응답통계).

E-2. 문항별 차트(막대그래프, 원형 그래프)

막대 차트, 원형 차트로는 막대 차트는 'Basic_Frequency_Bar_Chart'와 원형 차트는 'Basic_Frequency_Pie_Chart'로 각 차트별로 문항 번호

Q1~Q69으로 표기하였으며, 종합 응답 빈도를 그래프 형식으로 나타낸 자료로 필요한 부분을 선별하여 활용하였다. 교차 빈도분석(그룹 간 비교) 차트개인정보에 따른 총 7개 그룹(성별, 연령 등)에 따른 비교차트 'Frequency_Bar_Chart_by_Group', 'Frequency_Pie_Chart_by_Group' 이며, 그룹과 문항 수가 많아 매우 많은 수의 차트를 생성하였지만 필요한 부분을 선별하여 활용하여 그래프 결과 분석을 도출하였다.

F. Kruskal-Wallis Test

「그룹 간 응답 차이 통계적 검정(Kruskal-Wallis Test)」

[표 V-1] 도시재생 설문지 Kruskal-Wallis Test

문항 번호	통계량 구분	그룹						
		성별	연령	직업	공동 가족 수	학력	혼인여부	소득수준
Q1	Chi-Square	0.1188	3.6754	15.0230	11.5519	7.3937	1.6430	11.4522
	DF	1	5	9	6	3	2	4
	p-value	0.7304	0.5970	0.0903	0.0727	0.0604	0.4398	0.0219
Q2	Chi-Square	1.9926	34.4188	13.1441	7.5844	3.8024	6.7726	13.4221
	DF	1	5	9	6	3	2	4
	p-value	0.1581	0.0000	0.1562	0.2702	0.2836	0.0338	0.0094
Q3	Chi-Square	0.0189	7.3053	16.2498	6.8392	9.0231	0.0012	3.3338
	DF	1	5	9	6	3	2	4
	p-value	0.8907	0.1989	0.0618	0.3360	0.0290	0.9994	0.5036
Q4	Chi-Square	19.5485	4.0523	6.0108	4.5897	2.2901	4.9736	6.2382
	DF	1	5	9	6	3	2	4
	p-value	0.0000	0.5419	0.7388	0.5974	0.5144	0.0832	0.1820
Q5	Chi-Square	0.4512	11.1166	6.8339	11.2025	1.5171	0.5344	1.4211
	DF	1	5	9	6	3	2	4
	p-value	0.5018	0.0491	0.6544	0.0823	0.6783	0.7655	0.8405
Q6	Chi-Square	0.2865	9.8624	12.0658	13.2602	1.7714	8.2066	12.6981
	DF	1	5	9	6	3	2	4
	p-value	0.5925	0.0792	0.2096	0.0391	0.6212	0.0165	0.0128
Q7	Chi-Square	2.1250	7.4327	8.6731	2.5779	0.7477	2.3067	3.5971
	DF	1	5	9	6	3	2	4
	p-value	0.1449	0.1904	0.4680	0.8596	0.8619	0.3156	0.4633
Q8	Chi-Square	0.4277	11.3285	4.7347	6.3288	0.5964	12.1652	7.3577
	DF	1	5	9	6	3	2	4
	p-value	0.5131	0.0452	0.8568	0.3874	0.8973	0.0023	0.1182
Q9	Chi-Square	2.5716	30.1178	15.6726	5.1489	1.1861	0.4304	12.3509
	DF	1	5	9	6	3	2	4
	p-value	0.1088	0.0000	0.0740	0.5249	0.7563	0.8064	0.0149
Q10	Chi-Square	6.0472	8.7542	16.4147	12.4674	2.0851	8.8482	1.1797

		1	5	9	6	3	2	4
	DF	1	5	9	6	3	2	4
	p-value	0.0139	0.1193	0.0587	0.0523	0.5549	0.0120	0.8814
Q11	Chi-Square	3.8697	29.4219	8.0110	6.7273	1.9545	3.7038	7.3272
	DF	1	5	9	6	3	2	4
	p-value	0.0492	0.0000	0.5330	0.3468	0.5819	0.1569	0.1196
Q12	Chi-Square	2.7107	19.1730	9.8121	9.5321	0.1139	1.4204	13.3914
	DF	1	5	9	6	3	2	4
	p-value	0.0997	0.0018	0.3659	0.1458	0.9901	0.4915	0.0095
Q13	Chi-Square	0.3294	11.1682	4.7581	9.4272	3.5759	1.6118	1.4732
	DF	1	5	9	6	3	2	4
	p-value	0.5660	0.0481	0.8549	0.1509	0.3110	0.4467	0.8314
Q14	Chi-Square	0.5809	4.1086	13.6259	3.5749	3.4390	1.6202	9.7167
	DF	1	5	9	6	3	2	4
	p-value	0.4460	0.5339	0.1363	0.7340	0.3288	0.4448	0.0455
Q15	Chi-Square	12.4758	50.7080	22.3909	7.2827	3.5011	3.4865	19.0523
	DF	1	5	9	6	3	2	4
	p-value	0.0004	0.0000	0.0077	0.2955	0.3206	0.1749	0.0008
Q16	Chi-Square	1.7329	29.5669	14.6111	10.9023	1.6868	7.0778	5.5204
	DF	1	5	9	6	3	2	4
	p-value	0.1880	0.0000	0.1022	0.0914	0.6399	0.0290	0.2379
Q17	Chi-Square	4.7272	20.7743	4.6755	7.1740	7.5629	6.9120	5.5291
	DF	1	5	9	6	3	2	4
	p-value	0.0297	0.0009	0.8616	0.3051	0.0560	0.0316	0.2372
Q18	Chi-Square	2.7061	3.2466	10.0668	7.1357	1.8923	1.8512	4.0419
	DF	1	5	9	6	3	2	4
	p-value	0.1000	0.6620	0.3451	0.3085	0.5951	0.3963	0.4004
Q19	Chi-Square	0.4371	9.8126	13.6154	3.2066	2.0075	0.2217	5.5959
	DF	1	5	9	6	3	2	4
	p-value	0.5085	0.0807	0.1367	0.7825	0.5709	0.8951	0.2314
Q20	Chi-Square	16.5705	35.4539	13.2820	5.7577	1.4252	1.4282	13.7631
	DF	1	5	9	6	3	2	4
	p-value	0.0000	0.0000	0.1503	0.4509	0.6996	0.4896	0.0081
Q21	Chi-Square	2.1227	12.3427	14.3170	12.6312	3.2210	3.7410	3.0879
	DF	1	5	9	6	3	2	4
	p-value	0.1451	0.0304	0.1115	0.0493	0.3588	0.1540	0.5432
Q22	Chi-Square	0.0001	3.1726	17.3416	10.1898	7.9410	0.3476	7.8629
	DF	1	5	9	6	3	2	4
	p-value	0.9919	0.6734	0.0436	0.1169	0.0472	0.8405	0.0967
Q23	Chi-Square	0.0059	3.6957	14.0289	9.7007	10.8866	0.2660	5.8157
	DF	1	5	9	6	3	2	4
	p-value	0.9387	0.5940	0.1213	0.1378	0.0124	0.8755	0.2133

Q24	Chi–Square	0.0309	5.0429	5.6559	4.7473	3.2131	0.6160	6.0862
	DF	1	5	9	6	3	2	4
	p–value	0.8604	0.4107	0.7738	0.5766	0.3599	0.7349	0.1928
Q25	Chi–Square	0.2382	5.9664	8.5149	4.3938	0.6908	0.5876	1.9996
	DF	1	5	9	6	3	2	4
	p–value	0.6255	0.3095	0.4832	0.6235	0.8754	0.7454	0.7358
Q26	Chi–Square	0.1068	4.0198	4.3004	3.4839	6.9305	1.4537	5.4063
	DF	1	5	9	6	3	2	4
	p–value	0.7438	0.5466	0.8906	0.7461	0.0741	0.4834	0.2481
Q27	Chi–Square	0.2655	5.2089	8.1993	2.8370	1.5842	2.8489	2.7988
	DF	1	5	9	6	3	2	4
	p–value	0.6064	0.3909	0.5142	0.8290	0.6630	0.2406	0.5920
Q28	Chi–Square	0.1331	2.5716	9.1727	1.8536	2.6660	0.1687	5.7226
	DF	1	5	9	6	3	2	4
	p–value	0.7153	0.7657	0.4215	0.9327	0.4460	0.9191	0.2208
Q29	Chi–Square	0.1178	3.2756	11.4838	4.2929	1.0951	1.6283	5.9935
	DF	1	5	9	6	3	2	4
	p–value	0.7314	0.6576	0.2440	0.6371	0.7783	0.4430	0.1996
Q30	Chi–Square	0.1370	2.5015	7.2912	1.2104	4.1342	0.1167	0.9152
	DF	1	5	9	6	3	2	4
	p–value	0.7113	0.7763	0.6068	0.9764	0.2473	0.9433	0.9224
Q31	Chi–Square	0.1097	3.9752	15.0506	2.9333	2.1884	0.8814	4.7726
	DF	1	5	9	6	3	2	4
	p–value	0.7405	0.5530	0.0896	0.8172	0.5342	0.6436	0.3114
Q32	Chi–Square	0.6473	13.5915	16.0730	4.0161	2.2998	4.0038	5.8385
	DF	1	5	9	6	3	2	4
	p–value	0.4211	0.0184	0.0654	0.6745	0.5126	0.1351	0.2115
Q33	Chi–Square	0.0536	2.5332	7.7980	2.5355	3.7955	0.2845	8.6150
	DF	1	5	9	6	3	2	4
	p–value	0.8169	0.7715	0.5546	0.8645	0.2844	0.8674	0.0715
Q34	Chi–Square	0.8801	5.8742	21.0905	5.2649	3.0545	3.3091	1.3918
	DF	1	5	9	6	3	2	4
	p–value	0.3482	0.3187	0.0123	0.5103	0.3833	0.1912	0.8456
Q35	Chi–Square	0.1719	2.0144	8.8020	5.6679	3.4207	2.1242	9.8532
	DF	1	5	9	6	3	2	4
	p–value	0.6785	0.8471	0.4557	0.4614	0.3312	0.3457	0.0430
Q36	Chi–Square	0.3086	7.7390	8.9529	1.3417	3.5477	3.7202	4.6660
	DF	1	5	9	6	3	2	4
	p–value	0.5785	0.1712	0.4416	0.9693	0.3146	0.1557	0.3233
Q37	Chi–Square	1.8929	5.7342	7.3800	3.6170	8.5931	0.0039	1.6799
	DF	1	5	9	6	3	2	4

	p-value	0.1689	0.3329	0.5976	0.7283	0.0352	0.9980	0.7944
Q38	Chi-Square	0.0106	3.7039	13.4533	4.4074	2.9241	2.5130	1.7949
	DF	1	5	9	6	3	2	4
	p-value	0.9181	0.5928	0.1431	0.6217	0.4035	0.2846	0.7734
Q39	Chi-Square	0.6112	3.9111	5.2915	2.4133	1.4599	0.4984	2.4668
	DF	1	5	9	6	3	2	4
	p-value	0.4343	0.5623	0.8082	0.8780	0.6916	0.7794	0.6506
Q40	Chi-Square	0.0181	11.8229	9.4787	6.3262	3.9450	0.9447	5.1157
	DF	1	5	9	6	3	2	4
	p-value	0.8929	0.0373	0.3943	0.3877	0.2675	0.6235	0.2756
Q41	Chi-Square	1.5570	1.0238	10.0559	4.3299	4.7273	0.1751	1.7440
	DF	1	5	9	6	3	2	4
	p-value	0.2121	0.9606	0.3460	0.6321	0.1929	0.9162	0.7827
Q42	Chi-Square	10.0605	52.7127	15.8302	11.3971	3.8725	1.2703	24.0609
	DF	1	5	9	6	3	2	4
	p-value	0.0015	0.0000	0.0705	0.0769	0.2756	0.5299	0.0001
Q43	Chi-Square	1.1112	11.7039	11.5063	10.5937	7.8391	3.7817	3.7941
	DF	1	5	9	6	3	2	4
	p-value	0.2918	0.0391	0.2426	0.1018	0.0495	0.1509	0.4346
Q44	Chi-Square	1.5581	7.3815	9.7486	1.9840	4.3235	1.1227	4.4708
	DF	1	5	9	6	3	2	4
	p-value	0.2119	0.1938	0.3712	0.9212	0.2286	0.5705	0.3460
Q45	Chi-Square	0.0344	0.2929	5.5285	6.3715	2.8048	0.0806	4.6943
	DF	1	5	9	6	3	2	4
	p-value	0.8528	0.9978	0.7860	0.3829	0.4227	0.9605	0.3201
Q46	Chi-Square	8.2623	47.1326	20.7962	9.7555	3.2457	2.1272	9.8045
	DF	1	5	9	6	3	2	4
	p-value	0.0040	0.0000	0.0136	0.1353	0.3553	0.3452	0.0439
Q47	Chi-Square	9.6093	38.1143	19.9347	7.9982	3.5341	0.8668	9.6920
	DF	1	5	9	6	3	2	4
	p-value	0.0019	0.0000	0.0183	0.2382	0.3164	0.6483	0.0459
Q48	Chi-Square	8.6517	39.2092	18.2543	6.3623	2.2275	0.5877	13.3851
	DF	1	5	9	6	3	2	4
	p-value	0.0033	0.0000	0.0323	0.3838	0.5266	0.7454	0.0095
Q49	Chi-Square	2.3627	49.2646	14.2496	10.6726	3.9974	2.2056	22.7256
	DF	1	5	9	6	3	2	4
	p-value	0.1243	0.0000	0.1137	0.0990	0.2617	0.3319	0.0001
Q50	Chi-Square	3.6141	38.7676	11.7218	12.9893	1.7156	2.6915	9.0075
	DF	1	5	9	6	3	2	4
	p-value	0.0573	0.0000	0.2295	0.0432	0.6335	0.2603	0.0609
Q51	Chi-Square	7.0029	52.6056	25.9037	9.4704	1.3423	3.7408	25.8770

	DF	1	5	9	6	3	2	4
	p-value	0.0081	0.0000	0.0021	0.1488	0.7191	0.1541	0.0000
Q52	Chi-Square	1.8400	45.6246	23.4312	8.6165	0.5175	1.8518	20.2925
	DF	1	5	9	6	3	2	4
	p-value	0.1750	0.0000	0.0053	0.1963	0.9150	0.3962	0.0004
Q53	Chi-Square	11.8739	37.1966	19.8986	8.6063	0.9525	0.6035	13.9873
	DF	1	5	9	6	3	2	4
	p-value	0.0006	0.0000	0.0185	0.1970	0.8127	0.7395	0.0073
Q54	Chi-Square	8.9401	46.0384	12.4887	9.2120	2.2264	0.6140	12.9702
	DF	1	5	9	6	3	2	4
	p-value	0.0028	0.0000	0.1871	0.1620	0.5268	0.7357	0.0114
Q55	Chi-Square	0.1414	10.1423	6.6676	4.1418	4.8936	1.3829	5.3152
	DF	1	5	9	6	3	2	4
	p-value	0.7069	0.0713	0.6717	0.6575	0.1798	0.5008	0.2565
Q56	Chi-Square	4.6570	8.4642	8.1450	5.2589	1.3249	2.4446	6.2916
	DF	1	5	9	6	3	2	4
	p-value	0.0309	0.1324	0.5196	0.5111	0.7232	0.2946	0.1784
Q57	Chi-Square	3.8496	1.3758	8.6536	5.2997	1.7064	0.8488	5.7481
	DF	1	5	9	6	3	2	4
	p-value	0.0498	0.9269	0.4698	0.5060	0.6355	0.6542	0.2188
Q58	Chi-Square	0.5049	1.5941	13.5719	6.3733	2.0666	1.5001	3.7981
	DF	1	5	9	6	3	2	4
	p-value	0.4774	0.9020	0.1384	0.3827	0.5587	0.4723	0.4340
Q59	Chi-Square	3.1410	4.5958	8.1761	5.5631	2.6904	0.1661	8.8634
	DF	1	5	9	6	3	2	4
	p-value	0.0763	0.4672	0.5165	0.4739	0.4419	0.9203	0.0646
Q60	Chi-Square	6.4354	1.9687	11.5433	2.6471	3.2229	0.6343	4.1289
	DF	1	5	9	6	3	2	4
	p-value	0.0112	0.8535	0.2403	0.8517	0.3585	0.7282	0.3888
Q61	Chi-Square	8.3220	2.9912	9.0210	1.9887	3.8062	0.6588	5.4703
	DF	1	5	9	6	3	2	4
	p-value	0.0039	0.7013	0.4353	0.9207	0.2832	0.7193	0.2424
Q62	Chi-Square	4.5708	5.7499	8.0177	5.0173	5.3423	1.0135	6.1246
	DF	1	5	9	6	3	2	4
	p-value	0.0325	0.3313	0.5324	0.5416	0.1484	0.6024	0.1900
Q63	Chi-Square	3.3870	8.9234	19.0903	2.3366	6.2985	4.4182	4.8475
	DF	1	5	9	6	3	2	4
	p-value	0.0657	0.1122	0.0244	0.8863	0.0980	0.1098	0.3033
Q64	Chi-Square	7.4587	2.7544	10.8507	6.1809	1.1373	1.3114	4.6791
	DF	1	5	9	6	3	2	4
	p-value	0.0063	0.7378	0.2861	0.4032	0.7681	0.5191	0.3218

Q65	Chi-Square	5.5332	1.7002	9.1794	7.4841	1.2058	1.8836	3.5732
	DF	1	5	9	6	3	2	4
	p-value	0.0187	0.8889	0.4209	0.2784	0.7516	0.3899	0.4668
Q66	Chi-Square	1.2745	4.9718	7.3974	11.0022	0.7619	0.6707	4.6631
	DF	1	5	9	6	3	2	4
	p-value	0.2589	0.4193	0.5958	0.0883	0.8586	0.7151	0.3236
Q67	Chi-Square	1.1756	2.7610	11.0296	7.5030	2.0823	1.5010	1.7870
	DF	1	5	9	6	3	2	4
	p-value	0.2783	0.7368	0.2737	0.2768	0.5555	0.4721	0.7749
Q68	Chi-Square	4.2690	3.9741	13.4437	4.4038	4.1133	0.6851	4.0790
	DF	1	5	9	6	3	2	4
	p-value	0.0388	0.5531	0.1435	0.6222	0.2495	0.7099	0.3954
Q69	Chi-Square	6.9632	7.1190	10.4029	2.3140	2.3848	1.0081	3.6896
	DF	1	5	9	6	3	2	4
	p-value	0.0083	0.2119	0.3189	0.8887	0.4965	0.6041	0.4496

p-value에서 밑줄 - 이 된 것 중 0.500에서 0.950까지 수치이다. 이것은 설문지에서 중요한 수치로 집중도가 높다는 것으로 질문 문항과 응답에 대한 결과를 정리하면 아래와 같다.

- 질의 문항 -   -응답-

22. 도시재생지원센터(중간조직) 역할   (5.매우 중요하다)

25. 지역 관광거점 형성 및 유지관리 지원   (5.매우 필요하다)

26. 주민참여 활성화를 위한 재원 마련   (5.매우 중요하다)

27. 도시재생 관련 주민교육이 얼마나 중요한가?   (5.매우 중요하다)

28. 다양한 계층의 주민 참여   (5.매우 중요하다)

30. 주민들이 도시재생 사업에 대해 모른다면 이유?

(중앙 정부와 지방 정부의 도시재생에 대한 홍보부족)

31. 도시재생을 위한 주민참여를 위한 지역 거점 공간 확보?

    (5.매우 중요하다)

33. 도시재생계획에서 동네주민. 상인들과의 친밀한 관계?

    (5.매우 중요하다)

39. 도시재생으로 향후 지역은 체감 경제는 기대감?

    (5.매우 상승할 것이다)

40. 지역에서 도시재생 일반인 교육이 필요하다   (5.매우 중요하다)

G. 명목분석(단수응답) 그룹 간 비교

G-1. (단수응답 2가지 그룹 간 비교): 개인정보의 특성

개인정보: 응답자가 기록한 개인 특성(성별, 연령 등)

[표 V-2] 도시재생 (단수응답 2가지 그룹 간 비교-1)

구분		빈도	비율
성별	남자	133	53.6%
	여자	115	46.4%
연령	20대	12	4.8%
	30대	22	8.9%
	40대	56	22.6%
	50대	124	50.0%
	60대	33	13.3%
	70대 이상	1	0.4%
직업	공무원	22	8.9%
	교직원	14	5.6%
	농업, 어업	2	0.8%
	무직	10	4.0%
	사무직	45	18.1%
	생산, 기술직	20	8.1%
	자영업, 서비스업	96	38.7%
	주부	29	11.7%
	퇴직, 연금생활자	5	2.0%
	학생	5	2.0%
가족구성원 수	1인	24	9.7%
	2인	38	15.3%
	3인	54	21.8%

	4인	101	40.7%
	5인	23	9.3%
	6인	6	2.4%
	7인 이상	2	0.8%
학력	고졸	47	19.0%
	대졸	147	59.3%
	대학원	53	21.4%
	중졸	1	0.4%
혼인 여부	기혼	200	80.6%
	미혼	44	17.7%
	비혼	1	0.4%
	이혼	3	1.2%
월 수입 수준	100만 원, 200만 원	28	11.3%
	200만 원, 300만 원	55	22.2%
	200만 원 이하	10	4.0%
	300만 원, 400만 원	46	18.5%
	400만 원, 500만 원	42	16.9%
	500만 원, 이상	67	27.0%

[표 V-3] 도시재생 (단수응답 2가지 그룹 간 비교-2)

대분류	항목	응답항목	빈도	비율
1. 주거 및 사업장 형태에 대한 일반설문	거주지에 관한 애착 정도	1	5	2.02%
		2	14	5.65%
		3	74	29.84%
		4	79	31.86%
		5	76	30.65%
1. 주거 및 사업장 형태에 대한 일반설문	주민 공동체 활동 또는 지역행사 수행의 적합성	1	36	14.52%
		2	65	26.21%
		3	103	41.53%
		4	35	14.11%
		5	9	3.63%
3. 도시재생에 관한 인식	도시재생 사업의 긍정적 영향 여부	1	4	1.61%
		2	4	1.61%
		3	45	18.15%
		4	100	40.32%

		5	95	38.31%
3. 도시재생에 관한 인식	도시재생 사업에 대한 관심도	1	3	1.21%
		2	17	6.86%
		3	57	22.98%
		4	78	31.45%
		5	93	37.50%
3. 도시재생에 관한 인식	도시재생 사업에 관한 인지 여부	1	18	7.26%
		2	32	12.90%
		3	91	36.69%
		4	67	27.02%
		5	40	16.13%
4. 도시재생에 대한 참여 및 관심도	도시재생 사업에 대한 참여 의지	1	5	2.02%
		2	14	5.65%
		3	74	29.84%
		4	84	33.87%
		5	71	28.63%
4. 도시재생에 대한 참여 및 관심도	주민의견 반영의 중요성	1	1	0.40%
		2	4	1.61%
		3	26	10.48%
		4	100	40.32%
		5	117	47.18%
4. 도시재생에 대한 참여 및 관심도	지차체의 지원과 역할의 중요성	1	0	0.00%
		2	6	2.42%
		3	18	7.26%
		4	75	30.24%
		5	149	60.08%
4. 도시재생에 대한 참여 및 관심도	도시재생지원센터(중간조직) 역할의 중요성	1	3	1.21%
		2	7	2.82%
		3	27	10.89%
		4	87	35.08%
		5	124	50.00%
4. 도시재생에 대한 참여 및 관심도	주민협의체 역할의 중요성	1	1	0.40%
		2	2	0.81%
		3	30	12.10%
		4	86	34.68%
		5	129	52.02%
4. 도시재생에 대한 참여 및 관심도	지역 거점 공간 확보의 중요성	1	1	0.40%
		2	4	1.61%
		3	40	16.13%
		4	90	36.29%

		5	113	45.57%
4. 도시재생에 대한 참여 및 관심도	주민참여를 위한 재원 마련의 중요성	1	1	0.40%
		2	4	1.61%
		3	28	11.29%
		4	82	33.07%
		5	133	53.63%
4. 도시재생에 대한 참여 및 관심도	주민 회의 및 교육 시간 조정의 중요성	1	2	0.81%
		2	3	1.21%
		3	40	16.13%
		4	101	40.73%
		5	102	41.13%
4. 도시재생에 대한 참여 및 관심도	다양한 계층 참여의 중요성	1	1	0.40%
		2	3	1.21%
		3	38	15.32%
		4	86	34.68%
		5	120	48.39%
4. 도시재생에 대한 참여 및 관심도	주민교육의 중요성	1	1	0.40%
		2	5	2.02%
		3	34	13.71%
		4	96	38.71%
		5	112	45.16%
4. 도시재생에 대한 참여 및 관심도	홍보의 중요성	1	0	0.00%
		2	3	1.21%
		3	26	10.48%
		4	72	29.03%
		5	147	59.27%
4. 도시재생에 대한 참여 및 관심도	참여형 지역사업의 중요성	1	0	0.00%
		2	3	1.21%
		3	36	14.52%
		4	97	39.11%
		5	112	45.16%
4. 도시재생에 대한 참여 및 관심도	지역에 대한 애착의 중요성	1	3	1.21%
		2	6	2.42%
		3	34	13.71%
		4	84	33.87%
		5	121	48.79%
4. 도시재생에 대한 참여 및 관심도	주민/상인과의 친밀한 관계 유지의 중요선	1	3	1.21%
		2	4	1.61%
		3	43	17.34%
		4	86	34.68%

		5	112	45.16%
5. 도시재생 이후 도시변화	도시재생의 부동산 가격에 대한 영향	1	1	0.40%
		2	2	0.81%
		3	42	16.94%
		4	129	52.02%
		5	74	29.84%
5. 도시재생 이후 도시변화	도시재생의 임대료에 대한 영향	1	0	0.00%
		2	5	2.02%
		3	39	15.73%
		4	148	59.68%
		5	56	22.58%
5. 도시재생 이후 도시변화	도시재생을 통한 지역 방문자 수의 변화	1	0	0.00%
		2	6	2.42%
		3	55	22.18%
		4	129	52.02%
		5	58	23.39%
5. 도시재생 이후 도시변화	도시재생으로 인한 토지가격 상승 여부	1	0	0.00%
		2	4	1.61%
		3	28	11.29%
		4	145	58.47%
		5	71	28.63%
5. 도시재생 이후 도시변화	도시재생으로 인한 체감 경제 변화	1	0	0.00%
		2	9	3.63%
		3	65	26.21%
		4	121	48.79%
		5	53	21.37%
6. 도시재생에 관한 요구사항	도시재생 일반인 교육의 필요성	1	1	0.40%
		2	8	3.23%
		3	50	20.16%
		4	87	35.08%
		5	102	41.13%
7. 본인 지역의 자원 및 자원평가	상담서비스의 필요도	1	0	0.00%
		2	6	2.42%
		3	57	22.98%
		4	82	33.07%
		5	103	41.53%
7. 본인 지역의 자원 및 자원평가	재활서비스의 필요도	1	1	0.40%
		2	7	2.82%
		3	50	20.16%
		4	94	37.90%
		5	96	38.71%

7. 본인 지역의 자원 및 자원평가	성인돌봄서비스의 필요도	1	3	1.21%
		2	5	2.02%
		3	42	16.94%
		4	82	33.07%
		5	116	46.77%
7. 본인 지역의 자원 및 자원평가	아동돌봄서비스의 필요도	1	6	2.42%
		2	8	3.23%
		3	34	13.71%
		4	67	27.02%
		5	133	53.63%
7. 본인 지역의 자원 및 자원평가	교육서비스의 필요도	1	1	0.40%
		2	4	1.61%
		3	30	12.10%
		4	81	32.66%
		5	132	53.23%
7. 본인 지역의 자원 및 자원평가	고용취업서비스의 필요도	1	3	1.21%
		2	0	0.00%
		3	38	15.32%
		4	69	27.82%
		5	138	55.65%
7. 본인 지역의 자원 및 자원평가	주거서비스의 필요도	1	0	0.00%
		2	8	3.23%
		3	44	17.74%
		4	78	31.45%
		5	118	47.58%
7. 본인 지역의 자원 및 자원평가	문화서비스의 필요도	1	0	0.00%
		2	6	2.42%
		3	24	9.68%
		4	74	29.84%
		5	144	58.07%
7. 본인 지역의 자원 및 자원평가	환경서비스의 필요도	1	1	0.40%
		2	4	1.61%
		3	30	12.10%
		4	75	30.24%
		5	138	55.65%
7. 본인 지역의 자원 및 자원평가	안전서비스의 필요도	1	1	0.40%
		2	2	0.81%
		3	35	14.11%
		4	72	29.03%
		5	138	55.65%

7. 본인 지역의 자원 및 자원평가	교통서비스의 필요도	1	0	0.00%
		2	4	1.61%
		3	20	8.07%
		4	63	25.40%
		5	161	64.92%
7. 본인 지역의 자원 및 자원평가	관광서비스의 필요도	1	0	0.00%
		2	3	1.21%
		3	42	16.94%
		4	84	33.87%
		5	119	47.98%
7. 본인 지역의 자원 및 자원평가	공동체서비스의 필요도	1	1	0.40%
		2	4	1.61%
		3	43	17.34%
		4	88	35.48%
		5	112	45.16%

G-2. (단수응답 2가지 성별에 따른 명목빈도와 비율분석)

[표 V-4] 도시재생(단수응답 2가지 성별에 따른 명목빈도와 비율분석)

대분류	항목	응답 항목	남자	여자	남자	여자
1. 주거 및 사업장 형태에 대한 일반설문	거주지에 관한 애착 정도	1	3	2	2.26%	1.74%
		2	6	8	4.51%	6.96%
		3	38	36	28.57%	31.30%
		4	45	34	33.84%	29.57%
		5	41	35	30.83%	30.44%
1. 주거 및 사업장 형태에 대한 일반설문	주민 공동체 활동 또는 지역행사 수행의 적합성	1	15	21	11.28%	18.26%
		2	35	30	26.32%	26.09%
		3	57	46	42.86%	40.00%
		4	19	16	14.29%	13.91%
		5	7	2	5.26%	1.74%
3. 도시재생에 관한 인식	도시재생 사업의 긍정적 영향 여부	1	3	1	2.26%	0.87%
		2	4	0	3.01%	0.00%
		3	15	30	11.28%	26.09%
		4	60	40	45.11%	34.78%
		5	51	44	38.35%	38.26%

3. 도시재생에 관한 인식	도시재생 사업에 대한 관심도	1	3	0	2.26%	0.00%
		2	7	10	5.26%	8.70%
		3	25	32	18.80%	27.83%
		4	45	33	33.84%	28.70%
		5	53	40	39.85%	34.78%
3. 도시재생에 관한 인식	도시재생 사업에 관한 인지 여부	1	9	9	6.77%	7.83%
		2	14	18	10.53%	15.65%
		3	46	45	34.59%	39.13%
		4	35	32	26.32%	27.83%
		5	29	11	21.81%	9.57%
4. 도시재생에 대한 참여 및 관심도	도시재생 사업에 대한 참여의지	1	3	2	2.26%	1.74%
		2	4	10	3.01%	8.70%
		3	42	32	31.58%	27.83%
		4	44	40	33.08%	34.78%
		5	40	31	30.08%	26.96%
4. 도시재생에 대한 참여 및 관심도	주민의견 반영의 중요성	1	0	1	0.00%	0.87%
		2	2	2	1.50%	1.74%
		3	12	14	9.02%	12.17%
		4	51	49	38.35%	42.61%
		5	68	49	51.13%	42.61%
4. 도시재생에 대한 참여 및 관심도	지자체의 지원과 역할의 중요성	1	0	0	0.00%	0.00%
		2	4	2	3.01%	1.74%
		3	9	9	6.77%	7.83%
		4	40	35	30.08%	30.44%
		5	80	69	60.15%	60.00%
4. 도시재생에 대한 참여 및 관심도	도시재생지원센 터(중간조직) 역 할의 중요성	1	2	1	1.50%	0.87%
		2	4	3	3.01%	2.61%
		3	12	15	9.02%	13.04%
		4	49	38	36.84%	33.04%
		5	66	58	49.62%	50.44%
4. 도시재생에 대한 참여 및 관심도	주민협의체 역할 의 중요성	1	0	1	0.00%	0.87%
		2	1	1	0.75%	0.87%
		3	15	15	11.28%	13.04%
		4	48	38	36.09%	33.04%

		5	69	60	51.88%	52.17%
4. 도시재생에 대한 참여 및 관심도	지역 거점 공간 확보의 중요성	1	0	1	0.00%	0.87%
		2	1	3	0.75%	2.61%
		3	22	18	16.54%	15.65%
		4	48	42	36.09%	36.52%
		5	62	51	46.62%	44.35%
4. 도시재생에 대한 참여 및 관심도	주민참여를 위한 재원 마련의 중요성	1	1	0	0.75%	0.00%
		2	2	2	1.50%	1.74%
		3	15	13	11.28%	11.30%
		4	45	37	33.84%	32.17%
		5	70	63	52.63%	54.78%
4. 도시재생에 대한 참여 및 관심도	주민 회의 및 교육 시간 조정의 중요성	1	0	2	0.00%	1.74%
		2	3	0	2.26%	0.00%
		3	21	19	15.79%	16.52%
		4	57	44	42.86%	38.26%
		5	52	50	39.10%	43.48%
4. 도시재생에 대한 참여 및 관심도	다양한 계층 참여의 중요성	1	1	0	0.75%	0.00%
		2	0	3	0.00%	2.61%
		3	26	12	19.55%	10.44%
		4	41	45	30.83%	39.13%
		5	65	55	48.87%	47.83%
4. 도시재생에 대한 참여 및 관심도	주민교육의 중요성	1	0	1	0.00%	0.87%
		2	4	1	3.01%	0.87%
		3	16	18	12.03%	15.65%
		4	52	44	39.10%	38.26%
		5	61	51	45.87%	44.35%
4. 도시재생에 대한 참여 및 관심도	홍보의 중요성	1	0	0	0.00%	0.00%
		2	3	0	2.26%	0.00%
		3	14	12	10.53%	10.44%
		4	38	34	28.57%	29.57%
		5	78	69	58.65%	60.00%
4. 도시재생에 대한 참여 및 관심도	참여형 지역사업의 중요성	1	0	0	0.00%	0.00%
		2	1	2	0.75%	1.74%

		3	21	15	15.79%	13.04%
		4	52	45	39.10%	39.13%
		5	59	53	44.36%	46.09%
4. 도시재생에 대한 참여 및 관심도	지역에 대한 애착의 중요성	1	2	1	1.50%	0.87%
		2	3	3	2.26%	2.61%
		3	20	14	15.04%	12.17%
		4	46	38	34.59%	33.04%
		5	62	59	46.62%	51.30%
4. 도시재생에 대한 참여 및 관심도	주민/상인과의 친밀한 관계유지의 중요성	1	1	2	0.75%	1.74%
		2	3	1	2.26%	0.87%
		3	23	20	17.29%	17.39%
		4	47	39	35.34%	33.91%
		5	59	53	44.36%	46.09%
5. 도시재생 이후 도시변화	도시재생의 부동산 가격에 대한 영향	1	1	0	0.75%	0.00%
		2	2	0	1.50%	0.00%
		3	26	16	19.55%	13.91%
		4	62	67	46.62%	58.26%
		5	42	32	31.58%	27.83%
5. 도시재생 이후 도시변화	도시재생의 임대료에 대한 영향	1	0	0	0.00%	0.00%
		2	3	2	2.26%	1.74%
		3	23	16	17.29%	13.91%
		4	72	76	54.14%	66.09%
		5	35	21	26.32%	18.26%
5. 도시재생 이후 도시변화	도시재생을 통한 지역 방문자 수의 변화	1	0	0	0.00%	0.00%
		2	4	2	3.01%	1.74%
		3	33	22	24.81%	19.13%
		4	68	61	51.13%	53.04%
		5	28	30	21.05%	26.09%
5. 도시재생 이후 도시변화	도시재생으로 인한 토지가격 상승 여부	1	0	0	0.00%	0.00%
		2	2	2	1.50%	1.74%
		3	17	11	12.78%	9.57%
		4	74	71	55.64%	61.74%
		5	40	31	30.08%	26.96%

		1	0	0	0.00%	0.00%
	도시재생으로 인한 체감 경제 변화	2	4	5	3.01%	4.35%
5. 도시재생 이후 도시변화		3	40	25	30.08%	21.74%
		4	61	60	45.87%	52.17%
		5	28	25	21.05%	21.74%
		1	1	0	0.75%	0.00%
	도시재생 일반인 교육의 필요성	2	4	4	3.01%	3.48%
6. 도시재생에 관한 요구사항		3	27	23	20.30%	20.00%
		4	47	40	35.34%	34.78%
		5	54	48	40.60%	41.74%
		1	0	0	0.00%	0.00%
	상담서비스의 필요도	2	3	3	2.26%	2.61%
7. 본인 지역의 자원 및 자원평가		3	35	22	26.32%	19.13%
		4	49	33	36.84%	28.70%
		5	46	57	34.59%	49.57%
		1	1	0	0.75%	0.00%
	재활서비스의 필요도	2	4	3	3.01%	2.61%
7. 본인 지역의 자원 및 자원평가		3	29	21	21.81%	18.26%
		4	56	38	42.11%	33.04%
		5	43	53	32.33%	46.09%
		1	1	2	0.75%	1.74%
	성인돌봄서비스의 필요도	2	2	3	1.50%	2.61%
7. 본인 지역의 자원 및 자원평가		3	22	20	16.54%	17.39%
		4	51	31	38.35%	26.96%
		5	57	59	42.86%	51.30%
		1	3	3	2.26%	2.61%
	아동돌봄서비스의 필요도	2	5	3	3.76%	2.61%
7. 본인 지역의 자원 및 자원평가		3	21	13	15.79%	11.30%
		4	40	27	30.08%	23.48%
		5	64	69	48.12%	60.00%
		1	0	1	0.00%	0.87%
7. 본인 지역의 자원 및 자원평가	교육서비스의 필요도	2	4	0	3.01%	0.00%
		3	22	8	16.54%	6.96%

		4	46	35	34.59%	30.44%
		5	61	71	45.87%	61.74%
7. 본인 지역의 자원 및 자원평가	고용취업 서비스의 필요도	1	3	0	2.26%	0.00%
		2	0	0	0.00%	0.00%
		3	27	11	20.30%	9.57%
		4	35	34	26.32%	29.57%
		5	68	70	51.13%	60.87%
7. 본인 지역의 자원 및 자원평가	주거 서비스의 필요도	1	0	0	0.00%	0.00%
		2	6	2	4.51%	1.74%
		3	30	14	22.56%	12.17%
		4	38	40	28.57%	34.78%
		5	59	59	44.36%	51.30%
7. 본인 지역의 자원 및 자원평가	문화서비스의 필요도	1	0	0	0.00%	0.00%
		2	4	2	3.01%	1.74%
		3	19	5	14.29%	4.35%
		4	42	32	31.58%	27.83%
		5	68	76	51.13%	66.09%
7. 본인 지역의 자원 및 자원평가	환경서비스의 필요도	1	0	1	0.00%	0.87%
		2	3	1	2.26%	0.87%
		3	22	8	16.54%	6.96%
		4	42	33	31.58%	28.70%
		5	66	72	49.62%	62.61%
7. 본인 지역의 자원 및 자원평가	안전서비스의 필요도	1	1	0	0.75%	0.00%
		2	1	1	0.75%	0.87%
		3	21	14	15.79%	12.17%
		4	40	32	30.08%	27.83%
		5	70	68	52.63%	59.13%
7. 본인 지역의 자원 및 자원평가	교통서비스의 필요도	1	0	0	0.00%	0.00%
		2	3	1	2.26%	0.87%
		3	13	7	9.77%	6.09%
		4	34	29	25.56%	25.22%
		5	83	78	62.41%	67.83%
7. 본인 지역의 자원 및	관광서비스의 필	1	0	0	0.00%	0.00%

대분류	항목					
자원평가	요도	2	2	1	1.50%	0.87%
		3	28	14	21.05%	12.17%
		4	46	38	34.59%	33.04%
		5	57	62	42.86%	53.91%
7. 본인 지역의 자원 및 자원평가	공동체서비스의 필요도	1	0	1	0.00%	0.87%
		2	4	0	3.01%	0.00%
		3	30	13	22.56%	11.30%
		4	47	41	35.34%	35.65%
		5	52	60	39.10%	52.17%

빈도율에서 50%가 넘은 것으로 주민의 협의체와 참여, 지자체의 홍보 부족과 역할이 중요하다고 생각하면서 부동산의 가격 상승에 대한 기대감으로 경제 역시 요구하는 결론.

20대부터 60대까지 전반적으로 연령과 상관 없이 빈도율에서 50%가 넘은 것으로 주민의 협의체와 참여, 지자체의 홍보 부족과 역할이 중요하다고 생각하면서 부동산의 가격 상승에 대한 기대감으로 경제 역시 요구하는 결론.

G-3. (단수응답 2가지 직업에 따른 명목 비율분석)

[표 V-5] (단수응답 2가지 직업에 따른 명목 비율분석)

대분류	항목	공무원	교직원	농·어업	무직	사무직	생산·기술	자영·서비스	주부	퇴직·연금자	학생
주거 및 사업 장형태에 대한 일반 설문	거주지에 관한 애착 정도	0.0%	7.1%	0.0%	0.0%	6.6%	0.0%	1.0%	0.0%	0.0%	0.0%
		9.0%	7.1%	0.0%	0.0%	2.2%	10.%	5.2%	10.%	0.0%	0.0%
		50.%	0.0%	0.0%	20.%	24.%	35.%	31.%	31.%	40%	40.%
		27.%	42.%	0.0%	50.%	33.%	35.%	28.%	37.%	20.%	20.%
		13.%	42.%	10%	30%	33.%	20.%	34.%	20.%	40.%	40.%
주거 및 사업장	공동체활동 또는	27.%	7.1%	0.0%	10.%	20.%	15.%	12.%	10.%	0.0%	20.%
		22.%	21.%	0.0%	40.%	20.%	40.%	27.%	20.%	40.%	40.%

형태에 대한 일반 설문	지역사 수행 적합	36.%	50.%	0.0%	20.%	44.%	35.%	41.%	51.%	60.%	20.%
		9.0%	21.%	10%	30.%	8.8%	5.0%	15.%	13.%	0.0%	20.%
		4.5%	0.0%	0.0%	0.0%	6.6%	5.0%	3.1%	3.4%	0.0%	0.0%
3. 도시재생에 관한 인식	도시재생사업의 긍정적영향여부	0.0%	0.0%	0.0%	0.0%	6.6%	0.0%	1.0%	0.0%	0.0%	0.0%
		0.0%	0.0%	0.0%	0.0%	4.4%	5.0%	1.0%	0.0%	0.0%	0.0%
		9.0%	35.%	50.%	10.%	28.%	10.%	14.%	20.%	20.%	0.0%
		45.%	28.%	0.0%	50.%	35.%	55.%	38.%	37.%	60.%	60.%
		45.%	35.%	50.%	40.%	24.%	30.%	44.%	41.%	20.%	40.%
3 . 도시재생에 관한 인식	도시재생사업에 대한 관심도	0.0%	0.0%	0.0%	0.0%	6.6%	0.0%	0.0%	0.0%	0.0%	0.0%
		13.%	7.1%	50.%	10.%	6.6%	10.%	2.0%	10.%	0.0%	20.%
		22.%	21.%	0.0%	30.%	28.%	30.%	18.%	20.%	40.%	20.%
		36.%	28.%	0.0%	20.%	26.%	35.%	30.%	37.%	60.%	40.%
		27.%	42.%	50.%	40.%	31.%	25.%	48.%	31.%	0.0%	20.%
도시재생에 관한 인식	도시재생사업에관한 인지여부	4.5%	14.%	50.%	20.%	8.8%	10.%	5.2%	0.0%	0.0%	20.%
		18.%	7.1%	0.0%	20.%	13.%	20.%	9.3%	17.%	0.0%	20.%
		27.%	28.%	0.0%	30.%	40.%	30.%	37.%	48.%	40.%	40.%
		45.%	28.%	50.%	10.%	15.%	20.%	32.%	20.%	60.%	0.0%
		4.5%	21.%	0.0%	20.%	22.%	20.%	15.%	13.%	0.0%	20.%
도시재생에 대한 참여 및 관심도	도시재생사업에 대한 참여의지	0.0%	0.0%	0.0%	0.0%	8.8%	0.0%	0.0%	3.4%	0.0%	0.0%
		4.5%	7.1%	0.0%	0.0%	6.6%	5.0%	4.1%	13.%	0.0%	0.0%
		36.%	28.%	0.0%	30.%	31.%	50.%	22.%	27.%	60.%	40.%
		40.%	28.%	50.%	30.%	24.%	30.%	37.%	34.%	40.%	40.%
		18.%	35.%	50.%	40.%	28.%	15.%	35.%	20.%	0.0%	20.%
도시재생에 대한 참여 및 관심도	주민의견반영의 중요성	0.0%	0.0%	0.0%	0.0%	0.0%	0.0%	0.0%	3.4%	0.0%	0.0%
		4.5%	0.0%	0.0%	0.0%	2.2%	0.0%	1.0%	0.0%	20.%	0.0%
		22.%	14.%	0.0%	0.0%	8.8%	15.%	7.2%	13.%	0.0%	20.%
		45.%	50.%	10%	40.%	42.%	40.%	34.%	48.%	40.%	20.%
		27.%	35.%	0.0%	60.%	46.%	45.%	57.%	34.%	40.%	60.%
도시재생에 대한 참여 및	지차체의 지원과 역할의	0.0%	0.0%	0.0%	0.0%	0.0%	0.0%	0.0%	0.0%	0.0%	0.0%
		4.5%	7.1%	0.0%	0.0%	4.4%	0.0%	1.0%	3.4%	0.0%	0.0%
		9.0%	14.%	0.0%	0.0%	8.8%	0.0%	6.2%	10.%	0.0%	20.%

구분	항목										
관심도	중요성	40.%	42.%	0.0%	30.%	40.%	30.%	21.%	31.%	40.%	20.%
		45.%	35.%	10%	70.%	46.%	70.%	70.%	55.%	60.%	60.%
도시재생에 대한 참여 및 관심도	도시재생지원센터(중간조직) 역할의 중요성	0.0%	0.0%	0.0%	0.0%	4.4%	0.0%	0.0%	3.4%	0.0%	0.0%
		4.5%	7.1%	0.0%	0.0%	4.4%	0.0%	2.0%	3.4%	0.0%	0.0%
		18.%	7.1%	0.0%	0.0%	13.%	10.%	8.3%	10.%	40.%	20.%
		54.%	50.%	50.%	30.%	31.%	35.%	31.%	37.%	20.%	20.%
		22.%	35.%	50.%	70.%	46.%	55.%	58.%	44.%	40.%	60.%
도시재생에 대한 참여 및 관심도	주민협의체 역할의 중요성	0.0%	0.0%	0.0%	0.0%	0.0%	0.0%	1.0%	0.0%	0.0%	0.0%
		0.0%	0.0%	0.0%	0.0%	0.0%	5.0%	0.0%	3.4%	0.0%	0.0%
		4.5%	14.%	50.%	20.%	15.%	5.0%	10.%	10.%	40.%	20.%
		50.%	50.%	0.0%	30.%	42.%	35.%	30.%	27.%	20.%	20.%
		45.%	35.%	50.%	50.%	42.%	55.%	58.%	58.%	40.%	60.%
도시재생에 대한 참여 및 관심도	지역거점공간 확보의 중요성	0.0%	0.0%	0.0%	0.0%	0.0%	0.0%	0.0%	3.4%	0.0%	0.0%
		0.0%	0.0%	0.0%	0.0%	0.0%	0.0%	2.0%	6.9%	0.0%	0.0%
		22.%	7.1%	0.0%	10.%	24.%	15.%	13.%	13.%	20.%	20.%
		40.%	64.%	0.0%	40.%	35.%	40.%	32.%	34.%	60.%	0.0%
		36%	28%	10%	50.%	40.%	45.%	52.%	41.%	20.%	80.%
도시재생에 대한 참여 및 관심도	주민참여를 위한 재원마련의 중요성	0.0%	0.0%	0.0%	0.0%	0.0%	0.0%	1.0%	0.0%	0.0%	0.0%
		0.0%	0.0%	0.0%	0.0%	2.2%	0.0%	2.0%	3.4%	0.0%	0.0%
		4.5%	21.%	0.0%	20.%	15.%	15.%	7.2%	13.%	0.0%	20.%
		50.%	28.%	50.%	20.%	35.%	40.%	28.%	31.%	60.%	20.%
		45.%	50.%	50.%	60.%	46.%	45.%	61.%	51.%	40.%	60.%
도시재생에 대한 참여 및 관심도	주민회의 및 교육시간 조정의 중요성	0.0%	0.0%	0.0%	0.0%	0.0%	0.0%	0.0%	6.9%	0.0%	0.0%
		0.0%	0.0%	0.0%	0.0%	4.4%	0.0%	1.0%	0.0%	0.0%	0.0%
		22.%	21.%	0.0%	30.%	15.%	20.%	9.3%	20.%	40.%	20.%
		40.%	50.%	50.%	20.%	37.%	50.%	41.%	37.%	40.%	40.%
		36%	28%	50.%	50.%	42.%	30.%	47.%	34.%	20.%	40.%
도시재에 대한	다양한 계층	0.0%	7.1%	0.0%	0.0%	0.0%	0.0%	0.0%	0.0%	0.0%	0.0%
		0.0%	0.0%	0.0%	0.0%	0.0%	0.0%	2.0%	3.4%	0.0%	0.0%

참여 및 관심도	참여의 중요성	9.0%	7.1%	50.%	10.%	17.%	15.%	12.%	24.%	40.%	20.%
		54.%	42.%	0.0%	20.%	33.%	35.%	34.%	27.%	60.%	0.0%
		36.%	42.%	50.%	70.%	48.%	50.%	51.%	44.%	0.0%	80.%
도시재생에 대한 참여 및 관심도	주민교육의 중요성	0.0%	0.0%	0.0%	0.0%	0.0%	0.0%	0.0%	3.4%	0.0%	0.0%
		0.0%	0.0%	0.0%	0.0%	4.4%	0.0%	3.1%	0.0%	0.0%	0.0%
		27.%	21.%	0.0%	0.0%	15.%	5.0%	10.%	13.%	40.%	20.%
		40.%	42.%	0.0%	60.%	37.%	45.%	37.%	31.%	60.%	20.%
		31.%	35.%	10%	40.%	42.%	50.%	48.%	51.%	0.0%	60.%
도시재에 대한 참여 및 관심도	홍보의 중요성	0.0%	0.0%	0.0%	0.0%	0.0%	0.0%	0.0%	0.0%	0.0%	0.0%
		0.0%	7.1%	0.0%	0.0%	4.4%	0.0%	0.0%	0.0%	0.0%	0.0%
		13.%	14.%	0.0%	0.0%	11.%	5.0%	9.3%	13.%	20.%	20.%
		22.%	42.%	0.0%	60.%	24.%	35.%	27.%	27.%	40.%	20.%
		63.%	35.%	10%	40.%	60.%	60.%	63.%	58.%	40.%	60.%
도시재생에 대한 참여 및 관심도	참여형 지역사업의 중요성	0.0%	0.0%	0.0%	0.0%	0.0%	0.0%	0.0%	0.0%	0.0%	0.0%
		0.0%	0.0%	0.0%	0.0%	0.0%	0.0%	1.0%	6.9%	0.0%	0.0%
		13.%	21.%	0.0%	10.%	20.%	10.%	11.%	10.%	60.%	20.%
		40.%	35.%	10%	20.%	37.%	60.%	33.%	44.%	40.%	60.%
		45.%	42.%	0.0%	70.%	42.%	30.%	54.%	37.%	0.0%	20.%
도시재생에 대한 참여 및 관심도	지역에 대한 애착의 중요성	0.0%	7.1%	0.0%	0.0%	0.0%	0.0%	1.0%	3.4%	0.0%	0.0%
		4.5%	0.0%	0.0%	20.%	0.0%	10.%	1.0%	0.0%	0.0%	0.0%
		18.%	21.%	0.0%	10.%	17.%	5.0%	8.3%	20.%	40.%	20.%
		36.%	35.%	0.0%	20.%	40.%	30.%	30.%	37.%	60.%	40.%
		40.%	35.%	10%	50.%	42.%	55.%	59.%	37.%	0.0%	40.%
도시재생에 대한 참여 및 관심도	주민/상인과의 친밀한 관계유지의 중요성	4.5%	7.1%	0.0%	0.0%	0.0%	0.0%	0.0%	3.4%	0.0%	0.0%
		0.0%	7.1%	0.0%	0.0%	0.0%	0.0%	2.0%	3.4%	0.0%	0.0%
		9.0%	21.%	0.0%	30.%	20.%	20.%	16.%	17.%	20.%	0.0%
		40.%	35.%	50.%	20.%	37.%	35.%	31.%	37.%	60.%	20.%
		45.%	28.%	50.%	50.%	42.%	45.%	50.%	37.%	20.%	80.%
도시재생	도시재생	0.0%	0.0%	0.0%	0.0%	0.0%	0.0%	1.0%	0.0%	0.0%	0.0%

이후 도시 변화	의 부동산 가격에 대한 영향	0.0%	0.0%	0.0%	0.0%	4.4%	0.0%	0.0%	0.0%	0.0%	0.0%
		13.%	21.%	50.%	30.%	20.%	25.%	16.%	3.4%	20.%	0.0%
		45.%	71.%	0.0%	20.%	51.%	50.%	52.%	58.%	60.%	80.%
		40.%	7.1%	50.%	50.%	24.%	25.%	30.%	37.%	20.%	20.%
도시 재생 이후 도시 변화	도시 재생의 임대료에 대한 영향	0.0%	0.0%	0.0%	0.0%	0.0%	0.0%	0.0%	0.0%	0.0%	0.0%
		0.0%	7.1%	0.0%	0.0%	4.4%	0.0%	0.0%	6.9%	0.0%	0.0%
		4.5%	21.%	50.%	20.%	15.%	20.%	18.%	0.0%	60.%	0.0%
		77.%	64.%	0.0%	60.%	51.%	70.%	58.%	62.%	20.%	80.%
		18.%	7.1%	50.%	20.%	28.%	10.%	22.%	31.%	20.%	20.%
도시 재생 이후 도시 변화	도시 재생을 통한 지역 방문자 수의 변화	0.0%	0.0%	0.0%	0.0%	0.0%	0.0%	0.0%	0.0%	0.0%	0.0%
		0.0%	7.1%	0.0%	0.0%	4.4%	5.0%	1.0%	3.4%	0.0%	0.0%
		9.0%	21.%	50.%	40.%	31.%	25.%	20.%	13.%	20.%	20.%
		72.%	64.%	0.0%	30.%	37.%	60.%	52.%	48.%	80.%	80.%
		18.%	7.1%	50.%	30.%	26.%	10.%	26.%	34.%	0.0%	0.0%
도시 재생 이후 도시 변화	도시 재생으로 인한 토지 가격 상승 여부	0.0%	0.0%	0.0%	0.0%	0.0%	0.0%	0.0%	0.0%	0.0%	0.0%
		0.0%	7.1%	0.0%	0.0%	2.2%	0.0%	1.0%	3.4%	0.0%	0.0%
		4.5%	21.%	0.0%	30.%	6.6%	10.%	13.%	3.4%	20.%	20.%
		68.%	64.%	0.0%	40.%	57.%	70.%	55.%	58.%	80.%	60.%
		27.%	7.1%	10.%	30.%	33.%	20.%	30.%	34.%	0.0%	20.%
도시 재생 이후 도시 변화	도시 재생으로 인한 체감 경제 변화	0.0%	0.0%	0.0%	0.0%	0.0%	0.0%	0.0%	0.0%	0.0%	0.0%
		0.0%	0.0%	0.0%	0.0%	8.8%	0.0%	1.0%	10.%	0.0%	20.%
		13.%	28.%	50.%	30.%	24.%	40.%	30.%	10.%	40.%	20.%
		72.%	64.%	0.0%	50.%	42.%	45.%	44.%	48.%	60.%	60.%
		13.%	7.1%	50.%	20.%	24.%	15.%	23.%	31.%	0.0%	0.0%
도시 재생에 관한 요구 사항	도시 재생 일반인 교육의 필요성	0.0%	0.0%	0.0%	0.0%	0.0%	0.0%	1.0%	0.0%	0.0%	0.0%
		0.0%	0.0%	0.0%	0.0%	4.4%	0.0%	3.1%	6.9%	20.%	0.0%
		27.%	28.%	0.0%	20.%	28.%	20.%	16.%	6.9%	40.%	20.%
		40.%	35.%	50.%	20.%	24.%	40.%	36.%	44.%	20.%	40.%
		31.%	35.%	50.%	60.%	42.%	40.%	42.%	41.%	20.%	40.%
본인 지역의 자원 및	상담 서비스의 필요도	0.0%	0.0%	0.0%	0.0%	0.0%	0.0%	0.0%	0.0%	0.0%	0.0%
		4.5%	7.1%	0.0%	0.0%	2.2%	0.0%	2.0%	3.4%	0.0%	0.0%
		13.%	28.%	0.0%	10.%	28.%	20.%	23.%	24.%	20.%	20.%

자원평가		36.%	42.%	50.%	30.%	33.%	60.%	27.%	31.%	20.%	20.%
		45.%	21.%	50.%	60.%	35.%	20.%	46.%	41.%	60.%	60.%
본인지역의자원및자원평가	재활서비스의필요도	0.0%	0.0%	0.0%	0.0%	2.2%	0.0%	0.0%	0.0%	0.0%	0.0%
		4.5%	0.0%	0.0%	0.0%	2.2%	0.0%	4.1%	3.4%	0.0%	0.0%
		13.%	35.%	0.0%	10.%	28.%	20.%	17.%	17.%	20.%	20.%
		45.%	50.%	50.%	50.%	31.%	65.%	32.%	34.%	40.%	20.%
		36.%	14.%	50.%	40.%	35.%	15.%	45.%	44.%	40.%	60.%
본인지역의자원및자원평가	성인돌봄서비스의필요도	0.0%	0.0%	0.0%	0.0%	4.4%	0.0%	0.0%	3.4%	0.0%	0.0%
		4.5%	0.0%	0.0%	0.0%	0.0%	0.0%	2.0%	6.9%	0.0%	0.0%
		9.0%	21.%	0.0%	10.%	15.%	20.%	17.%	20.%	0.0%	40.%
		40.%	64.%	0.0%	0.0%	37.%	45.%	28.%	24.%	60.%	20.%
		45.%	14.%	10.%	90.%	42.%	35.%	52.%	44.%	40.%	40.%
본인지역의자원및자원평가	아동돌봄서비스의필요도	0.0%	7.1%	0.0%	0.0%	4.4%	0.0%	1.0%	6.9%	0.0%	0.0%
		4.5%	0.0%	0.0%	0.0%	4.4%	0.0%	4.1%	0.0%	0.0%	20.%
		9.0%	28.%	0.0%	10.%	15.%	25.%	10.%	13.%	0.0%	20.%
		40.%	21.%	50.%	0.0%	28.%	25.%	27.%	27.%	40.%	0.0%
		45.%	42.%	50.%	90.%	46.%	50.%	57.%	51.%	60.%	60.%
본인지역의자원및자원평가	교육서비스의필요도	0.0%	0.0%	0.0%	0.0%	0.0%	0.0%	0.0%	3.4%	0.0%	0.0%
		4.5%	0.0%	0.0%	0.0%	6.6%	0.0%	0.0%	0.0%	0.0%	0.0%
		4.5%	14.%	0.0%	10.%	13.%	20.%	12.%	6.9%	20.%	20.%
		40.%	64.%	0.0%	20.%	26.%	40.%	29.%	37.%	20.%	20.%
		50.%	21.%	10%	70.%	53.%	40.%	58.%	51.%	60.%	60.%
본인지역의자원및자원평가	고용취업서비스의필요도	4.5%	7.1%	0.0%	0.0%	0.0%	0.0%	0.0%	0.0%	0.0%	20.%
		0.0%	0.0%	0.0%	0.0%	0.0%	0.0%	0.0%	0.0%	0.0%	0.0%
		9.0%	21.%	50.%	10.%	13.%	25.%	16.%	10.%	20.%	0.0%
		22.%	35.%	0.0%	10.%	33.%	25.%	25.%	34.%	60.%	20.%
		63.%	35.%	50.%	80.%	53.%	50.%	58.%	55.%	20.%	60.%
본인지역의자원및자원평가	주거서비스의필요도	0.0%	0.0%	0.0%	0.0%	0.0%	0.0%	0.0%	0.0%	0.0%	0.0%
		4.5%	14.%	0.0%	0.0%	0.0%	0.0%	2.0%	6.9%	0.0%	20.%
		4.5%	28.%	0.0%	10.%	20.%	25.%	17.%	13.%	40.%	20.%
		31.%	35.%	50.%	10.%	33.%	45.%	25.%	41.%	60.%	20.%
		59.%	21.%	50.%	80.%	46.%	30.%	55.%	37.%	0.0%	40.%
본인지역의자원	문화서비스의필요	0.0%	0.0%	0.0%	0.0%	0.0%	0.0%	0.0%	0.0%	0.0%	0.0%
		4.5%	0.0%	0.0%	0.0%	2.2%	0.0%	4.1%	0.0%	0.0%	0.0%
		9.0%	14.%	0.0%	10.%	11.%	20.%	8.3%	3.4%	20.%	0.0%

및 자원 평가	도									
		22.%	35.%	0.0%	10.%	35.%	35.%	30.%	20.%	40.%	60.%
		63.%	50.%	10%	80.%	51.%	45.%	57.%	75.%	40.%	40.%
본인 지역의 자원 및 자원 평가	환경서비스의 필요도	0.0%	0.0%	0.0%	0.0%	0.0%	0.0%	0.0%	3.4%	0.0%	0.0%
		4.5%	0.0%	0.0%	0.0%	2.2%	0.0%	2.0%	0.0%	0.0%	0.0%
		18.%	21.%	0.0%	10.%	17.%	15.%	9.3%	0.0%	20.%	20.%
		31.%	28.%	0.0%	10.%	31.%	40.%	29.%	37.%	0.0%	40.%
		45.%	50.%	10%	80.%	48.%	45.%	59.%	58.%	80.%	40.%
본인 지역의 자원 및 자원 평가	안전서비스의 필요도	0.0%	7.1%	0.0%	0.0%	0.0%	0.0%	0.0%	0.0%	0.0%	0.0%
		0.0%	0.0%	0.0%	0.0%	0.0%	5.0%	0.0%	3.4%	0.0%	0.0%
		18.%	35.%	0.0%	40.%	11.%	10.%	10.%	6.9%	20.%	40.%
		22.%	7.1%	50.%	0.0%	42.%	50.%	27.%	31.%	20.%	0.0%
		59.%	50.%	50.%	60.%	46.%	35.%	62.%	58.%	60.%	60.%
본인 지역의 자원 및 자원 평가	교통서비스의 필요도	0.0%	0.0%	0.0%	0.0%	0.0%	0.0%	0.0%	0.0%	0.0%	0.0%
		0.0%	0.0%	0.0%	0.0%	4.4%	5.0%	0.0%	3.4%	0.0%	0.0%
		0.0%	21.%	0.0%	20.%	11.%	10.%	6.2%	6.9%	0.0%	0.0%
		27.%	21.%	50.%	20.%	35.%	20.%	22.%	17.%	20.%	60.%
		72.%	57.%	50.%	60.%	48.%	65.%	70.%	72.%	80.%	40.%
본인 지역의 자원 및 자원 평가	관광서비스의 필요도	0.0%	0.0%	0.0%	0.0%	0.0%	0.0%	0.0%	0.0%	0.0%	0.0%
		0.0%	0.0%	0.0%	0.0%	2.2%	0.0%	1.0%	3.4%	0.0%	0.0%
		27.%	14.%	0.0%	30%	24.%	25.%	11.%	3.4%	20.%	40.%
		31.%	42.%	50.%	20.%	37.%	45.%	30.%	34.%	60.%	0.0%
		40.%	42.%	50.%	50.%	35.%	30.%	57.%	58.%	20.%	60.%
본인 지역의 자원 및 자원 평가	공동체서비스의 필요도	0.0%	0.0%	0.0%	0.0%	0.0%	0.0%	0.0%	3.4%	0.0%	0.0%
		0.0%	0.0%	0.0%	0.0%	2.2%	5.0%	2.0%	0.0%	0.0%	0.0%
		18.%	21.%	0.0%	0.0%	24.%	25.%	14.%	6.9%	40.%	40.%
		36.%	35.%	50.%	40.%	35.%	45.%	32.%	41.%	40.%	0.0%
		45.%	42.%	50.%	60.%	37.%	25.%	51.%	48.%	20.%	60.%

직업과 무관하게 전반적으로 상관 없이 빈도율에서 50%가 넘은 것으로 주민의 협의체와 참여, 지자체의 홍보 부족과 역할이 중요하다고 생각하면서 부동산의 가격 상승에 대한 기대감으로 경제 역시 요구하는 결론.

동반 가족 수가 많을수록 지역거점, 주민참여, 거주안착률, 성인돌봄, 교통과 안전서비스와 부동산 가격 상승으로 인한 경제의 기대감으로 나타나고 있다.

G-4. (단수응답 2가지 학력에 따른 명목빈도와 비율분석)

[표 V-6] 도시재생(단수응답 2가지 학력에 따른 명목빈도와 비율분석)

대분류	항목	고졸	대졸	대학원	중졸	고졸	대졸	대학원	중졸
1. 주거 및 사업장 형태에 대한 일반설문	거주지에 관한 애착정도	2	2	1	0	4.26%	1.36%	1.89%	0.00%
		3	6	5	0	6.38%	4.08%	9.43%	0.00%
		13	52	9	0	27.6%	35.3%	16.9%	0.00%
		16	44	18	1	34.0%	29.9%	33.9%	100.%
		13	43	20	0	27.6%	29.2%	37.7%	0.00%
1. 주거 및 사업장 형태에 대한 일반설문	주민 공동체 활동 또는 지역행사 수행의 적합성	8	16	12	0	17.0%	10.8%	22.6%	0.00%
		12	43	10	0	25.5%	29.2%	18.8%	0.00%
		20	62	20	1	42.5%	42.1%	37.7%	100.%
		6	19	10	0	12.7%	12.9%	18.8%	0.00%
		1	7	1	0	2.13%	4.76%	1.89%	0.00%
3. 도시재생에 관한 인식	도시재생 사업의 긍정적 영향 여부	1	0	3	0	2.13%	0.00%	5.66%	0.00%
		2	1	1	0	4.26%	0.68%	1.89%	0.00%
		8	25	12	0	17.0%	17.0%	22.6%	0.00%
		17	64	19	0	36.1%	43.5%	35.8%	0.00%
		19	57	18	1	40.4%	38.7%	33.9%	100%
3. 도시재생에 관한 인식	도시재생 사업에 대한 관심도	0	0	3	0	0.00%	0.00%	5.66%	0.00%
		6	10	1	0	12.7%	6.80%	1.89%	0.00%
		10	35	12	0	21.2%	23.8%	22.6%	0.00%
		14	49	15	0	29.7%	33.3%	28.3%	0.00%
		17	53	22	1	36.1%	36.0%	41.5%	100%
3. 도시재생에 관한 인식	도시재생 사업에 관한 인지여부	4	12	2	0	8.51%	8.16%	3.77%	0.00%
		6	21	5	0	12.7%	14.2%	9.43%	0.00%
		19	56	15	1	40.4%	38.1%	28.3%	100%
		9	41	17	0	19.1%	27.8%	32.0%	0.00%
		9	17	14	0	19.1%	11.5%	26.4%	0.00%
4. 도시재생에 대한 참여 및 관심도	도시재생 사업에 대한 참여의지	1	1	3	0	2.13%	0.68%	5.66%	0.00%
		3	7	4	0	6.38%	4.76%	7.55%	0.00%
		14	48	12	0	29.7%	32.6%	22.6%	0.00%

		18	50	16	0	38.3%	34.0%	30.1%	0.00%
		11	41	18	1	23.4%	27.8%	33.9%	100%
4. 도시재생에 대한 참여 및 관심도	주민 의견 반영의 중요성	1	0	0	0	2.13%	0.00%	0.00%	0.00%
		1	2	1	0	2.13%	1.36%	1.89%	0.00%
		9	12	5	0	19.1%	8.16%	9.43%	0.00%
		16	61	23	0	34.0%	41.5%	43.4%	0.00%
		20	72	24	1	42.5%	48.9%	45.2%	100%
4. 도시재생에 대한 참여 및 관심도	지자체의 지원과 역할의 중요성	0	0	0	0	0.00%	0.00%	0.00%	0.00%
		2	0	4	0	4.26%	0.00%	7.55%	0.00%
		6	7	5	0	12.7%	4.76%	9.43%	0.00%
		13	44	18	0	27.6%	29.9%	33.9%	0.00%
		26	96	26	1	55.3%	65.3%	49.0%	100%
4. 도시재생에 대한 참여 및 관심도	도시재생 지원센터 (중간조직) 역할의 중요성	1	0	2	0	2.13%	0.00%	3.77%	0.00%
		2	2	3	0	4.26%	1.36%	5.66%	0.00%
		7	12	8	0	14.8%	8.16%	15.0%	0.00%
		17	50	20	0	36.1%	34.0%	37.7%	0.00%
		20	83	20	1	42.5%	56.4%	37.7%	100.%
4. 도시재생에 대한 참여 및 관심도	주민협의체 역할의 중요성	0	0	1	0	0.00%	0.00%	1.89%	0.00%
		2	0	0	0	4.26%	0.00%	0.00%	0.00%
		8	16	6	0	17.0%	10.8%	11.3%	0.00%
		13	50	23	0	27.6%	34.0%	43.4%	0.00%
		24	81	23	1	51.0%	55.1%	43.4%	100.%
4. 도시재생에 대한 참여 및 관심도	지역 거점 공간 확보의 중요성	1	0	0	0	2.13%	0.00%	0.00%	0.00%
		1	3	0	0	2.13%	2.04%	0.00%	0.00%
		10	20	10	0	21.2%	13.6%	18.8%	0.00%
		12	56	21	1	25.5%	38.1%	39.6%	100.%
		23	68	22	0	48.9%	46.2%	41.5%	0.00%
4. 도시재생에 대한 참여 및 관심도	주민참여를 위한 재원 마련의 중요성	0	0	1	0	0.00%	0.00%	1.89%	0.00%
		2	1	1	0	4.26%	0.68%	1.89%	0.00%
		8	12	8	0	17.0%	8.16%	15.0%	0.00%
		16	47	18	1	34.0%	31.9%	33.9%	100.%
		21	87	25	0	44.6%	59.1%	47.1%	0.00%
4. 도시재생에 대한 참	주민 회의 및 교육 시	2	0	0	0	4.26%	0.00%	0.00%	0.00%
		0	1	2	0	0.00%	0.68%	3.77%	0.00%

구분	항목								
여 및 관심도	간 조정의 중요성	11	24	5	0	23.4%	16.3%	9.43%	0.00%
		16	60	24	1	34.0%	40.8%	45.2%	100%
		18	62	22	0	38.3%	42.1%	41.5%	0.00%
4. 도시재생에 대한 참여 및 관심도	다양한 계층 참여의 중요성	0	0	1	0	0.00%	0.00%	1.89%	0.00%
		2	0	1	0	4.26%	0.00%	1.89%	0.00%
		9	21	8	0	19.1%	14.2%	15.0%	0.00%
		15	50	20	1	31.9%	34.0%	37.7%	100%
		21	76	23	0	44.6%	51.7%	43.4%	0.00%
4. 도시재생에 대한 참여 및 관심도	주민교육의 중요성	1	0	0	0	2.13%	0.00%	0.00%	0.00%
		0	2	3	0	0.00%	1.36%	5.66%	0.00%
		9	21	4	0	19.1%	14.2%	7.55%	0.00%
		15	58	23	0	31.9%	39.4%	43.4%	0.00%
		22	66	23	1	46.8%	44.9%	43.4%	100%
4. 도시재생에 대한 참여 및 관심도	홍보의 중요성	0	0	0	0	0.00%	0.00%	0.00%	0.00%
		0	0	3	0	0.00%	0.00%	5.66%	0.00%
		6	14	6	0	12.7%	9.52%	11.3%	0.00%
		15	40	17	0	31.9%	27.2%	32.0%	0.00%
		26	93	27	1	55.3%	63.2%	50.9%	100.%
4. 도시재생에 대한 참여 및 관심도	참여형 지역사업의 중요성	0	0	0	0	0.00%	0.00%	0.00%	0.00%
		2	1	0	0	4.26%	0.68%	0.00%	0.00%
		9	16	11	0	19.1%	10.8%	20.7%	0.00%
		14	63	20	0	29.7%	42.8%	37.7%	0.00%
		22	67	22	1	46.8%	45.5%	41.5%	100%
4. 도시재생에 대한 참여 및 관심도	지역에 대한 애착의 중요성	1	1	1	0	2.13%	0.68%	1.89%	0.00%
		1	4	1	0	2.13%	2.72%	1.89%	0.00%
		5	20	9	0	10.6%	13.6%	16.9%	0.00%
		16	48	20	0	34.0%	32.6%	37.7%	0.00%
		24	74	22	1	51.0%	50.3%	41.5%	100%
4. 도시재생에 대한 참여 및 관심도	주민/상인과의 친밀한 관계유지의 중요성	2	1	0	0	4.26%	0.68%	0.00%	0.00%
		1	1	2	0	2.13%	0.68%	3.77%	0.00%
		9	23	11	0	19.1%	15.6%	20.7%	0.00%
		18	52	16	0	38.3%	35.3%	30.1%	0.00%
		17	70	24	1	36.1%	47.6%	45.2%	100%

대분류	질문								
5. 도시재생 이후 도시변화	도시재생의 부동산 가격에 대한 영향	0	0	1	0	0.00%	0.00%	1.89%	0.00%
		0	0	2	0	0.00%	0.00%	3.77%	0.00%
		8	25	9	0	17.0%	17.0%	16.9%	0.00%
		21	82	26	0	44.6%	55.7%	49.0%	0.00%
		18	40	15	1	38.3%	27.2%	28.3%	100%
5. 도시재생 이후 도시변화	도시재생의 임대료에 대한 영향	0	0	0	0	0.00%	0.00%	0.00%	0.00%
		2	1	2	0	4.26%	0.68%	3.77%	0.00%
		8	22	9	0	17.0%	14.9%	16.9%	0.00%
		29	92	27	0	61.7%	62.5%	50.9%	0.00%
		8	32	15	1	17.0%	21.7%	28.3%	100%
5. 도시재생 이후 도시변화	도시재생을 통한 지역 방문자 수의 변화	0	0	0	0	0.00%	0.00%	0.00%	0.00%
		2	0	4	0	4.26%	0.00%	7.55%	0.00%
		17	24	14	0	36.1%	16.3%	26.4%	0.00%
		18	86	24	1	38.3%	58.5%	45.2%	100%
		10	37	11	0	21.2%	25.1%	20.7%	0.00%
5. 도시재생 이후 도시변화	도시재생으로 인한 토지가격 상승 여부	0	0	0	0	0.00%	0.00%	0.00%	0.00%
		1	0	3	0	2.13%	0.00%	5.66%	0.00%
		6	13	9	0	12.7%	8.84%	16.9%	0.00%
		27	90	27	1	57.4%	61.2%	50.9%	100%
		13	44	14	0	27.6%	29.9%	26.4%	0.00%
5. 도시재생 이후 도시변화	도시재생으로 인한 체감 경제 변화	0	0	0	0	0.00%	0.00%	0.00%	0.00%
		3	1	5	0	6.38%	0.68%	9.43%	0.00%
		14	40	11	0	29.7%	27.2%	20.7%	0.00%
		21	73	26	1	44.6%	49.6%	49.0%	100%
		9	33	11	0	19.1%	22.4%	20.7%	0.00%
6. 도시재생에 관한 요구사항	도시재생 일반인 교육의 필요성	0	0	1	0	0.00%	0.00%	1.89%	0.00%
		2	2	4	0	4.26%	1.36%	7.55%	0.00%
		10	29	11	0	21.2%	19.7%	20.7%	0.00%
		19	53	15	0	40.4%	36.0%	28.3%	0.00%
		16	63	22	1	34.0%	42.8%	41.5%	100%
7. 본인 지역의 자원 및 자원평가	상담서비스의 필요도	0	0	0	0	0.00%	0.00%	0.00%	0.00%
		2	2	2	0	4.26%	1.36%	3.77%	0.00%
		12	31	14	0	25.5%	21.0%	26.4%	0.00%

		16	51	14	1	34.0%	34.6%	26.4%	100%
		17	63	23	0	36.1%	42.8%	43.4%	0.00%
7. 본인 지역의 자원 및 자원평가	재활서비스의 필요도	0	0	1	0	0.00%	0.00%	1.89%	0.00%
		2	4	1	0	4.26%	2.72%	1.89%	0.00%
		11	25	14	0	23.4%	17.0%	26.4%	0.00%
		17	63	14	0	36.1%	42.8%	26.4%	0.00%
		17	55	23	1	36.1%	37.4%	43.4%	100%
7. 본인 지역의 자원 및 자원평가	성인돌봄서비스의 필요도	1	1	1	0	2.13%	0.68%	1.89%	0.00%
		2	2	1	0	4.26%	1.36%	1.89%	0.00%
		10	23	9	0	21.2%	15.6%	16.9%	0.00%
		12	50	20	0	25.5%	34.0%	37.7%	0.00%
		22	71	22	1	46.8%	48.3%	41.5%	100%
7. 본인 지역의 자원 및 자원평가	아동돌봄서비스의 필요도	1	2	3	0	2.13%	1.36%	5.66%	0.00%
		1	4	3	0	2.13%	2.72%	5.66%	0.00%
		9	17	8	0	19.1%	11.5%	15.0%	0.00%
		14	42	11	0	29.7%	28.5%	20.7%	0.00%
		22	82	28	1	46.8%	55.7%	52.8%	100%
7. 본인 지역의 자원 및 자원평가	교육서비스의 필요도	1	0	0	0	2.13%	0.00%	0.00%	0.00%
		1	0	3	0	2.13%	0.00%	5.66%	0.00%
		9	14	7	0	19.1%	9.52%	13.2%	0.00%
		12	51	18	0	25.5%	34.6%	33.9%	0.00%
		24	82	25	1	51.0%	55.7%	47.1%	100%
7. 본인 지역의 자원 및 자원평가	고용취업서비스의 필요도	1	1	1	0	2.13%	0.68%	1.89%	0.00%
		0	0	0	0	0.00%	0.00%	0.00%	0.00%
		11	15	12	0	23.4%	10.2%	22.6%	0.00%
		13	44	12	0	27.6%	29.9%	22.6%	0.00%
		22	87	28	1	46.8%	59.1%	52.8%	100%
7. 본인 지역의 자원 및 자원평가	주거서비스의 필요도	0	0	0	0	0.00%	0.00%	0.00%	0.00%
		3	3	2	0	6.38%	2.04%	3.77%	0.00%
		11	21	12	0	23.4%	14.2%	22.6%	0.00%
		16	47	15	0	34.0%	31.9%	28.3%	0.00%
		17	76	24	1	36.1%	51.7%	45.2%	100.00%
7. 본인 지역	문화서비	0	0	0	0	0.00%	0.00%	0.00%	0.00%

의 자원 및 자원평가	스의 필요도	1	2	3	0	2.13%	1.36%	5.66%	0.00%
		9	10	5	0	19.1%	6.80%	9.43%	0.00%
		10	50	14	0	21.2%	34.0%	26.4%	0.00%
		27	85	31	1	57.4%	57.8%	58.4%	100%
7. 본인 지역의 자원 및 자원평가	환경서비스의 필요도	1	0	0	0	2.13%	0.00%	0.00%	0.00%
		1	2	1	0	2.13%	1.36%	1.89%	0.00%
		5	17	8	0	10.6%	11.5%	15.0%	0.00%
		16	45	14	0	34.0%	30.6%	26.4%	0.00%
		24	83	30	1	51.0%	56.4%	56.6%	100%
7. 본인 지역의 자원 및 자원평가	안전서비스의 필요도	0	0	1	0	0.00%	0.00%	1.89%	0.00%
		1	1	0	0	2.13%	0.68%	0.00%	0.00%
		8	20	7	0	17.0%	13.6%	13.2%	0.00%
		11	46	15	0	23.4%	31.2%	28.3%	0.00%
		27	80	30	1	57.4%	54.4%	56.6%	100%
7. 본인 지역의 자원 및 자원평가	교통서비스의 필요도	0	0	0	0	0.00%	0.00%	0.00%	0.00%
		1	2	1	0	2.13%	1.36%	1.89%	0.00%
		5	11	4	0	10.6%	7.48%	7.55%	0.00%
		13	40	10	0	27.6%	27.2%	18.8%	0.00%
		28	94	38	1	59.5%	63.9%	71.7%	100.%
7. 본인 지역의 자원 및 자원평가	관광서비스의 필요도	0	0	0	0	0.00%	0.00%	0.00%	0.00%
		2	1	0	0	4.26%	0.68%	0.00%	0.00%
		12	19	11	0	25.5%	12.9%	20.7%	0.00%
		13	53	18	0	27.6%	36.0%	33.9%	0.00%
		20	74	24	1	42.5%	50.3%	45.2%	100.%
7. 본인 지역의 자원 및 자원평가	공동체서비스의 필요도	1	0	0	0	2.13%	0.00%	0.00%	0.00%
		0	4	0	0	0.00%	2.72%	0.00%	0.00%
		10	21	12	0	21.2%	14.2%	22.6%	0.00%
		14	53	21	0	29.7%	36.0%	39.6%	0.00%
		22	69	20	1	46.8%	46.9%	37.7%	100.%

학벌이 높을수록 도시재생에 대한 부정적 영향이 더 큰 것으로 나타나는 반면 도시재생 사업의 참여 의지는 고학벌일수록 높게 나타나고 있다.

재혼 또는 이혼의 경우가 높을수록 도시재생에 대한 긍정적 영향이 더 큰 것으로 나타나는 반면 기혼일수록 도시재생 사업의 참여 의지는 낮게 나타나고 있다.

H. 명목분석(복수응답 3가지) 그룹 간 비교, 그룹 내 비교

H-1. (복수응답 3가지 성별에 따른 명목빈도와 비율분석)

> 남자일수록 도시재생 사업에 관심과 참여 의지가 높게 나타나는 반면 여자는 도시재생으로 인한 각종 서비스에 대한 기대감이 더 높다.

H-2. (복수응답 3가지 직업에 따른 명목비율분석)

> 직업에 따라 도시재생 사업에 대한 기대감이 다르게 나타나는데 공무원, 교직원 일수록 관심도가 높으며 자영업과 서비스업의 종사자는 관심도가 떨어지는 반면 경제에 대한 기대감은 공무원, 교직원보다 높으며 전체 업종에서는 주택의 변화는 기대한다.

H-3. (복수응답 3가지 공동 가족 수에 따른 명목비율분석)

> 동반 가족 수가 적을수록 개인적인 상담, 교육, 문화와 상가들에 대한 서비스를 요구하면 동반 가족 수가 많을수록 가정 문제(폭력) 문화와 주거 시설에 대한 기대가 더 크게 나타나고 있다.

H-4. (복수응답 3가지 학력에 따른 명목빈도와 비율분석)

> 고학벌일수록 작업장에서 보내는 시간은 짧은 반면 저학벌일수록 노동의 시간은 길며 청소년문제와 건강에 대한 프로그램은 고학벌에서 더욱 요구하며 저학벌에서는 문화시설에 대한 기대는 큰 차이는 없다.

H-5. (복수응답 3가지 혼인에 따른 명목빈도와 비율분석)

재혼 또는 이혼 사별 등의 경험자는 도심 속의 도시재생이 더 중요하다고 생각하며 기혼자들은 변두리와 농촌의 재생이 더 중요하다고 생각하면서 재혼과 미혼자는 주거에 있어서 단독주택과 연립의 재생을 요구하면 기혼자는 아파트의 재생을 요구한다.

H-6. (복수응답 3가지 소득에 따른 명목빈도와 비율분석)

소득이 적은 사람들은 알코올 등 중독 치료소, 무료운동시설, 아기돌보미의 시설을 요구하며 연립이나 단독 주택의 재생을 요구하는데 전반적인 도시재생 이후에는 거주의 의사가 없는 것으로 나타난다.

I. 그래프 분석

I-1. 그래프 분석과 해설

▶ 현 시점에서 거주지의 도시재생을 바라는 비중

[그림 V-2] (제도 개선), (생활환경 개선)

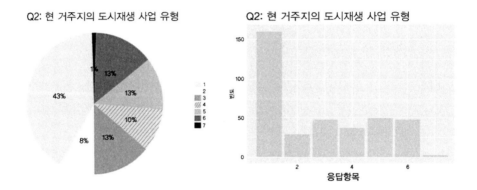

Q2: 현 거주지의 도시재생 사업 유형

Q2: 현 거주지의 도시재생 사업 유형

생활편의시설의 비중이 현 거주지에서 도시재생 중 가장 필요하며 적합한 사업이 무엇인가요?

① 생활편의시설 설치(주차장, 공원, 체육시설, 공동이용 시설 등의 설치) ② 공공임대주택 보급 ③ 주택정비 지원(집수리, 빈 집 정리 등의 사업) ④ 가로등 및 주거환경 개선 ⑤ 주민공동체 활동 지원 사업(지역주민 역량강화, 주민공모사업, 거버넌스 강화 지원) ⑥ 지역주민 일자리 창출 지원 ⑦ 기타:

생활편의시설의 대하여 (주차장, 공원, 체육시설, 공동이용 시설 등의 설치)를 제일 많이 요구하며 필요성과 적합성까지 보았다 그러나 20대에서는 5번인 주민공동체 활동 지원 사업(지역주민 역량강화, 주민공모사업, 거버넌스 강화 지원)이 더 필요하다는 의견이 압도적으로 나타서 현재의 도시재생에 체계에 대한 변경을 요구하는 듯하다. 30대 역시 5번에 대한 요구도 있었으며 40대, 50대, 60대에서는 4번인 가로등 및 주거환경 개선으로 생활편의시설 설치(주차장, 공원, 체육시설, 공동이용 시설 등의 설치) 등과 맞물리는 현상이 나타나 당장의 공공주택보급과 주택정비는 도시재생과 거리가 있다고 생각하는 듯했다. (제도 개선), (생활환경 개선)

▶ 현 시점에서 도시재생 사업에 대한 기대감

[그림 V-3] (경제 회복), (생활환경 개선)

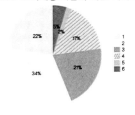

Q15: 도시재생 사업에 대한 기대사항

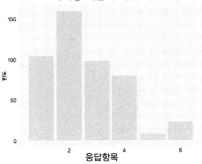

Q15: 도시재생 사업에 대한 기대사항

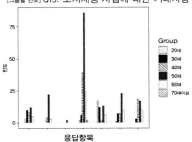

[그룹별 빈도] Q15: 도시재생 사업에 대한 기대사항

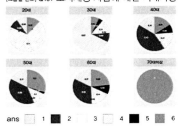

[그룹별 빈도] Q15: 도시재생 사업에 대한 기대사항

향후 도시재생 사업을 통해 기대하는 것은 무엇입니까?

① 지역 활력 증진 ② 생활환경 개선 ③ 부동산 가치 상승 ④ 일자리 창출 및 상권 활성화 ⑤ 이웃과의 관계 개선 ⑥ 주민 자신감 회복

전 세대가 고르게 ① 지역 활력 증진 ② 생활환경 개선 ③ 부동산 가치 상승 ④ 일자리 창출 및 상권 활성화에 대한 기대감을 가지고 있었다. 그중 ② 생활환경 개선에 조금 높은 비중을 두고 있는 것으로 나타나며 20대에서는 ④ 일자리 창출 및 상권 활성화가 가장 많은 %로 나타나서 취업에 대한 기대감이 도출이 되었고 30대의 경우는 ① 지역 활력 증진에 대한 기대감으로 지역에 활력이 필요한 것으로 나타나는 반면 40대, 50대, 60대에서는 ① 지역 활력 증진 ② 생활환경 개선의 2가지에 대한 기대로 나타나기 때문에 경제의 활력에 대한 기대감이 요구되고 있다. (경제 회복), (생활환경 개선)

▶ 현 시점에서 거주지의 불만족 사항

[그림 Ⅴ-4] (경제 회복), (도시재생의 필요성)

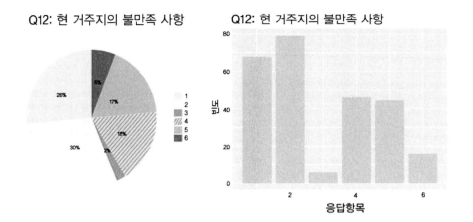

Q12: 현 거주지의 불만족 사항   Q12: 현 거주지의 불만족 사항

거주지에서의 생활이 불만족스럽다면 이유는 무엇입니까?

① 생활환경(교육, 교통, 의료, 문화 등) 서비스가 좋지 않아서 ② 지역이 낙후되거나 지역경기가 침체되어서 ③ 이웃과의 관계가 좋지 않아서 ④ 더 좋은 지역으로 가지 못해서 ⑤ 모르겠다. ⑥ 기타

전 세대의 불만이 고르게 분포되어 있는 것이 특징인데 우선 20대의 경우 ④ 더 좋은 지역으로 가지 못해서 30대의 경우 ② 지역이 낙후되거나 지역경기가 침체되어서 40대의 경우 기타와 ① 생활환경(교육, 교통, 의료, 문화 등) 서비스가 좋지 않아서 ② 지역이 낙후되거나 지역경기가 침체되어서 ③ 이웃과의 관계가 좋지 않아서 ④ 더 좋은 지역으로 가지 못해서 등 복합성으로 나타나며 50대의 경우 기타와 ① 생활환경(교육, 교통, 의료, 문화 등) 서비스가 좋지 않아서 ② 지역이 낙후되거나 지역경기가 침체되어서 ③ 이웃과의 관계가 좋지 않아서 ④ 더 좋은 지역으로 가지 못해서 등 복합성으로 나타나 40대와 비슷한 경우의 불만이었다. 60대의 경우는 ① 생활환경(교육, 교통, 의료, 문화 등) 서비스가 좋지 않아서 ② 지역이 낙후되거나 지역경기가 침체되어서 ③ 이웃과의 관계가 좋지 않아서 ④ 더 좋은 지역으로 가지 못해서 전 질문의 모든 경향에서 불만이 나타나고 있다. (경제회복), (도시재생의 필요성이 요구)

▶ 현 시점에서 주민의 의견 반영의 중요성

[그림 Ⅴ-5] (제도개선)

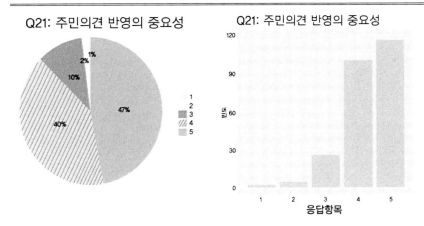

Q21: 주민의견 반영의 중요성   Q21: 주민의견 반영의 중요성

귀하께서는 도시재생계획에 주민의견 반영이 도시재생사업에서 얼마나 중요하다고 생각하십니까?

1─5
1. 전혀 중요하지 않다.
5. 매우 중요하다.

설문자 중 약 87%가 매우 중요와 중요로 나타나고 있다. 이것은 도시재생 지원센터(중간조직) 역할과
함께 주민의견 반영으로 직접 참여 할 수 있다고 볼 수 있으며 정부의 홍보와 적극적 지원이 요구된다.
(제도 개선)

▶ 현 시점에서 지역 거점 공간 확보의 중요성

[그림 Ⅴ-6] (제도 개선), (경제 회복)

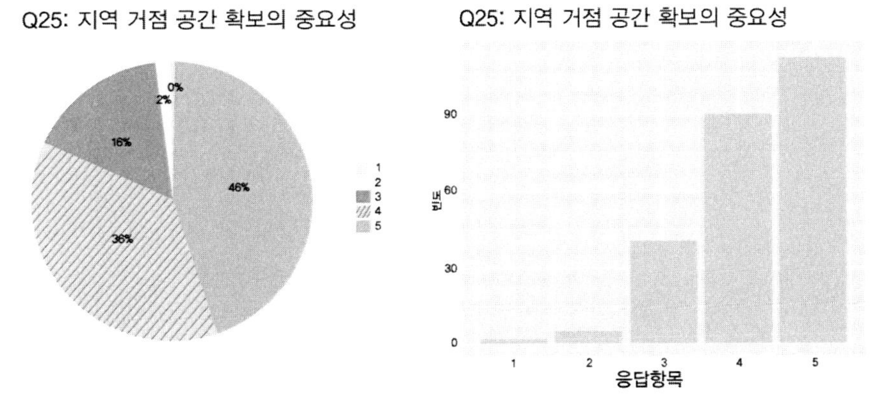

Q25: 지역 거점 공간 확보의 중요성   Q25: 지역 거점 공간 확보의 중요성

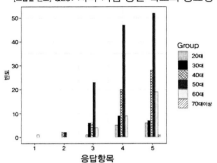

[그룹별 빈도] Q25: 지역 거점 공간 확보의 중요성

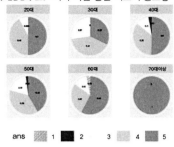

[그룹별 빈도] Q25: 지역 거점 공간 확보의 중요성

지역 관광거점 형성 및 유지관리 지원

1—5
1. 전혀 중요하지 않다.
5. 매우 중요하다.

설문자 중 약 82%가 매우 중요와 중요로 나타나고 있다 이것은 도시재생에서 지역거점의 공간 확보가 필요하다고 느끼는 것은 지역적 특성에 맞는 경제구조가 반드시 중요하다는 것이 지역 활성화에서 도시재생이 가야 할 길이라고 느끼고 있는 듯하다. (제도 개선), (경제 회복)

▶ 현 시점에서 도시재생 후 토지가격은?

[그림 Ⅴ-7] (제도 개선), (도시재생의 신뢰도)

Q38: 도시재생으로 인한 토지가격 상승 여부 Q38: 도시재생으로 인한 토지가격 상승 여부

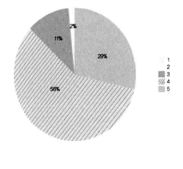

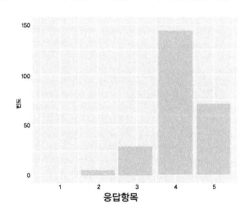

[그룹별 빈도] Q38: 도시재생으로 인한 토지가격 상승 여부

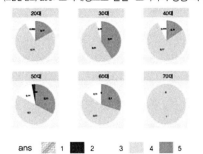

[그룹별 빈도] Q38: 도시재생으로 인한 토지가격 상승 여부

도시재생으로 향후 지역은 토지 가격이 상승할 것 같습니까?
1—5 1. 매우 하락할 것이다. 5. 매우 상승할 것이다.

설문자 중 약 84%가 매우 상승으로 나타나고 있다 이것은 도시재생으로 경제에 대한 기대감이 있다는 것으로 나타난다. 그러나 현재 신뢰도가 떨어져 있는 것으로 나타아기 때문에 도시재생 사업 이후 결과를 보고 이전을 고려한다고 하고 있다(제도 개선), (도시재생의 신뢰도 낮음)

▶ 현 시점에서 도시재생 중 주거서비스 유형에 대하여?

[그림 V-8] (제도 개선), (경제 회복), (생활환경개선)

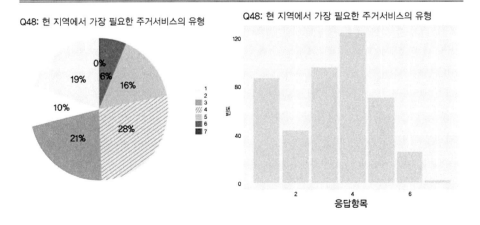

귀하의 지역에서 가장 필요한 주거서비스 유형은 다음 중 무엇입니까?(복수체크 필수)

① 공공임대 주택 ② 공동생활가정(소규모 그룹홈) 시설 ③ 소규모 주택 정비사업(개보수) ④ 주거
환경개선(숲가꾸기/텃밭 운영 등) ⑤ 에너지(난방)시설 지원 ⑥ 임시보호처 마련(쉼터 등) ⑦ 기타

설문자 중 약 평균 15%-20% ① 공공임대 주택 ② 공동생활가정(소규모 그룹홈) 시설 ③ 소규모 주택
정비사업(개보수) ④ 주거환경개선(숲가꾸기/텃밭 운영 등) ⑤ 에너지(난방)시설 지원 ⑥ 임시보호처 마
련(쉼터 등) 등 건축물 안전으로 고르게 나타나고 있는데 20대와 30대가 ④ 주거환경개선(숲가 꾸기/텃
밭 운영 등) ⑤ 에너지(난방)시설 지원에 대한 것으로 나타나고 40대, 50대에서는 ① 공공임대 주택
② 공동생활가정(소규모 그룹홈) 시설 ③ 소규모 주택 정비사업(개보수) ④ 주거환경개선(숲가꾸기/텃밭
운영 등) ⑤ 에너지(난방)시설 지원에 대한 것으로 나타나고 60대에서는 ① 공공임대 주택 ③ 소규모
주택 정비사업(개보수) ④ 주거환경개선(숲가꾸기/텃밭 운영 등) ⑤ 에너지(난방)시설 지원으로 나타났
다.(제도 개선), (경제 회복), (생활환경개선)

I-2. 그래프 분석의 소결론

우선 제도 개선으로 제도의 문제와 경제문제, 환경개선문제 등이 가장
크게 대두되고 있으며, 제도개선으로 주민의 참여와 홍보 교육으로 직접적
관여의 기회가 적어 관심도 역시 미비하다고 볼 수 있으며, 도시재생에 있
어서 환경개선도 우선시되고 있지만 환경개선 속에 경제 회복의 기대감이
있다는 결론이다. 따라서 정부는 환경 개선과 동시에 민간에 대한 경제재
생, 경제회복까지 포함이 되어야 할 것이며, 또한 세대별 지향하는 도시재
생이 다르기 때문에 현실과 미래에 대한 세대별 도시재생으로 문화적, 사
회적, 경제적 측면이 반드시 고르게 반영되는 지속 가능한 도시재생 사업
이야 될 것이다. 특히 경제회복에 반영될 수 있는 경제재생으로 지향하는
대도시, 중소도시, 농어촌의 지역별 재생으로 지원에 대한 제도개선과 도시
재생법의 확충이 되어야 할 것이다. 그러기 위해서는 정부의 역할에 한계가
있다고 볼 수 있기 때문에 민간의 자본과 기술력이 중심이 되어야 할 것이다.

VI

결론 및 시사점

A. 결론 및 요약

이상에서 한국과 일본의 도시재생의 법과 진행과정 비교를 통해 차이점을 찾아 문제점과 발전방안에 대해 검토하였다. 일본의 도시재생제도와 도시재생법 연구를 통해 한국 도시재생이 발전하기 위한 방안을 요약하면 다음과 같다.

한국의 법과 일본의 법 비교를 해보면 한국 「도시재생법」의 보완과 제정, 수정이 필요하다. 한국의 경우 「도시재생법」에 민간도시재생사업 관련과 참여 내용에 형식적이면서 구체적으로 되어 있지 않아 모호하여 민간의 투자가 미비하다는 것이다. 한국의 「도시재생법」은 2020년 5월 현재 **총 9장 60조**로 구성되어 있다. 제1장 총칙과 제2장 도시재생의 추진체계이며 제3장으로 도시재생전략계획 등, 제4장에서 도시재생사업의 시행 그리고 제5장 도시재생 활성화를 위한 지원이며 제6장 도시재생 선도 지역 그리고 제7장 특별재생지역으로 제8장 혁신지구의 지정 등으로 제9장 부칙 등 9장 60조로 구성되어 있다. 2013년 입법화 7장 34조로 구성되었던 「도시재생법」은 시간이 지남에 따라 새로운 조문이 추가되었으며, 향후에도 새로운 조문은 계속 증가할 것으로 예상된다. 그러나 일본 「도시재생특별법」은 2002년에 제정되었으며, **총 10장에 131조**로 구성되어 있다. 제1장 총칙, 제2장 도시재생본부, 제4장 도시재생긴급정비지역의 특별조치, 제5장 도시재생정비계획 관련 특별조치, 제6장 입지적정화계획 관련 특별조치, 제7장 시정촌(市町村)도시재생협의회, 제8장 도시재생추진법인, 제9장 잡칙, 제10장 벌칙으로 구성되어 있다. 특히, 한국과 일본 도시재생법 구조의 가장 큰 차이점은 일본의 「도시재생특별법」에는 **민간참여 내용을 다양화, 구**

체화, 상세히 하고 있는 데 비해, 한국의 경우 「도시재생법」에 민간도시재생사업 관련 내용에 대한 규정이 미약하다. 즉, 한국의 「도시재생법」에는 민간참여 관련 법규들이 제4장 도시재생사업의 시행의 제26조 도시재생사업의 시행자, 또한 제5장 도시재생 활성화를 위한 지원의 제27조 보조 또는 융자, 30조로 공유재산, 국유재산 등 처분 등과 31조 부담금 감면과 조세 등 등, 제32조 건축규제의 완화 등에 관한 특례, 그리고 제8장 혁신지구의 지정 등의 제44조 혁신지구재생사업의 시행자 등에만 간략히 명문화되어 있다. 자세히 살펴보면 일본의 「도시재생특별법」 제4장 도시재생긴급정비지역의 특별조치는 제19조 민간도시재생사업계획의 인정특례, 제20조 민간도시재생사업계획 인정, 제21조 민간도시재생사업계획 인정기준 등, 제24조 민간도시재생사업계획 변경, 제29조 민간도시기구에 의한 도시재생사업 지원업무, 제30조 민간도시개발법 특례 등에 민간참여 관련 내용을 담고 있다. 또한 제5장 도시재생정비계획 관련 특별조치는 제63조 민간도시재생정비사업계획 인정, 제64조 민간도시재생정비사업계획 인정기준 등, 제65조 정비 사업 인정의 통지, 제66조 민간도시재생정비사업계획 변경, 제71조 민간도시기구의 추진에 따른 도시재생정비사업 지원업무, 제78조 민간도시기구의 추진에 따른 도시편리증진협정추진 지원업문 등에 민간참여 내용을 담고 있다. 제6장 입지적정화계획 관련 특별조치에는 제95조 민간유도시설정비사업계획 인정, 제96조 민간유도시설정비사업계획의 인정기준 등, 제98조 민간유도시설정비사업계획의 변경, 제103조 도시기구의 추진에 따른 유도시설정비사업 지원업무, 제104조 민간도시개발법의 특례 등에 민간참여 내용을 담고 있다. 그리고 8장 도시재생 추진법인에는 제122조 민간도시기구의 추진에 따른 추진법인지원업무에 민간참여 관련 내용을 구체적으로 담고 있다.

그 외 별도로 일본 도시재생 관련법: 총 6개 개별법과 417개 조항으로

1. 도시재생특별법으로 2002년 제정하여 조항수가 131개,

2. 구조개혁특구법으로 2002년 제정하여 조항수가 50개,

3. 지역재생법으로 2005년 제정하여 조항수가 41개,

4. 총합특별지구법으로 2011년 제정하여 조항수가 71개,

5. 국가전략특별지구법으로 2014년 제정하여 조항수가 50개,

6. 중심시가지 활성화법으로 1998년 제정하여 조항수가 73개,

*1968년의 도시계획법 기준으로 제정 *도시재생 개념이 포함으로

일본 도시재생 관련법: **총 6개 개별법과 417개 조항**으로 되어 있다.

한편 첫 번째, 한국의 「도시재생법」에는 민간참여와 관련된 내용이 미흡하고, 구체적이지 않기 때문에 한국도 「도시재생법」에 민간참여에 관한 내용을 충분히 담고, 구체화 및 상세히 하여 민간참여를 통한 도시재생을 활성화시켜야 한다.

한국의 도시재생 유형에 대하여

두 번째, 한국은 경제 활성화와 일자리창출 등 경제적 파급효과가 큰 도시경제기반형 또는 중심시가지형 도시재생사업을 확대해야 한다. 한국 도시재생사업 현황을 보면 2013년 「도시재생법」의 제정 이후 초창기에는 도시재생사업은 선도지역사업과 일반지역사업으로 구분되어 진행되었다. 2014년에는 총 13곳이 선도 지역으로 지정되었는데, 도시경제기반형 2곳, 근린재생형 11곳이 지정되었다. 그 후 2016년도에는 총 33곳이 일반지역으로 선정되었는데, 도시경제기반형 5곳, 중심시가지형 9곳, 일반근린형 19곳 등 이다. 2017년에는 16곳의 도시재생 활성화계획도 확정하였는데, 도시경제기반형 3곳, 중심시가지형 3곳, 일반근린형 10곳 등이다. 2018년에는 전국 99곳으로 도시재생 뉴딜사업지로 선정했다. 유형별 우리동네살리기 17곳과 주거지지원형 28곳이고 일반근린형 34곳이며 중심시가지형 17곳과 경제기반형 3곳이다.

2019년에는 전국 76곳으로 도시재생 뉴딜사업지로 선정했다. 유형별 우리동네살리기 12곳과 주거지지원형 13곳이고 일반근린형 34곳이며 중심시가지형 15곳과 경제기반형 2곳이다. 2013년 「도시재생법」의 제정이후 많은 도시재생사업을 추진되고 있으나, 경제적 파급효과와 지역경제 활성화에 필요한 도시경제기반형 또는 중심시가지형보다는 주거환경개선사업인 일반근린형, 우리동네살리기, 주거지지원형에 치우쳐 있다. 따라서 도시경쟁력을 키우고, 지역경제 활성화 및 일자리창출을 위해서는 도시경제기반형 또는 중심시가지형을 확대해야 한다.

민간업체가 참여해야 하는 이유에 대하여

세 번째, 도시경제기반형은 대규모 지역별의 단지개발형 도시재생사업이기 때문에 사업선정의 어려움, 사업추진의 장기화, 재정투입의 한계 등으로 사업에 있어서 추진이 쉽지 않다. 따라서 지역별 특성을 잘 알아야 한다. 이에 반영하기 쉽고, 블록단위별 사업이 가능한 주민과 민간업체 참여를 쉽게 하면서 유도할 수 있는 지역 경제기반형 도시재생사업으로 확대해야 한다. 중심시가지 융복합형 도시재생사업은 좁은 도시 토지 위에 다기능 콤팩트(스마트)개발이 가능하고, 도시의 토지를 효율적으로 활용할 수 있으며, 도시의 기능을 다양화 할 수 있다. 다기능 콤팩트개발로 일자리 창출과 주거, 업무, 상업, 문화, 복지 등 융복합 개발이 가능하다. 물론 중심시가지 융복합형 도시재생사업이 성공하기 위해서는 민간참여가 필수적이기 때문에 민간업체, 주민의 정부지원에 관한 구체적 방안에 관한 도시재생법 개정과 제정 및 수정의 보완이 반드시 필요하다. 한국의 도시재생사업이 성공하기 위해서는 도시경쟁력을 키우고, 지역경제 활성화 및 일자리창출이 가능한 중심시가지형 도시재생사업이 활성화되어야 한다. 특히, 첨단기술과 풍부한 자금 및 다양한 개발노하우를 가진 민간의 참여를 바탕으로 「도시재생법」이 진행되어야 효율적인 사업추진이 가능할 것이다.

B. 한국 도시재생의 발전방안

　　한국의 도시재생사업 유형은 면적 규모에 따라 우리동네살리기형, 주거정비지원형, 일반근린형, 중심시가지형, 경제기반형 등 5가지로 나뉜다. 즉, 우리동네살리기(소규모주거), 일반근린형(준주거), 주거정비지원형(주거), 중심시가지형(상업), 도시경제기반형(산업), 등 5개 사업유형으로 다양화하였다. 5가지 유형 중 도시경쟁력을 키우고, 지역경제 활성화 및 일자리창출을 위해서는 도시경제기반형 또는 중심시가지형을 확대해야 한다. 즉, 한국은 하드웨어와 소프트웨어의 일체형으로 이루어져야 할 것이다. 형식적 도시재생이 주로 우리동네살리기(소규모주거), 일반근린형(준주거), 주거정비지원형(주거)으로 이루어지고 있다는 것이다. 중심시가지형(상업), 도시경제기반형(산업)은 거의 없다고 할 수 있다. 현재 국토교통부에서 전담으로 일방적 하달식 도시재생이 주로 이루어지고 있다 국토교통부, 기획재정부, 문화체육관광부, 교육부, 행정자치부, 환경부, 산업통상부, 중소기업벤처부 등 관련 각 부처 도시재생에 대한 담당, 전담, 전문부서들이 상호 연계하여 민간업체와 주민들이 함께 추진해야 한다. 주체는 정부이지만 추진과 시행에 있어서 적극적 민간업체가 주도적으로 하는 동반적 도시재생으로 서로 보충적 역할이 있어야 할 것이며 도시재생의 목적에 따라 장점과 단점은 아래와 같다.

　　첫째, 중심시가지 융복합형은 주거, 상업, 업무, 문화, 교육, 복지 등이 조화를 이룬 중심시가지형 도시재생사업이며, 장점은 복합재생으로 파급효과 극대화, 경제성이 높고, 일자리 창출 가능하며, 수익성이 높기 때문에 민간참여가 적극적이고, 단점은 지나친 경제성 치중과 물리적 위주의 도시재생이 되기 쉽다.

둘째, 중심시가지, 원심경제기반 지구거점형은 문화 및 복지, 커뮤니티 시설 등 공공시설 정비, 역사나 시청사 등이 중심인 주변 환경정비, 재개발사업과 연계한 도시정비, 상업지구 또는 업무 집적지구의 환경재정비이며, 장점은 역사, 시청사 주변 문화, 복지, 커뮤니티 중심 재생이며, 재개발과 연계된 도시정비 재생, 그리고 상업지구 또는 업무 집적지구 재생이고, 단점은 사회성과 경제성이 혼합된 도시재생으로 상황에 따라 경제성도 부족하고, 사회성도 떨어지는 재생이 될 수 있다.

셋째, 중심시가지 경관재생형은 유적지, 성곽 등 역사자원 재생, 전통적 건조물 보존지역의 복원 및 보존정비, 가로수, 산림 등 수복과 연계한 상점가 활성화, 하천, 강, 공원, 운하 연안의 환경수복이며, 장점은 역사와 전통 보존적 재생이며, 가로수, 산림, 자연 등과 연계된 친환경 재생이고, 단점은 지나친 역사, 전통, 자연 위주의 재생으로 경제성이 떨어지는 문제점이 있다.

넷째, 주민이 적극 참여하는 커뮤니티의 도시재생이 필요하다. 특히 농어촌의 피폐화 활력을 잃어가는 작금에 지역별 특별성으로 존재하는 시스템의 도시재생이 필요하다. 물론 중심시가지재생과 경제기반형의 도시재생사업 활성화에 있어서 도시재생은 민간자금과 아이템, 기술력이 들어온다고 하면 농어촌의 경우 사업성에서 떨어지기 때문에 민간자금이 들어오는 경우 수는 적을 것이다. 그래서 우선 중앙정부와 지방정부, 각 부처들의 자금이 필요할 것이다. 금융은 물론 지역주민의 교육과 정보제공, 알선, 규제완화 등으로 진행하고 향후엔 지역특성이 반영이 될 수 있도록 해야 하는데 현재 한국은 충분한 교육과 지원이 없는 현실에서 계획만 받아서 평가하여 정부의 선택을 기다리는 형태이기 때문에 한계가 있다.

다섯째 지역별, 대도시, 중소도시, 농어촌 등지에서 적용 기능한 특별법으로 많은 법이 제정되어야 한다. 일률편파적인 소수의 법과 시행령으로는 안 될 것이다.

　　이상에서 제시한 5가지의 도시재생으로 '농어촌의 도시재생', '중소도
시의 경제기반형도시재생', '중심시가지경관재생형', '대도시의 융합콤팩트
(중심형)도시재생'으로 이루어지면서 민간자금과 업체의 기술력, 아이템, 주
민의 참여자가 주체가 된다면 현재 한국에서 진행하는 도시재생의 일반근
린형, 우리동네살리기, 주거지지원형는 더욱 자동으로 변환이 될 것이며,
환경과 함께 경제라는 두 마리 토끼를 잡을 수 있을 것이다. 도시재생의
근본이 사회적, 문화적, 경제적 변화를 요구하여 보다 삶을 풍요롭게 하는
것이다. 그러나 현재 한국의 도시재생은 사회적인 면과 문화적인 면이 형식
에 불과하다는 결론이자 결과이다. 경제적 측면에 대하여 부족한 상태라고
볼 수 있다. 현재 한국은 민간자금과 기술력이 없다고 보면 될 것이고, 있다
고 해도 아주 작은 금액과 적은 기술력에 있다. 따라서 현재 진행되고 있는
도시재생의 구조를 현실에서 보면 정부에서 각 지자체에 선발 방식과 요건
에 대하여 매년 제시하고 그 기준에 맞추어서 지자체에서는 주민에게 일정
교육으로 진행하기 때문에 교육 자체가 미비하고 그것을 바탕으로 의견을
수렴하여 계획을 작성하여 중앙에 제출하면 중앙에서 지역별 한 개의 계획
서 평가기준보다는 민간업체의 참여와 주체로 여러 개의 계획서를 평가하
여 인정해 주고 민간의 자금이 도시재생사업에 활용되어야할 것이다. 즉,
도시의 상황에 적합하고, 경제성과 일자리 창출에 효과가 있는 제도적 마
련과 구체적 지원이 요구되며 중심시가지 융복합형 도시재생사업이 활성
화되어야 한다. 특히, 첨단기술과 풍부한 자금 및 다양한 개발노하우를 가
진 민간업체의 참여를 바탕으로 「도시재생법」이 진행되어야 효율적인 도
시재생사업추진이 가능할 것이다. 또한, 현재 한국의 경제적 상황과 도시의
상황을 감안한다면 사회와 문화의 중심도 중요하지만 경제성과 일자리 창
출에 효과가 있는 도시재생사업이 요구되는 시점이다. 빠른 시일 내 추진해
야 할 듯하다.

중심시가지 융복합형(콤팩트, 스마트) 도시재생사업과 원심형 도시재생은 좁은 도시 토지 위에 다기능 개발이 가능하고, 도시의 토지를 효율적으로 활용할 수 있으며, 일자리창출과 주거·업무·상업·문화·복지 등 융복합개발이 가능하다. 더불어 중심시가지의 융복합형 도시재생사업이 성공하기 위해서는 첨단기술과 풍부한 자금 및 다양한 개발노하우를 가진 민간업체의 참여가 필수적이기 때문에 민간업체와 주민의 의견수렴으로 다양한 지원에 관한 구체적이고, 상세하고 다양한 「도시재생법」 개정이 반드시 필요하다. 아래와 같은 설문을 통하여 한국의 도시재생이 가야 할 길을 다시금 강조한다면 국민이 원하는 도시재생으로 본다면 사회적, 문화적, 경제적으로 밑바탕이 되어야 한다는 것으로 10가지의 질문과 답에서 찾아 볼 수 있다. 거기에 경제의 비중이 크다는 것이다.

22. 도시재생지원센터(중간조직) 역할   (5.매우 중요하다)

Q22								
	Chi-Square	0.0001	3.1726	17.3416	10.1898	7.9410	0.3476	7.8629
	DF	1	5	9	6	3	2	4
	p-value	0.9919	0.6734	0.0436	0.1169	0.0472	0.8405	0.0967

25. 지역 관광거점 형성 및 유지관리 지원   (5.매우 필요하다)

Q24	Chi-Square	0.0309	5.0429	5.6559	4.7473	3.2131	0.6160	6.0862
	DF	1	5	9	6	3	2	4
	p-value	0.8604	0.4107	0.7738	0.5766	0.3599	0.7349	0.1928
Q25	Chi-Square	0.2382	5.9664	8.5149	4.3938	0.6908	0.5876	1.9996
	DF	1	5	9	6	3	2	4
	p-value	0.6255	0.3095	0.4832	0.6235	0.8754	0.7454	0.7358

26. 주민참여 활성화를 위한 재원 마련   (5.매우 중요하다)

Q26								
	Chi-Square	0.1068	4.0198	4.3004	3.4839	6.9305	1.4537	5.4063
	DF	1	5	9	6	3	2	4
	p-value	0.7438	0.5466	0.8906	0.7461	0.0741	0.4834	0.2481

27. 도시재생 관련 주민교육이 얼마나 중요한가?　　　(5.매우 중요하다)

Q27	Chi-Square	0.2655	5.2089	8.1993	2.8370	1.5842	2.8489	2.7988
	DF	1	5	9	6	3	2	4
	p-value	0.6064	0.3909	0.5142	0.8290	0.6630	0.2406	0.5920

28. 다양한 계층의 주민 참여　　　(5.매우 중요하다)

Q28	Chi-Square	0.1331	2.5716	9.1727	1.8536	2.6660	0.1687	5.7226
	DF	1	5	9	6	3	2	4
	p-value	0.7153	0.7657	0.4215	0.9327	0.4460	0.9191	0.2208

30. 주민들이 도시재생 사업에 대해 모른다면 이유?
　　　(중앙 정부와 지방 정부의 도시재생에 대한 홍보부족)

Q30	Chi-Square	0.1370	2.5015	7.2912	1.2104	4.1342	0.1167	0.9152
	DF	1	5	9	6	3	2	4
	p-value	0.7113	0.7763	0.6068	0.9764	0.2473	0.9433	0.9224

31. 도시재생을 위한 주민참여를 위한 지역 거점 공간 확보? (5.매우 중요하다)

Q31	Chi-Square	0.1097	3.9752	15.0506	2.9333	2.1884	0.8814	4.7726
	DF	1	5	9	6	3	2	4
	p-value	0.7405	0.5530	0.0896	0.8172	0.5342	0.6436	0.3114

33. 도시재생계획에서 동네주민, 상인들과의 친밀한 관계? (5.매우 중요하다)

Q33	Chi-Square	0.0536	2.5332	7.7980	2.5355	3.7955	0.2845	8.6150
	DF	1	5	9	6	3	2	4
	p-value	0.8169	0.7715	0.5546	0.8645	0.2844	0.8674	0.0715

39. 도시재생으로 향후 지역의 체감 경제 기대감? (5.매우 상승할 것이다)

Q39	Chi-Square	0.6112	3.9111	5.2915	2.4133	1.4599	0.4984	2.4668
	DF	1	5	9	6	3	2	4
	p-value	0.4343	0.5623	0.8082	0.8780	0.6916	0.7794	0.6506

40. 지역에서 도시재생 일반인 교육이 필요하다　　　(5.매우 중요하다)

Q40	Chi-Square	0.0181	11.8229	9.4787	6.3262	3.9450	0.9447	5.1157
	DF	1	5	9	6	3	2	4
	p-value	0.8929	0.0373	0.3943	0.3877	0.2675	0.6235	0.2756

C. 연구의 한계

　　일본의 경우 프라자 조약 이후 급격한 경제하락으로 콤팩트 중심시가 지활성법으로 시장된 경제적 도시재생으로 시작하여 점차 지역재생관련법으로 진화되어서 비도시지역의 농어산촌까지 재생의 개념이 첨부되어 있다. 반면 한국의 경우는 경제보다는 물리적인 환경적 요인으로 시작한 도시재생으로 볼 수 있어 작은 마을 꾸미기로 시작하여 2021년 현재까지 전통시장·상점가 육성, 빈집 정비 역세권 개발순으로 진화하고 있다. 첫째, 도시재생의 자금조달에서 중앙정부의 일괄적 지원인 하향식 도시재생의 자금조달과 민간중심의 도시재생자금조달 중 민간과 국가적 차원에서 자금과 경제측면으로 서민들에게 미치는 영향에 대해 효율적이고 효과적인가에 대한 실증적 입증이 필요하다. 둘째, 대도시의 형성과 중소도시의 형성, 농어산촌의 형성 이후 어느 시기에서 도시재생의 도입의 시점인가에 대한 검토와 실증 연구의 결과가 필요하다. 나아가 본 연구는 문헌분석과 설문분석으로 접근의 한계가 있어 연구가 부족한 것이 사실이기에 향후 부분적, 지역적인, 세부적인 추가 실증적 분석이 필요할 것이다.

참고문헌

〈국내문헌〉

강동욱, 2020. 「한국과 일본의 도시재생정책에 관한 비교 연구」, 광주대학교 국내박사

김민지, 2020. 「주민 참여형 도시재생사업의 공공서비스디자인 방법론 연구」 : APIM

환류 모델 제시. 인제대학교 대학원 학위논문(박사)

김 수, 2008. 「도시재생법에 바란다」, 토지와 기술 제24권, p.8 이하

김종보, 2007. 「도시재정비진을 한 특별법의 제정비와 법적 한계」, 『토지공법연구』 제35집, p.78.

김준환, 2018. 「일본의 도시재생 사업방식에 관한 고찰」, 대한부동산학회지, 제36권 제1호(통권 제47호).

김준환, 2018. 「일본 도시재생정책의 추진배경과 구조에 관한 고찰」, 한국집합건물법학회, 집합건물법학, 제25집.

김혜천, 2013. 「한국적 도시재생의 개념과 유형, 정책방향에 관한 연구」, 도시행정학보(2:3)에서 일부 발췌한 글로 수정·편집.

박종현, 2019. 「도시재생사업의 특성요인이 성과에 미치는 영향 연구」 : 서울시 근린재

생사업을 대상으로. 서울벤처대학원대학교, [국내박사]

박세훈, 2004. 「일본의 도시재생정책 : 발전국가의 구조변화와 도시개발정책」, 대한국토계획학회지, 39권 2호, pp.21~31.

박현옥, 2008. 「일본의 도시재생과 지역재생에 관한 사례연구」, 방송예술연구소, 미디어와 공연예술연구집, 제3집.

백승권·김종환, 2008. 「우리나라 도시재생의 과제」, 한국기술회보 41권 제15호, pp.32~35.

송승혜·장민영·이명훈, 2016. 「일본 도시재생사업의 계획 및 사업 특성화에 관

한 연구」, 대한국토도사계획학회, 국토계획, 제51권 6호.

조승연·김주진·임정민·류동주, 2018. 「일본 도시재생사업의 공공시행자의 역할에 대한 고찰」, 한국토지주택공사 토지주택연구원, 「*LHI journal of land, housing, and urban affairs*」, 제6집 4호.

조영미, 2020. 도시재생수법을 적용한 지방소멸지역의 활성화 방안 연구.영남대학교 대학원 학위논문(박사)

윤철재, 2016. 「*일본의 민간개발 유도형 도시재생정책의 제도적 특징과 활용에 관한 연구*」, 한국도시설계학회지 17권 77호, pp.91~103.

양재섭·장남종, 2010. 「*친서민 도시재생정책의 추진방향*」, 국토 제348호, p.15.

이완건 외, 2017. 「도시재생사업의 미래전망과 발전방향」, 국토연구원.

임명순, 2013. 「*都市再生에서의 私有財産權 保護에 관한 硏究*」 = A Study on the Protection of Private Property Rights in the Vitalization of Urban Regeneration

윤철재, 2016. 「*일본의 민간개발 유도형 도시재생정책의 제도적 특징과 활용에 관한 연구*」, 한국도시설계학회지 17권 77호, pp.91~103.

유재윤·정소양·박정은·조판기·권혁일·송지은·박새롬, 2014. 「*도시재생에 대한 민간비즈니스 부문 참여 활성화 방안 연구*」 (Promoting private sector's participation for urban regeneration)

〈국외 문헌〉

有田智一, 2009. 「*日本の都市再生政策·現状と課題*」, 有田智一(筑波大学). 研究報告 pp.3~4.

鈴木 勉, 2009. 「*都市再生による年齢別人口構成の変化の分析*」, 社会資本整備審議会 pp7~9.

武者忠彦, 2011. 「*都市再生をめぐる都市ガバナンス*」, 経済地理学会. 経済地理学年報」57巻, pp.307~309.

浅見泰司, 2002. 「*都市再生のための規制改革の方向性*」, 都市住宅学会, 都市住宅学 37号, pp.13~17.

伊藤孝紀, 2016. 「*都市再生推進法人によるエリアマネジメントの実態*」, 日本建築学会, 日本建築学会系論文集 弟81巻 弟730号, pp.201~211.

川崎興太, 2004. 「*東京都中央区のまちづくり施策の変遷に関する研究*」, 日本都市計画学会, 都市計画論文集 No. 39—3, pp.181~186, [www.kres.or.kr]

(사)대한부동산학회 제19대 임원 명단(2018~2019).

大島洋一, 2003. 「都心更新プロジェクト推進にむけた民間開発者からの開発手法
の検討」, 日本狸築学会, 日本狸築学会計画系論文集 第572号 , pp.107~114.

上野淳子, 2010. 「東京都の「世界都市」化戦略と政治改革」,日本都市社会学会. 日
本都市社会学会年報」28, pp.201~217.

村木美貴, 2004. 「都市再生のための計画と事業の関連性に関する研究」, 日本都
市計画学会 「都市計画論文集」No. 39—3, pp.439~444.

Department of Civic Design of Universtiy of Liverpool. 1994, 「Urban design,
Conservation, Transport and Regional Development」 Relevance of
the British Experience to Pudong, Working paper, p18.

Roberts, P and Sykes, H. 2000. 「Urban Regeneration : A Handbook,
British Urban Regeneration Association」, SAGE Publications, London.
pp.10-17.

(강현모·박정민, 2008. 「도심정책의 정책제도에 관한 연구」, 한국토목학회논문집
제28권 제1D호, p.139 재인용).

〈국내 기타 문헌 및 자료〉

국토교통부, 도시재생 종합정보체계 홈페이지
국토교통부, 2007. 도시업무편람.
국토교통부, 2013. 국가도시재생 기본방침.
국토교통부, 2014. 국가도시재생기본방침 수립을 위한 연구: 요약보고서
국토교통부, 2014. 행복주택사업 업무매뉴얼 [전자자료]
국토교통부, 2016. 미래 도시정책 수립 방안에 대한 연구
국토교부, 2017. 도시재생 뉴딜사업 선정 가이드라인.
국토교부, 2017. '도시재생 뉴딜사업의 첫발을 내딛습니다'.
권용우 외, 1998.『도시의 이해』, 출판사: 박영사.
금기반, 2012. 도시정비사업의 법·제도 변천 고찰(大田 : 도시주택국 도시계획과)
김학석, 2017. [열린마당]도시재생사업이 나아갈 방향
김향자, 2015. [관광] 도시재생 추진에 따른 도시관광 정책 방안 연구
강문수, 2018. 통합적 도시관리 체계마련을 통한 '도시재생 뉴딜사업' 효율성 제
고를 위한 법제 정비방안 연구. 한국법제연구원(KLRI)
대한국토·도시계획학회, 2016.『도시재생』, 출판사: 보성각.

도시재생 종합정보체계 「*www.city.go.kr.*」

도시재생사업단, 2006. 사전기획연구보고서.

도시재생사업단, 2007. 일본의 도시재생(「도시재생특별법」을 중심으로.

도시재생사업단, 2013. 새로운 도시재생의 우상, 한울.

도시재생사업단 성균관대학교 L.H 산학협력단, 2013. (주)이락, 보고서.

도시재생사업단, 2014. 도시재생길라잡이.

도시재생 활성화 및 지원에 관한 특별법 시행령(시행 2020. 7. 30). [sj-urc.or.kr]
　　세종시 도시재생지원센터| 관련법규

류형석, 2011. 주택재생사업의 갈등이 사업성에 미치는 영향에 관한 연구 : 대전
　　광역시 사례를 중심으로. 한남대학교 대학원,

민승현, 2016. 서울연구원, 일본 도시재생 전략과 정책에 관한 시사점.

머니 투데이 인테넷 뉴스, 강민이, 2018. 「"서울도시재생 '민관상생'이 답이다"」머니
　　투데이 인테넷 뉴스

https://news.mt.co.kr/mtview.php?no=2018091809102349172&outlink=1&r
　　ef=%3A%2F%2F 에서 2020년 12월25일 검색했음.

머니 투데이 인테넷 뉴스, 강민이, 2019. 「[기고]일본경제 살린 도시재생의 비밀」
　　머니 투데이 인테넷 뉴스. https://news.mt.co.kr/mtview.php?no=201904
　　0315370673866&outlink=1&ref=%3A%2F%2F에서 2020년 12월25일 검
　　색했음.

서울특별시, 2016. 서울시 지역특화발전특구 운영 실태와 개선방향

서울특별시, 2017. 2025 서울특별시 공동주택 리모델링 기본계획 [전자자료] :
　　본보고서

신기동 외, 2007. 구도심상권 재생정책 개선방안 연구, 경기개발연구원.

전영옥, 2004. 문화자원의 개발과 지역활성화, 삼성경제연구소.

정주희, 2013. 도시재생사업의 실태와 향후 과제, 한국부동산연구원.

추용욱, 2014. 원도심재생과 연계한 도시 활성화 방안 : 춘천시를 중심으로 강원
　　발전연구원.

청주 : 충청북도의회, 2017. 도시재성 활성화를 위한 초등학교 중심의 지역커뮤
　　니티재생모델 연구.

양재, 2006. 도시재생정책의 국제비교 연구, 서울연구원.

연합뉴스, 2018.8.31. 2018년도 도시재생 뉴딜 선정지역.

이태광, 2018. 한국도시주거지 재생사업의 활성화 방안에 관한 연구.

이왕건 외, 2010. 신성장을 위한 도시재생전략, 국토연구원.

이왕건 외, 2017. 도시재생사업의 미래전망과 발전방안, 국토연구원.

이재용, 2016. 기존 도시의 U-City 고도화 방안 연구.

이현성, 2018. 광주시 도시재생활성화계획 수립 용역(경안동 도시재생활성화계획 보고서)

조상운, 2014. 도시재생특별법 제정에 따른 인천의 대응과제와 방향

충청북도의회, 2017. 교육위원회도시재성 활성화를 위한 초등학교 중심의 지역커 뮤니티재생모델 연구

한국거버넌스학회보, 문화도시 전략(Glasgow). pp.5-6.

형시영, 2006. 『지속가능한 성장관리형 도시재생의 전략』, 출판사: 한국학술정보

황보상원, 2019. 공공거버넌스를 통한 지적재조사 활성화 방안 연구(공공거버넌스 지적재조사 활성화 방안)

Environmentally Sound and Sustainable Development : 환경적으로 건전하고 지속가능한 개발: 리우선언 '환경적으로 건전하고 지속 가능한 개발'.

2002년 「소기업의 구조개선과 재래시장활성화를 위한 특별조치법」.

2004년 「재래 시장육성을 위한 특별법」.

2006년 「재래시장 상가육성을 위한 특별법」.

2009년 「전통시장 상가육성을 위한 특별법」.

2025년 인천시 도시재생전략계획 수립.

2025년 서울시 도시재생전략계획 수립.

〈국외 기타 문헌 및 자료〉

都市再生ビジョン, 社会資本整備審議会, 2003.12.

내각관방 내각부 종합사이트, 중심시가지 활성화를 도모하기 위한 기본적 방침

국토교통성, 2017년도 중심시가지활성화 관련 예산 등에 대하여 (平成2 9年度 中心市街 地活性化関連予算等について), 내각관방 내각부 종합사 이트

경제산업성·중소기업청, 2017년도 중심시가지활성화 관련 지원조치의 개요

노동후생성, 2017년도 중심시가지활성화 관련예산 개요(내각부종합사이트)

내무성, 2017.5. 2017년도 중심시가지활성화 관련예산에 대하여

다카쓰키시(高槻市), 2017.6.23. '다가쓰키시 중심시가지활성화 기본계획(高槻市 中心市街地活性化基本計画)

일본 도시재생기본방침

일본 도시재생특별법

일본 밀집시가지정비법

일본 중심시가지 활성화에 관한 법률

일본 지역역사적풍치법

일본 공유지의 확대추진에 관한 법률

도시재생사업단(2007), 일본의 도시재생

일본의 「都再生特別措置法」第1條.

농림수산성, 2017. 2017년도 중심시가지활성화 관련예산 개요 (내각관방 · 내각
　　부 종합사이트)

문부과학성, 2017. 2017년도 중심시가지활성화 관련예산 개요 (내각관방 · 내각
　　부 종합사이트)

내무성, 2017.5. 2017년도 중심시가지활성화 관련예산 개요 (내각관방 · 내각부
　　종합사이트)

다카쓰키시(高槻市), 2017.6.23. 다카쓰키시중심시가지활성화 기본계획. 내각총리
　　대신 인정 (내각관방 · 내각부종합사이트)

설 문 지

본 설문조사 내용은 통계법 제13조 및 제14조에 의거 비밀이 절대 보장되며, 통계 목적 이외는 절대 사용되지 않습니다.

안녕하십니까?

먼저 바쁘신 중에도 설문지 작성에 도움을 주셔서 감사합니다.

본 설문 조사는 한국의 민간 도시재생 활성화 방안을 주제로 한 내용으로 미드웨스트대학교 부동산경영리더십 박사 학위 과정 논문을 작성하기 위한 작업의 일환입니다.

귀하께서 응답해 주신 자료는 익명으로 처리되며 통계법 제13조에 의해 비밀이 철저히 보장되고, 연구 이외의 목적으로는 절대 사용하지 않고, 오직 연구에 필요한 소중한 자료로만 활용할 것입니다. 설문에 성의껏 응답해 주실 것을 부탁드립니다. 바쁘신 가운데 귀한 시간 내주시어 진심으로 감사드립니다.

2020.12

미드웨스트대학교 리더십 대학원 부동산 리더십박사

지도교수: 이영행
연 구 자: 이태광
(010-5605-0350/DKKYUNG@NAVER.COM)

Ⅰ. 다음은 주거 및 사업장 형태에 대한 일반적 설문입니다.

1. 귀하께서 거주하는 곳은?

① 도심(상업) 속 주거 및 사업지 ② 주거지역 속 주거 및 사업지

③ 변두리 주거 및 사업지 ④ 농촌 및 어촌지역 주거 및 사업지 ⑤ 기타

2. 귀하께서는 다음의 도시재생 사업유형 중에서 귀하의 거주(사업)지역에 무엇이 가장 적합하다고 생각하십니까? (복수 체크 필수)

① 생활편의시설 설치(주차장, 공원, 체육시설, 공동이용 시설 등의 설치)

② 공공임대주택 보급

③ 주택정비 지원(집수리, 빈집 정리 등의 사업)

④ 가로등 및 주거환경 개선

⑤ 주민공동체 활동 지원사업(지역주민 역량강화, 주민공모사업, 거버넌스 강화 지원)

⑥ 지역주민 일자리 창출 지원

⑦ 기타

3. 귀하의 거주형태는?

① 단독주택 ② 연립주택 ③ 아파트 ④ 기타

4. 귀하의 거주지에서 하루 평균거주 및 여가를 보내는 시간은 얼마나 되십니까?

① 3시간 이하:　거주(영업)시간 (　) / 여가 시간(　)

② 3 - 6시간 :　거주(영업)시간 (　) / 여가 시간(　)

③ 6 - 12시간:　거주(영업)시간 (　) / 여가 시간(　)

④ 12시간 이상: 거주(영업)시간 (　) / 여가 시간(　)

5. 귀하께서는 현재 생활하시는 지역에 대해 어느 정도의 애착을 갖고 있습니까? 1—5

　1. 전혀 없다. 　5. 매우 강하다

6. 귀하께서는 주민 공동체 활동이나 참여형 지역행사가 잘 수행되고 있다고 생각하십니까? 1—5

1. 전혀 수행되지 않고 있다   5. 잘 수행되고 있다.

7. 지역주민이 참여할 수 있는 축제나 행사 등이 있습니까? 있다면 몇 가지나 있다고 생각하십니까?

없다

① 1개 ② 2개 ③ 3개 ④ 4개 이상

8. 귀하께서 현재 참석·활동 중인 지역 내 활동이 있나요?

① 주민조직(친목, 계모임) ② 상인조직(협회, 기관모임 등) ③ 종교모임
④ 봉사모임 ⑤ 시민협의단체 ⑥ 여가·취미모임 ⑦ 교내 동아리모임
⑧ 없음 ⑨ 기타

Ⅱ. 다음은 주거 및 사업장 형태의 만족도에 대한 설문입니다.

1 귀하께서는 현재 거주하는 이유는?

① 계속 살던 곳이라서 ② 생활환경(교육, 교통, 의료, 문화 등) 편의성
③ 경제 상황에 따른 선택 ④ 이웃과의 관계가 좋아서 ⑤ 기타

2. 귀하께서는 현재 거주하는 지역을 대표하는 이미지가 무엇이라고 생각하십니까? (복수 체크 필수)

① 자연자원(산, 하천, 텃밭 등) ② 문화재(전통, 문화, 구전설화 등)
③ 훌륭한 인물(지역이 배출한 위인) ④ 주민화합(축제, 모임, 대표적 단체 등)
⑤ 중앙시장 ⑥ 문화 중심지 ⑦ 낙후, 도시쇠퇴 ⑧ 기타

3. 거주지에서의 생활이 불만족스럽다면 이유는 무엇입니까?

① 생활환경(교육, 교통, 의료, 문화 등) 서비스가 좋지 않아서
② 지역이 낙후되거나 지역경기가 침체되어서 ③ 이웃과의 관계가 좋지 않아서

④ 더 좋은 지역으로 가지 못해서 ⑤ 기타

4. 향후 귀하의 지역이 도시재생 사업 종료 후 현재 지역에 계속 거주(사업)할 의향이 있습니까?
① 있다 ② 없다 ③ 도시재생 사업 후 결정하겠다 ④ 기타

Ⅲ. 다음은 도시재생에 대한 인식에 대한 설문입니다.

1. 향후 도시재생 사업이 우리지역에 긍정적인 영향을 미칠 것으로 생각하십니까? 1—5
1. 전혀 그렇지 않다 5. 매우 그렇다.

2. 향후 도시재생 사업을 통해 기대하는 것은 무엇입니까?(복수 체크필수)
① 지역활력 증진 ② 생활환경 개선 ③ 부동산 가치 상승 ④ 일자리 창출 및 상권 활성 ⑤ 이웃과의 관계 개선문 ⑥ 주민 자신감 회복 ⑦ 기타

3. 귀하의 도시재생 사업에 대해 관심이 어느 정도 있는가요? 1—5
1. 전혀 관심이 없다 5. 매우 관심이 많다

4. 귀하께서는 도시재생 사업에 대해 알고 계십니까? 1—5
1. 전혀 알지 못한다. 5. 매우 잘 알고 있다.

5. 주민들이 도시재생 사업에 대해 모른다면 그 이유가 무엇이라고 생각하십니까?
① 중앙 정부와 지방 정부의 도시재생에 대한 홍보부족
② 귀하와 상관없을 것 같아서
③ 도시재생이 더 좋은 환경이 된다고 보장이 없기 때문에
④ 정부를 믿을 수 없어서
⑤ 기타

IV. 도시재생에 대한 참여와 관심도에 대한 설문입니다.

1. 도시재생사업에 대하여 인지한다면 귀하의 참여의지는 어느 정도입니까? 1—5

   1. 매우 소극적이다 5. 매우 적극적이다

2. 도시재생사업에 대하여 주민들이 참여가 힘들다면, 그 이유는 무엇입니까? (복수 체크 필수)

   ① 나이, 신체활동 등 제약 ② 경제적 여유 없음 ③ 참여 및 활동 시간 제약

   ④ 도시재생에 대한 이해 부족

   ⑤ 정부나 관계기관 등에 영향을 미치지 못할 것 같아서

   ⑥ 관심이 없어서 ⑦ 기타

3. 귀하께서는 도시재생계획에 주민의견 반영이 도시재생사업에서 얼마나 중요하다고 생각하십니까? 1—5

   1. 전혀 중요하지 않다. 5. 매우 중요하다.

4. 귀하께서는 도시재생계획에서 지자체의 지원과 역할이 도시재생사업에서 얼마나 중요하다고 생각하십니까? 1—5

   1. 전혀 중요하지 않다. 5. 매우 중요하다.

5. 귀하께서는 도시재생계획에서 도시재생지원센터(중간조직) 역할이 도시재생사업에서 얼마나 중요하다고 생각하십니까? 1—5

   1. 전혀 중요하지 않다. 5. 매우 중요하다.

6. 귀하께서는 도시재생계획에서 주민협의체 역할이 도시재생사업에서 얼마나 중요하다고 생각하십니까? 1—5

   1. 전혀 중요하지 않다. 5. 매우 중요하다.

7. 귀하께서는 도시재생사업계획에서 주민참여를 위한 지역 거점 공간 확보가 도시재생사업에서 얼마나 중요하다고 생각하십니까? 1—5

1. 전혀 중요하지 않다. 5. 매우 중요하다.

8. 귀하께서는 도시재생계획에서 주민참여 활성화를 위한 재원 마련이 도시재생사업에서 얼마나 중요하다고 생각하십니까? 1—5

1. 전혀 중요하지 않다. 5. 매우 중요하다.

9. 귀하께서는 도시재생계획에서 주민을 위한 회의 · 교육 시간 조정이 도시재생사업에서 얼마나 중요하다고 생각하십니까? 1—5

1. 전혀 중요하지 않다. 5. 매우 중요하다.

10. 귀하께서는 도시재생계획에서 다양한 계층의 주민 참여가 도시재생사업에서 얼마나 중요하다고 생각하십니까? 1—5

1. 전혀 중요하지 않다. 5. 매우 중요하다.

11. 귀하께서는 도시재생계획에서 도시재생 관련 주민교육이 얼마나 중요하다고 생각하십니까? 1—5

1. 전혀 중요하지 않다. 5. 매우 중요하다.

12. 귀하께서는 도시재생계획에서 도시재생사업에 대한 홍보가 얼마나 중요하다고 생각하십니까? 1—5

1. 전혀 중요하지 않다. 5. 매우 중요하다.

13. 귀하께서는 도시재생계획에서 참여형 지역사업이 얼마나 중요하다고 생각하십니까? 1—5

1. 전혀 중요하지 않다. 5. 매우 중요하다.

14. 귀하께서는 도시재생계획에서 지역사회에 대한 애착이 얼마나 중요하다고 생각하십니까? 1—5

1. 전혀 중요하지 않다. 5. 매우 중요하다.

15. 귀하께서는 도시재생계획에서 동네주민, 상인들과의 친밀한 관계유지가 얼마나 중요하다고 생각하십니까? 1—5

  1. 전혀 중요하지 않다. 5. 매우 중요하다.

16. 향후 도시재생이 시작한다면 참여 의사도 없으며 관심이 없어서 다른 곳으로 이주할 의사가 있다?

  ① 있다 ② 없다 ③ 기타

Ⅴ. 다음은 도시재생 이후의 도시변화에 대한 설문입니다.

1. 도시재생으로 귀하의 주거지(상가) 부동산 가격이 어떻게 변화가 될 것 같습니까? 1—5

  1. 매우 하락할 것이다 5. 매우 상승할 것이다.

2. 도시재생으로 귀하의 주거지(상가) 임대료는 어떻게 변화가 될 것 같습니까? 1—5

  1. 매우 하락할 것이다 5. 매우 상승할 것이다.

3. 도시재생으로 귀하의 주거(사업) 지역에 찾는 방문객 수는 어떻게 변화할 것 같습니까? 1—5

  1. 매우 하락할 것이다 5. 매우 상승할 것이다.

4. 도시재생으로 향후 지역은 토지 가격이 상승할 것 같습니까? 1—5

  1. 매우 하락할 것이다 5. 매우 상승할 것이다.

5. 도시재생으로 향후 지역은 체감 경제는 어떻게 변화될 것 같습니까? 1—5

  1. 매우 하락할 것이다 5. 매우 상승할 것이다.

VI. 도시재생에 대한 요구 사항

1. 귀하의 지역에 가장 필요한 상담서비스 유형은 다음 중 무엇입니까?

① 개인적 문제해결을 위한 초기 상담 ② 가족상담 서비스 (부모/부부/자녀/위기가정)

③ 폭력/학대관련 상담 서비스 ④ 각종 중독(알코올/약물/게임 등) ⑤ 기타

2. 귀하의 지역에서 가장 필요한 재활서비스 유형은 다음 중 무엇입니까?

① 장애진단·판정 지원 ② 신체적 재활(물리치료 등) ③ 중독치료 및 재활(알코올/약물) ④ 특수심리치료(음악/놀이/미술 등) ⑤ 기타

3. 귀하의 지역에서 가장 필요한 성인돌봄서비스 유형은 다음 중 무엇입니까?(복수 체크 필수)

① 주간 · 야간 · 장단기보호 ② 간호 및 간병 ③ 방문목욕 ④ 산후조리서비스

⑤ 가사 및 식사지원 서비스 ⑥ 독거노인 기초생활지원서비스

⑦ 경로당 지원프로그램 ⑧ 기타

4. 귀하의 지역에서 가장 필요한 아동돌봄서비스 유형은 다음 중 무엇입니까?

① 베이비시터(민간 아이돌보미) ② 어린이집/공동육아 프로그램

③ 방과 후 돌봄서비스 ④ 장애아동 돌봄 서비스

⑤ 문화예술프로그램 지원 서비스 ⑥ 청소년 자원봉사 프로그램

⑦ 청소년 진로상담 ⑧ 기타

5. 귀하의 지역에서 가장 필요한 보건의료(건강관리)서비스 유형은 다음 중 무엇입니까?

① 건강 상담 ② 건강관리 프로그램 ③ 임산부/영유아 영양플러스 서비스

④ 무료/유료 운동시설 ⑤ 기타

6. 귀하의 지역에서 도시재생 일반인 교육이 필요하다고 생각하시나요? 1—5

1. 전혀 필요하지 않다. 5. 매우 필요하다.

7. 도시재생지역에서 주민에게 가장 중요한 부가교육서비스 유형은 다음 중 무엇이라고 생각하시나요?(복수 체크 필수)

① 아동 학습지원 서비스 ② 장애아동 교육 ③ 평생교육/사회교육

④ 직업 및 기술 교육 ⑤ 노후설계지원 서비스 ⑥ 기타

8. 귀하의 지역에서 가장 필요한 고용/취업서비스 유형은 다음 중 무엇입니까?(복수 체크 필수)

① 일자리 정보제공 및 알선 ② 자영업자 창업지원 ③ 직업 기능교육/훈련

④ 진로상담 ⑤ 취업취약계층(노인/장애인) 취업지원 ⑥ 기타

9. 귀하의 지역에서 가장 필요한 주거서비스 유형은 다음 중 무엇입니까?(복수 체크 필수)

① 공공임대 주택 ② 공동생활가정(소규모 그룹홈) 시설

③ 소규모 주택 정비사업(개보수) ④ 주거환경개선(숲가꾸기/텃밭 운영 등)

⑤ 에너지(난방)시설 지원 ⑥ 임시보호처 마련(쉼터 등) ⑦ 기타

10. 귀하의 지역에서 필요한 문화서비스 2가지는 무엇이라고 생각하십니까?(복수 체크 필수)

① 문화/예술(공연관람 등) 서비스 ② 체육/스포츠 관람 및 참여 서비스

③ 여행/관광 서비스 ④ 동네 휴식공간(텃밭/놀이터)

⑤ 수도권 수준의 문화서비스 기회 ⑥ 기타

11. 귀하의 지역에서 가장 필요한 환경서비스 유형은 다음 중 무엇입니까?(복수 체크 필수)

① 환경정보시스템(지역환경정보) 제공 ② 정기적 환경교육 서비스

③ 환경시설체험기회 ④ 방역서비스 ⑤ 기타

12. 귀하의 지역에서 가장 필요한 안전서비스 유형은 다음 중 무엇입니까?(복수 체크 필수)

① 주거지 인근 치안 서비스 ② 교통안전 ③ 노약자(여성,노인,어린이 등) 안전

④ 자연재해(기상이변,하천범람 등) ⑤ 주택/건물/도로 등 건축물 안전

⑥ 주택/건물/도로 등 건축물 안전 ⑦ 기타

13. 귀하의 지역에서 가장 필요한 관광서비스 유형은 다음 중 무엇입니까?(복수 체크 필수)

① 지역 관광자원 발굴 ② 축제 및 먹거리 발굴 ③ 관광자원 관리 지원체계

④ 관광자원 연계를 위한 지역 거점 마련 ⑤ 홍보 활성화

14 귀하의 지역에서 가장 필요한 공동체서비스 유형은 다음 중 무엇입니까?(복수 체크 필수)

① 공동체 의견 수렴 및 해결거점 마련 ② 지역 공동체 자생사업 발굴 지원

③ 지역 공동체 운영지원 확대 ④ 지역 주민 교육기회 확대

⑤ 기타

Ⅶ.다음은 본인 지역의 자원과 자원 평가에 대한 설문입니다

1. 귀하의 지역에서 중요한 활용 가능 자원은 무엇이라고 생각하십니까?
① 소형 상가 ② 문화시설 ③ 교육시설 ④ 행정기관 ⑤ 대형 상가
⑥ 주거시설 ⑦ 의료시설

2-1 상담: 정신건강 등을 위한 상담/심리안정지원 1—5
1. 전혀 필요하지 않다. 5. 매우 필요하다.

2-2 재활: 장애진단, 물리/심리재활 등 1—5
1. 전혀 필요하지 않다. 5. 매우 필요하다.

2-3 성인돌봄: 성인(임산부, 장애인, 노인) 지원 1—5
1. 전혀 필요하지 않다. 5. 매우 필요하다.

2-4 아동돌봄: 아동보육 및 돌봄 1—5
1. 전혀 필요하지 않다. 5. 매우 필요하다.

2-5 교육: 교육 및 역량개발을 위한 정보제공 1—5

1. 전혀 필요하지 않다. 5. 매우 필요하다

2-6 고용취업: 직업훈련/취업지원 등 고용지원 1—5

1. 전혀 필요하지 않다. 5. 매우 필요하다

2-7 주거: 주거보호/주거지원 등 주거서비스 1—5

1. 전혀 필요하지 않다. 5. 매우 필요하다

2-8 문화: 문화, 여가생활 지원 1—5

1. 전혀 필요하지 않다.

5. 매우 필요하다

2-9 환경: 생활환경 불편 제거, 개선지원 1—5

1. 전혀 필요하지 않다. 5. 매우 필요하다

2-10 안전: 치안, 자연재해 등의 방지와 권익 보장 1—5

1. 전혀 필요하지 않다. 5. 매우 필요하다

2-11 교통: 대중교통, 주차장 확보, 보행편의 등 1—5

1. 전혀 필요하지 않다. 5. 매우 필요하다

2-12 관광: 지역 관광거점 형성 및 유지관리 지원 1—5

1. 전혀 필요하지 않다 5. 매우 필요하다

2-13 공동체: 주민공동체 거점, 의견 수렴공간 운영 1—5

1. 전혀 필요하지 않다. 5. 매우 필요하다

Ⅷ. 다음은 귀하를 비롯한 설문에 협조해 주신 분들의 특성을 알기 위한 질문입니다.

1. 성별?
① 남자 ② 여자

2. 연령
① 20대 이상 ② 30대 이상 ③ 40대 이상 ④ 50대 이상
⑤ 60대 이상 ⑥ 70대 이상

3. 직업
① 학생 ② 주부 ③ 공무원 ④ 교직원
⑤ 농업/어업 ⑥ 자영업/서비스업

4. 귀하의 공동 가족수?
① 1인 ② 2인 ③ 3인 ④ 4인 ⑤ 5인 ⑥ 6인 ⑦ 7인 이상

5. 귀하의 학력은?
① 중졸 ② 고졸 ③ 대졸 ④ 대학원

6. 귀하의 혼인?
① 기혼 ② 미혼 ③ 기타

7. 귀하의 소득 수준?
① 200만 원 이하 ② 200-300만 원 ③ 300-400만 원
④ 400-500만 원 ⑤ 500만 원 이상

설문에 응해 주셔서 감사합니다.

이영행 교수

<주요 논문>
「4.1 부동산정책의 한계성에 대한 소고」(세종도시부동산포럼)
「ESG 경영이 고객니즈에 미치는 영향에 관한 연구」(학술상, 서울대 국제대학원 발표논문)
「1인가구의 주거선택요인에 관한 연구」(한국주거환경학회)
「공공지원민간임대주택의 공익성 판단기준에 관한 연구」(우수논문, 한국부동산경매학회)
「건축물규제평가요소 분석 및 사례연구」(최수우논문상, 한국부동산경매학회)
「도시계획시설(하수관로) 및 옥외간판에 관한 연구」(우수논문상, 한국부동산경매학회)
「청년독신가구의 원룸선호도·만족도에 관한 연구」(박사학위논문)
「맹지탈출에 관한 연구」(엠뉴스 칼럼 1~5)
「천안시지구단위계획 구역의 현재와 비전」(중앙일보 시리즈 게재)
「도시재생활성화의 방향성에 관한 연구」(최우수논문상, 한국부동산경매학회) 등

<주요 저서>
『1인가구와 원룸·도시형생활주택』(랜드앤마린, 2010)
『부동산경매론』(공저, 박영사, 2021)

<개발프로젝트/자문/용역>
아산, 탕정공공지원민간임대주택사업
업성저수지 전원택지 개발사업
전원택지 개발사업
교회부지 용도변경
테마파크 조성사업
주차장 용지 개발
오피스텔 수요 및 입지분석
도시재생사업(재개발/재건축, 소규모 개발)
토지보상
아파트부지 개발
상가개발 및 꼬마빌딩 입지분석 등

<주요 경력(현재)>

단국대학교 법무행정학과 학과장

한국부동산경매학회장·법제연구원 부원장

천안시, 도 규제개혁위원회 회원

서울대학교 국제대학원(glp41) 수석부회장

천안시청 생활법률상담관(부동산, 임대차 등)

단국대학교 정책경영대학원 특수법무학과 주임교수

미국, 온라인과정, 미드웨스트대학교(부동산&경매 전공, 석박사 과정) 주임교수

충청남도 도시계획위원회 위원

이태광 교수

<주요 논문>
「한국도시주거지 재생사업의 활성화 방안에 관한 연구」
「한국의 민간 도시재생 활성화 방안에 관한 연구」
「친환경도시(생태, 지속가능, 녹색)의 정체성과 관계검토 및 도시계획 방향의 연구」
등 다수

<주요 저서>
『24시면 배우는 부동산 경매』(좋은땅출판사, 2014)
『돈 되는 부동산 정보를 찾아라』(은서원, 2018)
『24시면 배우는 부동산 경매 총서』(업앤업 출판사, 2016) 등

<주요 경력>
(現)대한법률부동산연구소 소장(2013-현재)
(現)한국열린사이버대학교 부동산금융자산학과 교수(2017-현재)
(現)미국 미드 웨스트대학교 부동산학 석사과정 교수(2019-현재)
(現)강원도 영동 KBS, MBC방송 전담자문(2015년-현재)
(前)경동대학교 평생교육원 부동산 전담교수
(前)한국 부동산 정보 연합회 강원도 본부장
(前)강원도립대 평생교육원 부동산 전담교수
(前)가톨릭관동대 최고경영자과정 지도교수

구도심&원도심
도시재생론

초판발행	2022년 8월 10일
지은이	이영행·이태광
펴낸이	안종만·안상준
편 집	배규호
기획/마케팅	오치웅
표지디자인	BEN STORY
제 작	고철민·조영환
펴낸곳	(주) **박영사**
	서울특별시 금천구 가산디지털2로 53, 210호(가산동, 한라시그마밸리)
	등록 1959. 3. 11. 제300-1959-1호(倫)
전 화	02)733-6771
f a x	02)736-4818
e-mail	pys@pybook.co.kr
homepage	www.pybook.co.kr
ISBN	979-11-303-1577-5 93320

정 가   23,000원